●収録内容一覧

■2025年度中学受験用

星野学園中学校

3年間スーパー

JN001632

入試問題と解説・解答の収録内容

2024年度　進学１回	算数・国語 （解答のみ）
2024年度　総合選抜	算数・社会・理科・国語
2023年度　進学１回	算数・国語 （解答のみ）
2023年度 理数選抜２回	算数・社会・理科・国語
2022年度　進学１回	算数・国語 （解答のみ）
2022年度 理数選抜２回	算数・社会・理科・国語

～本書ご利用上の注意～　以下の点について，あらかじめご了承ください。

★別冊解答用紙は巻末にございます。本書に収録している試験の実物解答用紙は，弊社サイトの各校商品情報ページより，一部または全部をダウンロードできます。
★編集の都合上，学校実施のすべての試験を掲載していない場合がございます。
★当問題集のバックナンバーは，弊社には在庫がございません（ネット書店などに一部在庫あり）。

合格を勝ち取るための『スーパー過去問』の使い方

本書に掲載されている過去問をご覧になって，「難しそう」と感じたかもしれません。でも，多くの受験生が同じように感じているはずです。なぜなら，中学入試で出題される問題は，小学校で習う内容よりも高度なものが多く，たくさんの知識や解き方のコツを身につけることも必要だからです。ですから，初めて本書に取り組むさいには，点数を気にしすぎないようにしましょう。本番でしっかり点数を取れることが大事なのです。

過去問で重要なのは「まちがえること」です。自分の弱点を知るために，過去問に取り組むのです。当然，まちがえた問題をそのままにしておいては意味がありません。

本書には，長年にわたって中学入試にたずさわっているスタッフによるていねいな解説がついています。まちがえた問題はしっかりと解説を読み，できるようになるまで何度も解き直しをしてください。理解できていないと感じた分野については，参考書や資料集などを活用し，改めて整理しておきましょう。

このページも参考にしてみましょう！

◆どの年度から解こうかな　「入試問題と解説・解答の収録内容一覧」

本書のはじめには収録内容が掲載されていますので，収録年度や収録されている入試回などを確認できます。

※著作権上の都合によって掲載できない問題が収録されている場合は，最新年度の問題の前に，ピンク色の紙を差しこんでご案内しています。

◆学校の情報を知ろう!!「学校紹介ページ」

このページのあとに，各学校の基本情報などを掲載しています。問題を解くのに疲れたら息ぬきに読んで，志望校合格への気持ちを新たにし，再び過去問に挑戦してみるのもよいでしょう。なお，最新の情報につきましては，学校のホームページなどでご確認ください。

◆入試に向けてどんな対策をしよう？「出題傾向＆対策」

「学校紹介ページ」に続いて，「出題傾向＆対策」ページがあります。過去にどのような分野の問題が出題され，どのように対策すればよいかをアドバイスしていますので，参考にしてください。

◇別冊「入試問題解答用紙編」

本書の巻末には，ぬき取って使える別冊の解答用紙が収録してあります。解答用紙が非公表の場合などを除き，（注）が記載されたページの指定倍率にしたがって拡大コピーをとれば，実際の入試問題とほぼ同じ解答欄の大きさで，何度でも過去問に取り組むことができます。このように，入試本番に近い条件で練習できるのも，本書の強みです。また，データが公表されている学校は別冊の１ページ目に過去の「入試結果表」を掲載しています。合格に必要な得点の目安として活用してください。

本書がみなさんの志望校合格の助けとなることを，心より願っています。

株式会社　声の教育社　編集部

星野学園中学校

所在地	〒350-0824 埼玉県川越市石原町2-71-11
電　話	049-223-2888
ホームページ	https://www.hoshinogakuen.ed.jp/
交通案内	JR埼京・川越線・東武東上線「川越駅」，西武新宿線「本川越駅」，西武池袋線「入間市駅」，JR高崎線「熊谷駅」「宮原駅」よりスクールバス

くわしい情報はホームページへ

トピックス

★例年，9月の文化祭では入試相談コーナーを設置するほか，ミニ説明会も実施。
★理数選抜入試では，進学クラスへのスライド合格がある（参考：昨年度）。

創立年 平成12年 | 男女共学 | 高校募集あり

応募状況

年度	募集数			応募数	受験数	合格数	倍率
2024	理数①	男女160名	男	154名	127名	37名	3.4倍
			女	410名	357名	121名	3.0倍
	理数②		男	142名	100名	44名	2.3倍
			女	398名	260名	89名	2.9倍
	進学①		男	113名	87名	63名	1.4倍
			女	370名	301名	218名	1.4倍
	進学②		男	149名	66名	35名	1.9倍
			女	436名	201名	99名	2.0倍
	総合		男	143名	38名	24名	1.6倍
			女	385名	124名	72名	1.7倍

※募集数には内進生60名を含む。

本校の特色

本校では，一人ひとりの力を育んでいくために，多彩なカリキュラムやコース編成による「習熟度別学習指導」を行っています。また，海外体験や異文化交流行事を通じた「国際人教育」にも力を入れています。さらに学術・芸術・体育などの，さまざまな学校行事やクラブ活動を通じた「情操教育」によって，文武両道の学校生活を過ごします。これら３つの柱で中高一貫教育を実践しています。確かな学びを提供するとともに，豊かな教養やコミュニケーション能力，問題解決能力を身につけ，バランスのとれた人格を形成することを目指します。

入試情報（参考：昨年度）

【理数選抜入試第１回】
試験日時：2024年１月10日　14時集合
合格発表：2024年１月10日　22時ＨＰ
【理数選抜入試第２回】
試験日時：2024年１月11日　９時集合
合格発表：2024年１月11日　22時ＨＰ
【進学クラス入試第１回】
試験日時：2024年１月10日　９時集合
合格発表：2024年１月10日　22時ＨＰ
【進学クラス入試第２回】
試験日時：2024年１月11日　14時集合
合格発表：2024年１月11日　22時ＨＰ
【総合選抜入試】
試験日時：2024年１月14日　９時集合
合格発表：2024年１月14日　19時ＨＰ
※総合選抜入試３教科・４教科受験者の上位合格者は理数選抜クラスでの合格となる。

2024年春の主な大学合格実績

＜国公立大学＞
東京大，東北大，筑波大，千葉大，東京外国語大，横浜国立大，埼玉大，東京学芸大，電気通信大，東京農工大，お茶の水女子大，東京都立大，横浜市立大，埼玉県立大
＜私立大学＞
慶應義塾大，早稲田大，上智大，東京理科大，国際基督教大，明治大，青山学院大，立教大，中央大，法政大，学習院大，成蹊大，成城大，明治学院大，津田塾大，東京女子大，日本女子大

編集部注―本書の内容は2024年4月現在のものであり，変更されている場合があります。正確な情報は，学校のホームページ等で必ずご確認ください。

算数　出題傾向＆対策

◆基本データ（2024年度総合選抜）

試験時間／満点	50分／100点
問題構成	・大問数…５題 計算・応用小問２題（16問） ／応用問題３題 ・小問数…22問
解答形式	解答のみを記入する形式で，単位などはあらかじめ印刷されている。
実際の問題用紙	Ａ４サイズ，小冊子形式
実際の解答用紙	Ｂ４サイズ

◆出題傾向と内容

▶過去３年の出題率トップ３
１位：四則計算・逆算18％　２位：角度・面積・長さ10％　３位：場合の数６％
▶今年の出題率トップ３
１位：四則計算・逆算16％　２位：角度・面積・長さ11％　３位：体積・表面積８％

１，２題めは計算問題と応用小問の集合題で，設問数は全体の半分以上にあたります。出題される単元ははば広く，四則計算，単位の計算，比の性質，数の性質，場合の数，食塩水の濃度，仕事算，角度，面積，体積，つるかめ算，消去算などです。３題め以降は応用問題で，図形分野が数多く出題されています。たんに面積や体積などを求めるもののほかに，点の移動や立体の構成，水の量の変化などとからめたものがよく見られます。ほかにも，速さ（旅人算，通過算，流水算），数列，規則性，表とグラフなどが取り上げられています。

◆対策～合格点を取るには？～

まず，計算練習を毎日続けて，計算力を身につけましょう。計算をノートにきちんと書き，答え合わせのときに，どんなところでミスしやすいかを発見するようにつとめること。

数の性質，割合と比では，はじめに教科書にある重要事項を整理し，類題を数多くこなして，基本的なパターンを身につけましょう。

図形では，はじめに求積問題を重点的に学習しましょう。

特殊算については，参考書などにある「○○算」の基本を学習し，公式をスムーズに活用できるようになりましょう。

分野＼年度		2024		2023		2022	
		進1	総合	進1	理2	進1	理2
計算	四則計算・逆算	●	●	●	●	●	●
計算	計算のくふう		○				
計算	単位の計算	○				○	
和と差	和差算・分配算						
和と差	消去算						○
和と差	つるかめ算				○		○
和と差	平均とのべ		○	○			
和と差	過不足算・差集め算	○		○	○	○	
和と差	集まり						
和と差	年齢算				○		
割合と比	割合と比	○				○	
割合と比	正比例と反比例						
割合と比	還元算・相当算		○	○	○		
割合と比	比の性質			○		○	
割合と比	倍数算						
割合と比	売買損益	○		○			
割合と比	濃度	○	○	○		○	
割合と比	仕事算	○	○				○
割合と比	ニュートン算						
速さ	速さ				○		○
速さ	旅人算			○			○
速さ	通過算		○	○		○	
速さ	流水算	○	○				
速さ	時計算						
速さ	速さと比	○					○
図形	角度・面積・長さ	◎	◎	◎	◎	○	○
図形	辺の比と面積の比・相似		◎	○	○	◎	
図形	体積・表面積	○	◎				○
図形	水の深さと体積	○		○	○	○	
図形	展開図		○			○	○
図形	構成・分割						
図形	図形・点の移動						
表とグラフ		○		○		○	
数の性質	約数と倍数		◎	○			
数の性質	N進数						
数の性質	約束記号・文字式						
数の性質	整数・小数・分数の性質				○	○	
規則性	植木算						
規則性	周期算	○					
規則性	数列	○			○	○	
規則性	方陣算						
規則性	図形と規則			○			○
場合の数			○	○	○	◎	○
調べ・推理・条件の整理							◎
その他							

※　○印はその分野の問題が１題，◎印は２題，●印は３題以上出題されたことをしめします。

社会　出題傾向＆対策

◆基本データ(2024年度総合選抜)

試験時間／満点	理科と合わせて60分／50点
問題構成	・大問数…３題 ・小問数…33問
解答形式	記号選択と適語(漢字指定あり)の記入が出されている。記述問題は見られない。
実際の問題用紙	Ａ４サイズ，小冊子形式
実際の解答用紙	Ｂ４サイズ

◆出題傾向と内容

地理・歴史・政治の各分野からそれぞれ１題ずつ出題されることが多いようです。

●地理…特に産業(農林水産業，工業など)や自然(地形や気候など)に関する問題がよく出されています。また，日本各地の博物館や美術館，お弁当の起源，縁起担ぎに関連した物などを題材に，各都道府県をベースとした地理の総合的な知識が問われています。

●歴史…資料(説明文，写真，絵など)を数多く取り入れた構成になっていることが特ちょうです。日本の歴史について，時代の流れや特ちょう，おもなできごとや人物などをきちんとつかんでいるかどうかがためされます。設問の中にはつっこんだ内容のものも見られ，問題量もふくめて本校の社会のキーポイントといえます。

●政治…日本国憲法や三権のしくみ，国際関係や経済などが出題されています。時事とからめた問題も出されることがあり，円安・円高，軽減税率，選挙権年齢の引き下げ，社会保障制度などが取り上げられています。

分野	年度	2024	2023	2022
日本の地理	地図の見方	○	○	○
日本の地理	国土・自然・気候	○	○	○
日本の地理	資源			
日本の地理	農林水産業	○	○	○
日本の地理	工業	○	○	○
日本の地理	交通・通信・貿易	○	○	
日本の地理	人口・生活・文化	○	○	
日本の地理	各地方の特色			
日本の地理	地理総合	★	★	★
世界の地理		○		
日本の歴史 時代	原始～古代	○	○	○
日本の歴史 時代	中世～近世	○	○	○
日本の歴史 時代	近代～現代	○	○	○
日本の歴史 テーマ	政治・法律史			
日本の歴史 テーマ	産業・経済史			
日本の歴史 テーマ	文化・宗教史			
日本の歴史 テーマ	外交・戦争史			
日本の歴史 テーマ	歴史総合	★	★	★
世界の歴史				
政治	憲法	○	○	○
政治	国会・内閣・裁判所	○	○	○
政治	地方自治	○		
政治	経済	○	○	
政治	生活と福祉			
政治	国際関係・国際政治			
政治	政治総合	★	★	★
環境問題		○		
時事問題		○		
世界遺産				
複数分野総合				

※　原始～古代…平安時代以前，中世～近世…鎌倉時代～江戸時代，近代～現代…明治時代以降

※　★印は大問の中心となる分野をしめします。

◆対策～合格点を取るには？～

全分野に共通することとして，形式面では，①基礎的知識としての数字(地理では，国土の面積，歴史では，重要なできごとが起こった年，政治では，重要事項を規定した憲法の条文の番号など)にかかわる問題，②地名，人名，憲法上の用語などを漢字で書く問題，③基本的な資料の空所を補充させる問題などに慣れておくことが必要です。内容面では，基本的事項はもちろんのこと，時事とからめたものや，わが国と諸外国との関係まで視野を広げ，整理しておきましょう。

地理的分野については，ふだんから地図に親しんでおき，学習した地名は必ず地図で確認し，白地図におもな平野，山脈，火山帯，川，都市などをかきこめるようにしておきましょう。

歴史的分野については，歴史の流れを大まかにとらえる姿勢が大切です。そのためには，つねに年表を見ながら勉強する態度を，日ごろから身につけておくべきです。重要な事件が起こった年の前後の流れを理解するなど，単純に暗記するだけでなく，くふうして覚えていきましょう。

政治的分野では，主権，戦争の放棄，基本的人権，三権分立などの各事項を教科書で理解するほか，重要なニュースに関連する分野の学習にも力を入れましょう。

理科　出題傾向＆対策

◆基本データ（2024年度総合選抜）

試験時間／満点	社会と合わせて60分／50点
問題構成	・大問数…４題 ・小問数…25問
解答形式	記号選択，適語（数値）の記入，記述問題など，バラエティーに富んでいる。
実際の問題用紙	Ａ４サイズ，小冊子形式
実際の解答用紙	Ｂ４サイズ

分野 ＼ 年度		2024	2023	2022
生命	植物		★	★
	動物			
	人体	★		
	生物と環境			
	季節と生物			
	生命総合			
物質	物質のすがた			
	気体の性質			
	水溶液の性質			
	ものの溶け方	★		★
	金属の性質		○	
	ものの燃え方		★	
	物質総合			
エネルギー	てこ・滑車・輪軸			
	ばねののび方			
	ふりこ・物体の運動			
	浮力と密度・圧力			
	光の進み方			
	ものの温まり方	★		
	音の伝わり方			
	電気回路			★
	磁石・電磁石		★	
	エネルギー総合			
地球	地球・月・太陽系			★
	星と星座			
	風・雲と天候			
	気温・地温・湿度	★		
	流水のはたらき・地層と岩石			
	火山・地震		★	
	地球総合			
実験器具		○		
観察				
環境問題				
時事問題		○		
複数分野総合				

※　★印は大問の中心となる分野をしめします。

◆出題傾向と内容

本校の理科は，実験・観察・観測をもとにした問題が多く，各分野からまんべんなく出題されています。

●**生命**…植物のつくりとはたらき，種子の発芽と成長に関する実験，人体のはたらき・血液循環，水中の生き物，こん虫，生物のつながりなどが出題されています。

●**物質**…ものの溶け方，気体発生の実験と気体の性質，水の状態変化などが取り上げられています。また，過去には，実験器具の組み立て方や操作方法，結果の分析と理由などを細かく問う問題も出されています。

●**エネルギー**…磁石と電流の性質，リニアモーターカー，電熱線の発熱，豆電球のつなぎ方と明るさ，手回し発電機，ものの温まり方などが出題されています。

●**地球**…月の満ち欠け，太陽の１日の動き，月の動きと見え方，月食，日食，気温と湿度，天気，火山などが出題されています。環境問題に関するものも見られます。

◆対策～合格点を取るには？～

各分野から出題されていますから，基本的な知識をはやいうちに身につけ，そのうえで問題集で演習をくり返しながら実力アップをめざしましょう。

「生命」は，身につけなければならない基本知識の多い分野ですが，楽しみながら確実に学習する心がけが大切です。

「物質」では，気体や水溶液，金属などの性質に重点をおいて学習してください。そのさい，中和反応や濃度など，表やグラフをもとに計算する問題にも積極的に取り組んでください。

「エネルギー」は，かん電池のつなぎ方やふりこ・物体の運動などの出題が予想される単元ですから，学習計画から外すことのないようにしましょう。

「地球」では，太陽・月・地球の動き，季節と星座の動き，天気と気温・湿度の変化，地震・地層のでき方などが重要なポイントです。

なお，環境問題や身近な自然現象に日ごろから注意をはらうことや，テレビの科学番組，新聞・雑誌の科学に関する記事，読書などを通じて科学にふれることも大切です。

国語　出題傾向＆対策

◆基本データ（2024年度総合選抜）

試験時間／満点	50分／100点
問題構成	・大問数…６題 文章読解題２題／知識問題４題 ・小問数…37問
解答形式	記号選択と適語の記入，書きぬきで構成されており，記述問題は見られない。
実際の問題用紙	Ａ４サイズ，小冊子形式
実際の解答用紙	Ｂ４サイズ

◆出題傾向と内容

▶近年の出典情報（著者名）
説明文：伊勢武史　高槻成紀　森　博嗣
小　説：椰月美智子　水上　勉　佐川光晴

●**読解問題**…取り上げられる文章のジャンルは，小説・物語文と説明文・論説文という組み合わせが多くなっています。設問は，文脈を正しく読み取って主題や要旨を理解しているかどうかをためすものが中心です。さらに，適語・適文の補充，接続語の補充，脱文挿入，語句の意味と使い分け，指示語の内容など，幅広く問われています。

●**知識問題**…漢字の読みと書き取りのほか，慣用句・ことわざ，三字・四字熟語，類義語，対義語，漢字の画数や部首，文学作品の知識，敬語，擬態語，表現技法など，さまざまな問題が出題されています。

◆対策～合格点を取るには？～

本校の国語は，読解力を中心にことばの知識や漢字力もあわせ見る問題ということができますが，その中でも大きなウェートをしめるのは，長文の読解力です。したがって，読解の演習のさいには，以下の点に気をつけるとよいでしょう。①「それ」や「これ」などの指示語は何を指しているのかをつねに考える。②段落や場面の構成を考える。③筆者の主張や登場人物の性格，心情の変化などに注意する。④読めない漢字，意味のわからないことばが出てきたら，すぐに辞典で調べ，ノートにまとめる。

また，知識問題は，漢字・語句（四字熟語，慣用句・ことわざなど）の問題集を一冊仕上げるとよいでしょう。

分野 ＼ 年度			2024		2023		2022	
			進１	総合	進１	理２	進１	理２
読	文章の種類	説明文・論説文	★	★	★	★	★	★
		小説・物語・伝記	★	★	★	★	★	★
		随筆・紀行・日記						
		会話・戯曲						
		詩						
		短歌・俳句			★			
解	内容の分類	主題・要旨	○	○	○	○	○	○
		内容理解	○	○	○	○	○	○
		文脈・段落構成			○		○	
		指示語・接続語	○	○	○	○	○	
		その他	○	○	○	○		○
知	漢字	漢字の読み		○				★
		漢字の書き取り	★	★	★	★	★	★
		部首・画数・筆順	★				★	
	語句	語句の意味	○	○	○	○	○	○
		かなづかい						
		熟語	○	★	★	★	★	★
		慣用句・ことわざ	★	○		★	★	★
識	文法	文の組み立て						
		品詞・用法						
		敬語	★		★			
	形式・技法							
	文学作品の知識							○
	その他					○		
	知識総合							
表現	作文							
	短文記述							
	その他							
放送問題								

※　★印は大問の中心となる分野をしめします。

2024年度 星野学園中学校

【算　数】〈進学第１回試験〉（50分）〈満点：100点〉

1 次の□の中にあてはまる数を求めなさい。

（1） $1 + 5 \times 3 - 4 \div 2 = \square$

（2） $\dfrac{20}{27} \div 2\dfrac{2}{9} + 1\dfrac{4}{15} = \square$

（3） $5\dfrac{1}{2} - \left(5 - \dfrac{2}{3} \div 0.4\right) = \square$

（4） $\dfrac{2}{3} \times \left\{3.75 - \left(\square + \dfrac{2}{3}\right)\right\} = 1.5$

（5） 12時間は□秒です。

（6） 2400円の商品を□％引きで販売《はんばい》すると，値段は2040円です。

2 次の各問いに答えなさい。

（1） ある規則に従って，次のように左から数が並んでいます。

2，4，8，16，…

左から数えて９番目の数はいくつですか。

（２） ある船が川のＰ地点から 48 km 上流にあるＱ地点まで上るのに６時間かかり，Ｑ地点からＰ地点まで下るのに３時間かかります。この船の静水時の速さは時速何 km ですか。

（３） 何冊かのノートと何本かの鉛筆《えんぴつ》があります。ノート１冊につき鉛筆１本をセットにすると鉛筆が 18 本余りました。ノート１冊につき鉛筆２本をセットにすると，鉛筆が 32 本足りませんでした。鉛筆は全部で何本ありますか。

（４） 濃《こ》さのわからない食塩水Ａが 50 g，12 % の食塩水Ｂが 100 g あり，食塩水Ａ，Ｂをすべて合わせてよくかき混ぜたところ，14 % の食塩水ができました。食塩水Ａの濃さは何%でしたか。

（５） ある品物に仕入れ値の４割の利益を見《み》込《こ》んで定価をつけたところ売れなかったので，定価の１割５分引きで売ったら利益が 380 円でした。この品物の仕入れ値は何円ですか。

（６） 40 人のクラスで「赤，青，黄，緑，黒のなかで好きな色を１つ選んでください」というアンケートを行いました。その結果を円グラフにすると右の図のようになりました。赤が好きと答えた人は何人ですか。

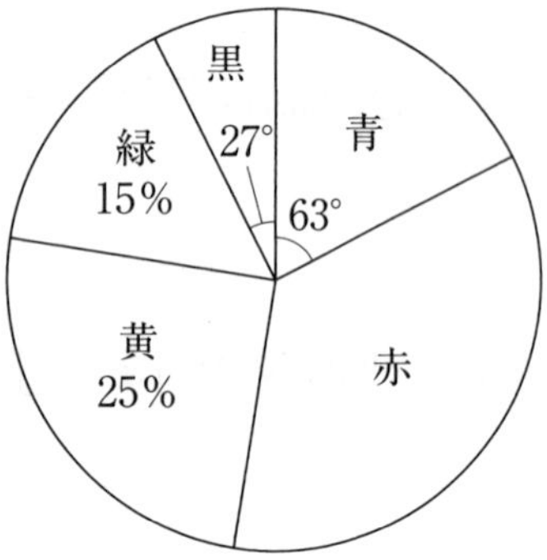

（７） ある製品を作るのに，機械Ａだけでは８時間，機械Ｂだけでは６時間かかります。機械Ａと機械Ｂで同時に製品を作り始めましたが，２時間後に機械Ａが故障してしまい，残りのすべてを機械Ｂだけで作ることになりました。機械Ｂだけで作ったのは何時間何分でしたか。

（８）　右の図の・は半径６cm の円の周を６等分した点です。
▨の部分の面積は何 cm^2 ですか。
ただし，円周率は 3.14 とします。

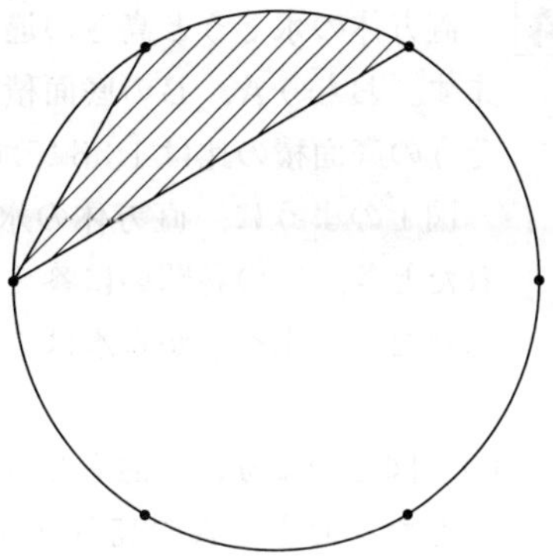

（９）　右の図は長方形に正三角形を重ねた図です。㋐の角の大きさは何度ですか。

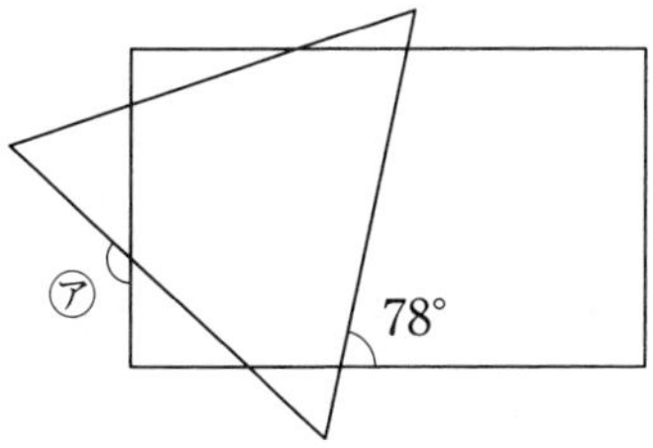

(10)　右の図のように，３つの直方体を階段状に重ねた立体の体積は何 cm^3 ですか。

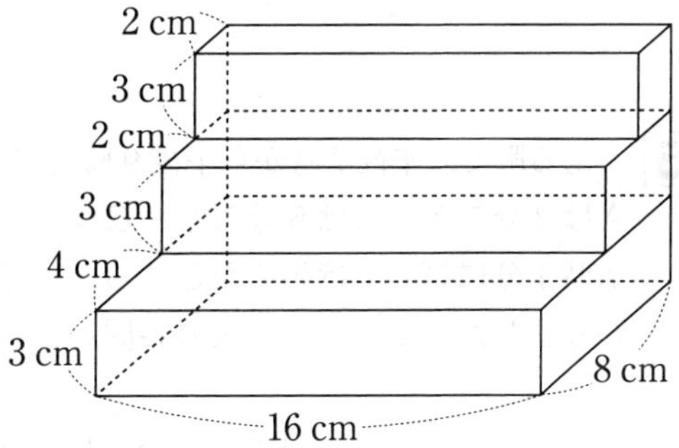

3　Ａさんは，120 km はなれた海まで予定した時こくに着くことを目指し，自動車で行くことにしました。全体の道のりの $\frac{1}{4}$ までは予定通り進み，36 分かかりました。残りの道のりは自動車の速度を落として進んだところ，予定の時こくより 27 分おくれて海に着きました。このとき，次の各問いに答えなさい。

（１）　Ａさんは，海まで何時間何分で行く予定でしたか。

（２）　自動車の速度を落としてからは，時速何 km で進みましたか。

4　直方体の水そうと高さの違《ちが》う直方体のおもりＡ，Ｂがあります。おもりＡ，Ｂの底面積は同じで，おもりの底面積と水そうの底面積の比は１：３です。

図１のように，直方体の水そうに５cm の深さまで水を入れたとき，次の各問いに答えなさい。

ただし，水そうから水はこぼれないこととします。

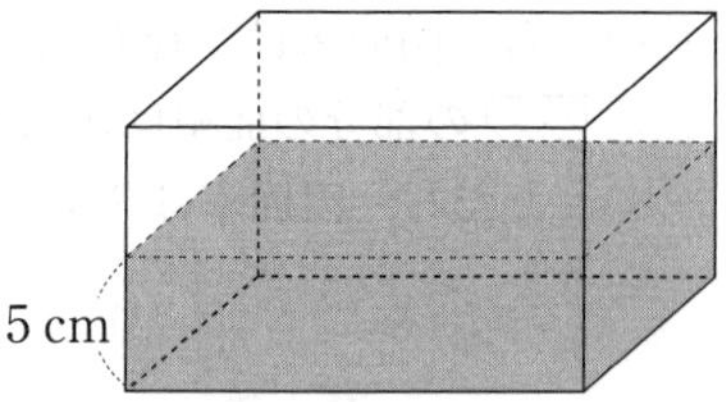

図１

（１）　図２のように，おもりＡを水そうの底につくまで入れました。おもりＡの高さは3.6 cm です。このとき，水の深さは何 cm になりますか。

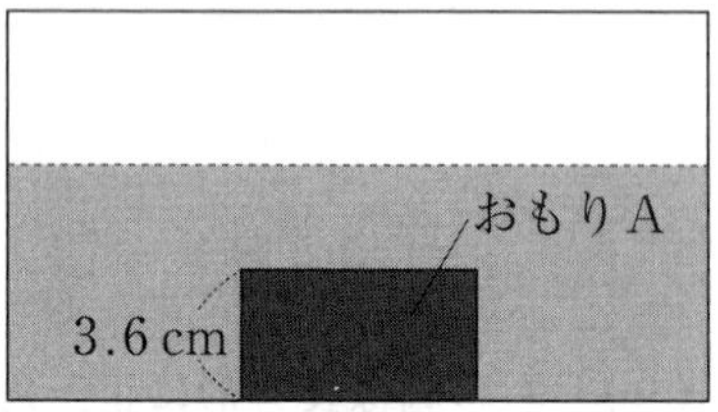

図２

（２）　次に，おもりＡを取り出し，おもりＢを水そうの底につくまで入れました。おもりＢを入れると，水の深さはおもりＢの上の面より 1.5 cm 低くなりました。おもりＢの高さは何 cm ですか。

5　ある町で，午後７時から午後９時まで花火大会を開きました。花火はＡ，Ｂ，Ｃの３種類あり，Ａは２分ごと，Ｂは５分ごと，Ｃは７分ごとに打ち上げました。Ａ，Ｂを午後７時に，Ｃを午後７時１分に打ち上げ始めたところ，午後９時ちょうどに３種類の花火を打ち上げ，花火大会が終わりました。このとき，次の各問いに答えなさい。

（１）　Ｂ，Ｃを同時に打ち上げたのは何回ですか。

（２）　花火を打ち上げたときの音を何回聞きましたか。
ただし，同時に打ち上げたときの音は１回と数えるものとします。

五

次の1～5は、慣用句とその意味を示しています。（　）に入る語を**漢字一字**で書きなさい。

1　知らぬが（　）…当人だけが知らずに平気でいるさま。

2　（　）をぬく…多数の中で特別にすぐれている。

3　（　）にきず…非常に立派だが、ほんの少し欠点があるさま。

4　呼び（　）になる…ある物事が起こるきっかけとなる。

5　（　）をしめる…前にうまくいったので、また同じことを期待する。

六

次の1～5の――線の敬語の使い方が正しいものには○、あやまっているものには×と書きなさい。ただし、すべて同じ記号で答えてはいけません。

1　先生のお写真をごらんになりました。お元気そうで何よりです。

2　私の勤め先はこの辺りなので、今度ご案内しましょう。

3　心をこめて作りましたので、ぜひちょうだいしてください。

4　私の祖父でしたら、となりの部屋にいらっしゃいますよ。

5　どうぞ、お好きなようになさってください。

イ　戦争で罪もない人々が犠牲になったことを腹立たしく思うとともに、田中さんが慰霊碑について話す声に悲しみと怒りがはっきり表れていることに気づき、田中さんに同情している。

ウ　田中さんが本当の気持ちを話してくれないことをくやしく思うとともに、亡くなっている人は喜んでいるはずがなく、悲しみや怒りを持っているだろうということをしみじみと感じている。

エ　田中さんが本当のことを話してくれないことをくやしく思うとともに、田中さんが表向きのことを言う一方で、本当の気持ちを自分に話してくれなかったことを悲しく思っている。

問七　この文章から読み取れる「拓人」と「兄」の関係として最もよいものを次から選び、記号で答えなさい。

ア　拓人は頭がよくてやさしい兄を尊敬していて、兄は本当は拓人が自分よりもすぐれているということを知っており、拓人にもそのことを理解してほしいと願っている。

イ　拓人は頭がよくて器用な兄より自分はおとっていると思っていて、兄は拓人に自分にはない強さがあると考えており、拓人をはげましたいと願っている。

ウ　拓人はパソコンの知識が豊富で頭がよく、性格もよい兄のことをねたんでいて、兄は自分にはない自由さやたくましさを持つ拓人のことをうらやましいと感じている。

エ　拓人は頭がよいうえ自分よりも何でも知っている兄のことをうらやましく思っていて、兄は自分にはない明るさや強さを持つ拓人のことをにくらしく感じている。

問八　この文章について説明したものとして最もよいものを次から選び、記号で答えなさい。

ア　田中さんや友人、兄から拓人が多くのことを学び取っていく様子を、各登場人物の心の声を示しながら、独特の場面表現や言い回しによって印象的にえがいている。

イ　ある出来事によって拓人の考え方が大きく変化していく様子を、各登場人物の会話をテンポよく進めながら、第三者の視点から心情表現を客観的にえがいている。

ウ　田中さんとの交流によって拓人の感受性が深まっていく様子を、拓人と周りの人との会話を中心に、分かりやすい心情表現を用いてあざやかにえがいている。

エ　田中さんとの交流や兄との会話によって拓人の中に少しずつとまどいが芽生えていく様子を、過去の出来事を効果的にまじえながら、鮮明《せんめい》にえがいている。

三

次の1～5の――線のカタカナを**漢字**に直しなさい。送りがながあれば、それを**ひらがな**で書くこと。

1　第一線から**シリゾク**。

2　部下の失敗を**セメル**。

3　**テッキン**コンクリートの住宅。

4　薬の危険性を**ケイコク**する。

5　米に**ザッコク**を混ぜて炊《た》く。

四

次の1～5の漢字の部首名を、**ひらがな**で書きなさい。

1　笑

2　類

3　広

4　快

5　刊

焼夷弾…敵の建造物などを焼くことを目的とした爆弾《ばくだん》。
偏屈な…素直《すなお》でなく、ひねくれている。

問一　本文中の[Ⅰ]～[Ⅲ]に入る語の組み合わせとして最もよいものを次から選び、記号で答えなさい。

ア　Ⅰ　お手の物　Ⅱ　なおさら　Ⅲ　ふいに
イ　Ⅰ　おすみ付き　Ⅱ　なおさら　Ⅲ　やけに
ウ　Ⅰ　お手の物　Ⅱ　ひとしお　Ⅲ　やけに
エ　Ⅰ　おすみ付き　Ⅱ　ひとしお　Ⅲ　ふいに

問二　――線Ⓐ・Ⓑの意味として最もよいものを後からそれぞれ選び、記号で答えなさい。

Ⓐ　恐縮していた
ア　ぐずぐずしていた
イ　申し訳なく思っていた
ウ　ありがたがっていた
エ　うとましく思っていた

Ⓑ　けげんな顔
ア　不思議そうな顔　イ　あっさりした顔
ウ　おどろいた顔　エ　疑り深い顔

問三　――線①「食休みをしたあとは、いよいよお風呂だ」とありますが、「田中さん」のお風呂を手伝うことを、「拓人」がまるで重大で責任ある仕事を実行しているかのようにとらえている表現があります。その表現を本文中から**四字**でぬき出して書きなさい。

問四　――線②・③「宇太佳が田中さんを誘導して、……田中さんは湯船につかっていた」とありますが、この部分が表している様子として最もよいものを次から選び、記号で答えなさい。

ア　宇太佳が田中さんの世話を器用にこなす一方、拓人が何もしないで見ている様子。
イ　三人が何かを行うときには、宇太佳が率先してリーダーシップを発揮している様子。
ウ　高齢者《こうれいしゃ》の世話は宇太佳に任せればひと安心だと、拓人が感心して見守っている様子。
エ　器用なうえ高齢者の世話に慣れた宇太佳が、田中さんの世話を手際よく行う様子。

問五　――線④・⑤「田中さんっ！　寒くないっすか！　……ばかでかい声で一気に」とありますが、このときの「拓人」の様子として最もよいものを次から選び、記号で答えなさい。

ア　田中さんのひどい傷痕を見てしまったことで、田中さんが空襲で負ったやけどの痛みを自分のことのように感じてしまったため、別の話題をふって気をまぎらわそうとしている。
イ　田中さんのひどい傷痕を見てしまったことが田中さんに知られてしまったと感じ、田中さんに別のことを話しかけることで、自分は傷痕を見ていないことを伝えようとしている。
ウ　田中さんのひどい傷痕を見たが、見てはいけないものを見たような気分になり、全く別のことを続けざまにしゃべることで、見たことを気づかれないようにしようとしている。
エ　田中さんのひどい傷痕を自分だけが見てしまい、他の二人に傷痕を見せるわけにはいかないので、全く別のことを大声で話すことで二人の視線を傷痕からそらそうとしている。

問六　――線⑥「むしゃくしゃして、そのくせ悲しくて、切なかった」とありますが、この部分が表している「拓人」の気持ちとして最もよいものを次から選び、記号で答えなさい。

ア　戦争で罪もない人々が犠牲《ぎせい》になったことを腹立たしく思うとともに、田中さんが穏やかに話す裏には、母と妹を亡くした悲しみや怒《いか》りがあるのではないか、と胸がしめつけられている。

「ねえ、兄貴。昔、この辺りに※焼夷《しょうい》弾《だん》が落ちたこと、知ってる？」

夕飯のあと、兄貴の部屋に入るなり、おれは聞いてみた。

「なんだよ、急に」

こちらに背を向けたままの姿勢で、パソコンをいじっている兄貴が言う。

「プログラミング？」

「ああ、そうだ」

兄貴は高校のパソコン部に入っていて、ゲームの開発に夢中だ。部活でいつも帰宅が遅《おそ》くて、受験勉強は大丈夫《だいじょうぶ》なの？　と、よくお母さんに言われている。

おれとは年が六つも離《はな》れているから、小さい頃《ころ》も一緒に転がって遊んだというより、やさしく面倒《めんどう》をみてくれたという印象のほうが強い。

「で、なんだって。焼夷弾？」

くるっと椅子を回して、おれを見た。

「終戦日に、このあたりに空襲があったって話。熊谷《くまがや》空襲で余った焼夷弾を落としていったんだって。兄貴知ってた？　おれ、今日はじめて聞いた」

「知ってるぞ」

「まじ？　有名な話なの？」

「ほら、花林《かりん》神社の管理人さん。名前なんて言ったっけなあ」

「田中さんっ！」

叫《さけ》ぶように言ったおれを、兄貴がⒷけげんな顔で見る。

「急に大きな声出さないでくれよ。そうそう、田中さんだったな。おれが小学生のとき、学校に講演に来てくれたことがあって、確かそんな話をしてたよ」

「講演？」

「田中さん、戦争の語り部みたいなことをやってるんだ。知らなかったか？」

初耳だ。まったく知らなかった。

「なんで急にそんな話？　あっ、そうか！　拓人、今、田中さんちの手伝いに行ってるんだったよな。母さんから聞いたわ」

兄貴にまで話がいってるとは……。

「いい経験だな」

Ⅲ、やさしい笑顔で兄貴が言う。兄貴は頭がよくて器用で、おれとは顔も似ていない。

「中学受験もやめたし、ヒマだから……」

そう言うと、兄貴は少し眉《まゆ》を持ち上げておれを見て、

「拓人はどこの学校にいっても大丈夫だよ。おれみたいな※偏屈《へんくつ》な人間とは違《ちが》うから。お前は、環境《かんきょう》に左右されない強さがあるからな」

と言った。おれはなんて返したらいいのかわからなくて、んじゃ、と手を上げて兄貴の部屋を出て、そのまま風呂場に直行した。

いつもはカラスの行水で湯船につかるのも面倒だけど、今日はあごまでどっぷりつかって足を伸ばしてみた。夜になって少し冷えたのか、お湯がじんわりと肌《はだ》に染みこんでいくのがわかる。身長１５３センチのおれが、余裕で足を投げ出せる浴槽の広さだ。

えぐれてひきつれた田中さんの左足は、七十四年たった今でも、まだ痛そうだった。

（椰月美智子《やづきみちこ》『昔はおれと同い年だった田中さんとの友情』）

※語注

ギプス…骨折などをしたとき患部《かんぶ》を固定するために用いる、包帯を石膏《せっこう》で固めたもの。

慰霊碑…事故や戦争、災害などで亡くなった人や動物の霊をなぐさめるために建てられた石碑。

「ああ、なんて気持ちいいんだろうね」
そう言って、狭いお風呂で頬《ほお》をほてらせている。出るときに声をかけてもらうことにして、脱衣場《だついじょう》で待機することになった。
宇太佳はとても器用だ。田中さんの髪《かみ》まで一人で洗ってくれたらしい。
「おれ、そういうの得意かも。余裕《よゆう》でできたわ。たまに、ひいばあちゃんの世話もしてるし」
汗をかいた宇太佳が言う。おれは宇太佳を尊敬した。自分にはとてもできないだろうと思った。
「そろそろ出ようかと思うよ。すまないけれど、手を貸してくれるかね」
しばらくしてから田中さんの声が届き、宇太佳が手伝って田中さんを湯船から出した。小さい浴槽のわりに深さがあるから、十分に気を付けて出入りしないと危ない。足の悪い田中さんは［ Ⅱ ］だ。
田中さんが体を拭《ふ》くのを、ところどころ手伝いながら、あっ、と思った。さっきは気が付かなかったけれど、田中さんの左足のふくらはぎは、肉がえぐれたようになって引きつれていた。
空襲《くうしゅう》でやけどを負ったという痕《あと》だろうか。この傷のせいで足を引きずっているのだろうか。
「④田中さんっ！　寒くないっすか！　暑くないっすか！　ちょうどいいっすか！」
⑤思わず口走っていた。ばかでかい声で一気に。
「拓人、なんだよ、急に。鼓膜《こまく》が破れるかと思ったぜ。もうちょっとしずかに話してくれ」
近くにいた忍が、耳を押《お》さえる。
「ははは、拓人くんは元気がいいねえ。寒くも暑くもないよ、ぽかぽかしてちょうどいいよ。どうもありがとうね」
田中さんが笑顔《えがお》で答えてくれて、おれも笑おうと思ったけど、自分の意思とは反対に顔がゆがんだ。
おれは、無理やり最近流行《はや》っているお笑いコンビのギャグソングを歌った。宇太佳が一緒に歌い出し、忍も口ずさんだ。聞けば絶対に歌いたくなるギャグソングなのだ。おれたちの歌を、田中さんは笑顔で聞いていた。
田中さんのギプスはまったくぬれていなかった。大成功だ。そのあと風呂をきれいに洗って、風呂作戦は無事に終了《しゅうりょう》した。
干していたこたつ布団《ぶとん》は、日に当たってふかふかになっていた。家のなかも、田中さんもぴかぴかになった。
「今日は本当にどうもありがとう。これでお祭りのときも安心だよ。みんな、お祭りには来るのかい？」
「行きますっ！」
お祭りのときは、スケボーをやった通りにいくつかの出店が出る。毎年、出店目当てに来ていたけど、去年あたりからあまりおもしろいと感じなくなっていた。出店といっても地域の人たちが出しているもので、輪投げの景品もつまらないものばかりだ。今年はお小遣《こづか》いだけもらって行くのをやめようかと思っていたけど、田中さんがいるから、なんとしても参加しようと思った。
帰り際《ぎわ》、おれたちは境内《けいだい》の※慰霊碑《いれいひ》の前に立って、手を合わせた。亡くなった二十三人の人たち。そのなかに、田中さんのお母さんと妹さんがいる。
「どうもありがとうね。うれしいよ。みんな天国で喜んでるよ」
田中さんの穏《おだ》やかな声に、しんみりとした気持ちになる。
夕暮れに向かっていく空はとてもきれいで、だけどなんだかうそっぱちみたいで、なにが現実なのかよくわからない感覚だった。⑥むしゃくしゃして、そのくせ悲しくて、切なかった。

エ　生物の個体数がいちど環境収容力を超えてしまうと、生物を養うための資源が激減することになるので、個体数が環境収容力を超えないように注意しなければならないということ。

問八　本文の内容を説明したものとして最もよいものを次から選び、記号で答えなさい。

ア　生物多様性が環境や人間にあたえる影響を、生物生産性が高いことによる利点をふまえて説明し、環境収容力が激減することの危険性を説明しつつ地球環境を守る重要性を論じている。

イ　生物多様性とは何かを考えることで、生物多様性が人間にあたえる影響を説明し、人間の数が環境収容力を超えてしまった場合の影響を説明しながら地球に住む人間の役割を論じている。

ウ　生物多様性が高いということの重要性を、生物の絶滅や生産性、環境変化への影響をふまえて説明し、地球に住む人間が考えるべきことを地球のサイズや環境収容力をもとに論じている。

エ　生物多様性を守らなければならないことを、環境変化と人間との関わりをふまえて説明し、環境収容力についての説明をもとに、人間は地球環境の一部にすぎないことを中心に論じている。

二

次の文章を読んで、後の問いに答えなさい。

《ここまでのあらすじ》

小学六年生の拓人《たくと》、忍《しのぶ》、宇太佳《うたか》の三人は、拓人のスケートボードに乗って骨折してしまった、田中《たなか》さんというおじいさんの手伝いをしている。

①食休みをしたあとは、いよいよお風呂《ふろ》だ。田中さんは、いいのに、いいのに、とⒶ恐縮《きょうしゅく》していたけれど、ここのところ日差しが強くて暑い日が続いている。汗《あせ》をかいてそのままでは、気持ちいいはずがない。

三人一緒《いっしょ》に風呂掃除《そうじ》に取りかかろうと思ったけど、風呂場が狭《せま》すぎて身動きが取れなかった。こんな小さな箱みたいな浴槽《よくそう》、はじめて見た。体育座りをしないと入れないだろう。足はとても伸《の》ばせない。

「お風呂は洗ったままになっているから、シャワーでざっと流すだけでいいからね」

様子を見に来た田中さんが言う。

「これ、どうやってシャワーを出すんですか」

たずねると、

「そうかあ、これもかなり古いからみんなは知らないかもねぇ」

と田中さんは言った。

田中さんの指示通りに、ガスの元栓《もとせん》を開けたり、つまみを回したりしているうちにシャワーが出た。ガスの元栓を開ける作業はちょっと緊張《きんちょう》した。爆発《ばくはつ》するんじゃないかと思った。

「そういえば、田舎《いなか》のばあちゃんちのお風呂もこれだったな」

宇太佳が言う。宇太佳はボーイスカウトにも入っているから、火おこしは[I]だ。って、この風呂釜《がま》とは関係ないけど。

お湯がたまって、いよいよ田中さんにお風呂に入ってもらうことになった。上着を脱《ぬ》いだあと、※ギプスをタオルで巻いて、その上からレジ袋《ぶくろ》で包んでぬれないように工夫をした。それから宇太佳が肩《かた》を貸して、田中さんはゆっくりとズボンを脱いだ。（中略）

②宇太佳が田中さんを誘導《ゆうどう》して、風呂場の椅子《いす》に座らせた。狭いから、おれ一人でいいよ、と言う宇太佳に任せた。

③しばらくしてから、宇太佳が出てきた。なかをのぞくと、田中さんは湯船につかっていた。

は低下し続けるが、ある地域でトキやコウノトリが絶滅した場合は、別の場所から連れてきて補うことが可能なため、一時絶滅をふせぐことができる。

ウ　沖縄でヤンバルクイナが地域絶滅した場合は、沖縄の生物多様性が低くなってしまうが、ある地域でトキやコウノトリが地域絶滅した場合は、別の場所から連れてくることで生物多様性をもとの状態に復活させることができる。

エ　沖縄でヤンバルクイナが絶滅した場合は、沖縄の生物多様性は低下して元にもどることはないが、ある地域でトキやコウノトリが絶滅した場合は、別の場所から連れてくることで生物多様性のロスを回復させることができる。

問四　[　]で囲んだ段落の本文中での役割として最もよいものを次から選び、記号で答えなさい。

ア　筆者が持っている疑問を分かりやすい形で示すことで、次の段落以降で述べている専門的な内容を読者につかみやすくさせる役割。

イ　一般《いっぱん》の人(読者)が持ちそうな疑問を提起することで、次の段落以降で筆者が述べたい内容へと導く役割。

ウ　筆者が持っている疑問を提起するという形で示すことで、次の段落以降で説明する内容に対する読者の理解をうながす役割。

エ　一般の人(読者)が考えそうな疑問をたとえを使って示すことで、前の段落の内容と次の段落の内容を関連づける役割。

問五　――線③「生物多様性が高くなると生産性が高まり」とありますが、その理由として最もよいものを次から選び、記号で答えなさい。

ア　おなじように見える環境でも微妙に性質の異なる場所が存在するが、生物多様性が高ければ異なる環境それぞれに適応する生物が、生育に合った環境で生産性を高めることになるから。

イ　生物多様性が高いということはその地域の生物の種類がたくさんあるということなので、環境が変化してしまっても変化した環境に合う生物が見つかり、生産性を高めることになるから。

ウ　おなじように見える環境でも微妙に性質の異なる場所が存在するが、生物多様性が高いことによって環境の違いを乗り越《こ》えられる生物がすぐに見つかり、育つことになるから。

エ　生物多様性が高くなるとその地域に存在する生物の量が増えるということなので、微妙に環境の性質が変化した場所があったとしても、全体として生物が多く育つことになるから。

問六　本文中の[A]～[D]に入る語の組み合わせとして最もよいものを次から選び、記号で答えなさい。

ア　A 有限　B 無限　C 有限　D 無限

イ　A 有限　B 無限　C 無限　D 有限

ウ　A 無限　B 有限　C 無限　D 有限

エ　A 無限　B 有限　C 有限　D 無限

問七　――線④「これ」とありますが、「これ」が指す内容として最もよいものを次から選び、記号で答えなさい。

ア　生物の個体数が環境収容力を超えてしまうことによって生物を養うための資源が減少するが、個体数も減少してしまうため資源の量が増加し、環境収容力も回復するということ。

イ　生物の個体数が一時的に環境収容力を超えてしまうことによって、個体数を支えるための資源がほとんどなくなってしまい、環境収容力がもどっても個体数は元にもどらないこと。

ウ　生物の個体数が環境収容力を超えてしまうことによって生物を養うための資源が大幅に減少し、環境収容力が低下することでそこで生存できる個体数も激減してしまうこと。

Ⅲ これを人間に当てはめて、地球に適した数の人口に落ち着くような力がひとりでにはたらくので、環境収容力の心配をする必要はない、なんて考えてしまうのは間違いである。共有地の悲劇における共有地のウシの数は、ちょうどよいレベルに収まることはなかった。このように自然界でもしばしば、オーバーシュートと呼ばれる現象が観測される。オーバーシュートとは、個体数が一時的に環境収容力を超えてしまう現象である。とある島で、シカに※ベビーブームが起こったとしよう。そうなると一気にシカの個体数が増加し、島の環境収容力を大幅《おおはば》に超えてしまう。そうなると、島じゅうの植物はみな食い荒《あ》らされ、森や草原はハダカの状態になってしまう。シカたちは、そのほとんどが餓死してしまうことだろう。いちどオーバーシュートが起こると、島の資源が激減することになるので、環境収容力がオーバーシュート前より大きく低下してしまう。すると、これまでは一〇〇〇頭のシカを養えていた島が、わずか一〇〇頭のシカしか養えない、なんてことが現実に発生するのである。これがオーバーシュートの怖《こわ》さであり、共有地の寓話が僕らに伝えているのも④これなのだ。オーバーシュートとそれに伴《ともな》う生態系の崩壊《ほうかい》を避《さ》けるため、僕らは計画的に生きていかなければならない。

（伊勢武史《いせたけし》『２０５０年の地球を予測する
——科学でわかる環境の未来』）

※語注

生態系…ある地域に存在する生物と、その自然環境を合わせたもの。
ヤンバルクイナ…沖縄本島北部の山原《やんばる》地域のみに生息する鳥。
ロス…失うこと。損失。
プロジェクト…計画。
メリット…利点。
秀逸…他のものより一段とすぐれていること。
アナロジー…知らないことを似ていることに当てはめて考えること。
共有地の悲劇の寓話…ある農村で、住民たちは飼っているウシを村共有の牧草地で放牧していた。一人の村人が、飼うウシの数を増やして放牧し、財をなした。そこで、ほかの村人たちもウシの数を増やしたが、やがて共有地の牧草は食べつくされ、ウシたちはみんな飢《う》え死にしてしまった、という教訓をおりこんだ物語。
いたわりながら…大切に世話をしながら。
焼畑農業…草木を切りはらい、そこで草木を燃やした灰を肥料として農作物を育てる農業。
発展途上国…経済的、社会的に立ちおくれている国々。
コンセプト…物事の本質をとらえる考え。
ベビーブーム…人口に対して赤ちゃんの生まれる割合がとても高くなること。

問一 〰〰線ⓐ～ⓒの語と反対の意味を持つ二字の熟語を、それぞれ漢字で書きなさい。

問二 本文中の Ⅰ ～ Ⅲ に入る語として最もよいものをそれぞれ次から選び、記号で答えなさい。（ただし、同じ記号を二度使ってはいけません。）

ア さらに　イ しかし　ウ たとえば　エ すると

問三 ——線①「ヤンバルクイナ」と——線②「トキやコウノトリ」の絶滅時の状況《じょうきょう》の違いを説明したものとして最もよいものを次から選び、記号で答えなさい。

ア 沖縄でヤンバルクイナが地域絶滅した場合は、沖縄の生物多様性に変化は見られないが、ある地域でトキやコウノトリが絶滅した場合は、別の場所から連れてくることで一時絶滅する前よりも生物多様性を高めることができる。

イ 沖縄でヤンバルクイナが絶滅した場合は、沖縄の生物多様性

を好むものがある。草の多様性が高いと、草原内のいろんな環境にぴったりマッチした草が生えてくるので全体として生産性が高くなるのである。

　生物多様性が高い※メリットはほかにもある。生態系にはいろんな突発的《とっぱつてき》な出来事が起こる。たとえば、雨が少なくて干ばつが生じる年があるかもしれない。逆に、雨が多すぎて草原が水びたしになる年もあるかもしれない。そんなとき、干ばつに弱い草や、水びたしに弱い草は枯《か》れてしまうかもしれない。生物多様性が高ければ、その場所に干ばつに強い草、水びたしに強い草が生えることが可能だから、突発的な出来事が生じても、草原全体は安定するのだ。［Ⅱ］、ある種の病気が流行したときに、草の種類が一種類だけなら草原の全体が枯れてしまう。草の種類が複数あることで、草原全体に及《およ》ぶ病気の影《えい》響《きょう》が最小限にとどめられるのだ。ここで学んだように、一見無駄《むだ》なように思えてもいざというときに役立つという性質を冗長性《じょうちょうせい》という。冗長性を高めるため、僕《ぼく》らは生物多様性を守らなければならないのである。（中略）

　「宇宙船地球号」という言葉を聞いたことがあるかもしれない。広大な宇宙に思いを馳《は》せるならば、広がる無の空間にぽっかりと浮《う》かんでいる地球がある。地球には、多くの生命と、彼《かれ》らを維持《いじ》する水や大気があり、適度な距離《きょり》にある太陽からのエネルギーが存在する。これは奇跡的《きせきてき》なことだ。そして、宇宙のサイズから見ると、地球なんてほんとうにちっぽけな「点」みたいなものだ。その小さな星でうまく生きていくためには、人間もそのほかの生物も、みな乗組員として協力しながら活動しなければならない。誰《だれ》かが無茶をすると、とたんに生命の維持が困難になるというのも宇宙船という※秀逸《しゅういつ》な※アナロジーが表現しているところである。

　地球のサイズは有限。だから使える資源は有限。そして、廃棄物《はいきぶつ》を薄《うす》めてくれる大気や水も有限。僕ら現代人は、これら当たり前のことを忘れてはいないだろうか。常に自問自答したいところである。※共有地の悲劇の寓話《ぐうわ》に出てきた「共有地（牧草地）」も、サイズは［A］だった。だから僕らは、その共有地をルールにしたがって※いたわりながら、未来のために持続可能な使い方をしなければならないのだ。アメリカの開拓《かいたく》時代、人びとは一か所の資源を使い切ると、別の場所に移動していくというライフスタイルを持っていた。人口密度がとても低かったので、広大なアメリカ大陸はまさに、［B］の広がりを持っているように感じられたのだろう。現代でも、アマゾンなどで※焼畑農業をやっている※発展途上国《とじょうこく》の人びとは同様の感覚を持っているかもしれない。地球のサイズが［C］であるのはわかりきってるはずなのに、さも［D］であるかのように振舞《ふるま》うことは、実はよくあるのだ。

　ここで学んでほしい※コンセプトに環境収容力（carrying capacity）がある。資源が有限ということは、その資源で養うことが可能な生物の量にも限りがある。それが環境収容力だ。地球が養うことが可能な人間の数という意味で環境収容力を考えることもあるし、ある島に生息可能なシカの数という意味で環境収容力を考えることもある。（中略）

　もしも、シカの数が環境収容力を超《こ》えてしまったらどうなると思う？　そうなると、何割かのシカが餓死《がし》することになる。もしも、シカの数が環境収容力より少なかったら。シカは豊富な食料があるので繁殖し、やがて個体数は環境収容力と同等になることだろう。このように自然界には、環境収容力に合うように個体数が自然に調整されるという働きが存在する。

2024年度 星野学園中学校

【国語】〈進学第一回試験〉（五〇分）〈満点：一〇〇点〉

注意　一、字数制限のある問題では「、」や「。」や記号等も一字に数えます。

二、問題作成のため、一部本文を改めたところがあります。

一　次の文章を読んで、後の問いに答えなさい。

生物多様性とは、文字通り生物の豊富さのことを表している。生物多様性には、遺伝的な多様性や※生態系の多様性などいろいろ視点があるけれど、ここでは生きものの種類の多様性について考えてみよう。生態系に存在する生きものの種類が多ければ生物多様性が高い、少なければ低い、という表現を使う。ある種の生物が絶滅《ぜつめつ》すると、生物多様性は低下することになる。たとえば沖縄の①※ヤンバルクイナが絶滅すると、それによる生物多様性の※ロスは取り返しがつかなくなる。一方で、日本から②トキやコウノトリが絶滅したことがあったが、世界の別の場所で生きているトキやコウノトリを連れてきて繁殖《はんしょく》させることで、生物多様性を復活させたという事例もある。この場合、トキやコウノトリは世界の別の場所で生きていたわけだから、日本から一時絶滅したことは地域絶滅という。地域絶滅は、別の場所から連れてくることで回復することが可能というところが、種が絶滅した場合との違《ちが》いだ。といっても、なるべく地域絶滅もふせぎたいところ。

ここで素朴《そぼく》な疑問を考えてみる。生物多様性が大事とはいうけれど、なんで大事なんだろうか。ある種の生物が絶滅したとして、ほんとうに困ることはあるのだろうか。これは素朴だけれど、たいへん重要な疑問である。生態系には似たような生物がたくさん存在する。たとえば、田んぼで見かける水鳥には、トキ、コウノトリ、コサギ、ゴイサギなどがいる。トキやコウノトリが絶滅したとしても、ほかの種類の鳥が生きていたら生態系は何ごともなかったかのように存続しつづけるのではないだろうか。とすれば、現在国家事業として多額の予算を投入しているトキやコウノトリを保護し繁殖させる※プロジェクトは不必要なんじゃないだろうか。

この疑問に答えるため、科学者はいろいろな研究を行っている。ここではその一つを紹介《しょうかい》しよう。アメリカの生態学者ティルマンは、草原に生える草の種類をコントロールする実験を行った。そのⓐ結果、③生物多様性が高くなると生産性が高まり、少々の環境《かんきょう》変化があっても安定していることが分かったのである。ⓑ単純に考えると、草原にもっとも成長スピードの速い草を一種類だけ植えることが、いちばん生産性の高い土地の利用法であると思ってしまうかもしれない。しかしⓒ現実はそうじゃなくて、種類がたくさんあったほうが、草原全体の生産性が高くなったのである。

草原の草は一見どれもおなじように見えるが、それぞれの性質は微《び》妙《みょう》に異なっている。そして、草原はどこもおなじように見えても、実は環境が微妙に異なっている。平坦《へいたん》な草原に見えても、きちんと調べれば土地にちょっとした起伏《きふく》があることが分かるだろう。草原に雨が降って、その水が流れていく。長年のこのような過程が土を少しずつ削《けず》り、起伏が生まれるのである。［Ｉ］、草原のなかに、少しだけ湿《しめ》った場所や、少しだけ乾《かわ》いた場所が生じるだろう。草は種類によって、湿った場所が得意なもの、逆に乾いていて日当たりの良い場所

2024年度

星野学園中学校 ▶解　答

※　編集上の都合により，進学第１回試験の解説は省略させていただきました。

算　数　＜進学第１回試験＞（50分）＜満点：100点＞

解　答

1 (1)　14　(2)　$1\frac{3}{5}$　(3)　$2\frac{1}{6}$　(4)　$\frac{5}{6}$　(5)　43200　(6)　15　**2** (1)　512　(2)　時速12km　(3)　68本　(4)　18％　(5)　2000円　(6)　14人　(7)　２時間30分　(8)　$18.84cm^2$　(9)　132度　(10)　$672cm^3$　**3** (1)　２時間24分　(2)　時速40km　**4** (1)　6.2cm　(2)　９cm　**5** (1)　４回　(2)　80回

国　語　＜進学第１回試験＞（50分）＜満点：100点＞

解　答

一 問１　ⓐ（例）原因　ⓑ　複雑　ⓒ（例）理想　問２　Ⅰ　エ　Ⅱ　ア　Ⅲ　イ　問３　エ　問４　イ　問５　ア　問６　ア　問７　ウ　問８　ウ　**二** 問１　ア　問２　Ⓐ　イ　Ⓑ　ア　問３　風呂作戦　問４　エ　問５　ウ　問６　ア　問７　イ　問８　ウ　**三** 下記を参照のこと。　**四** １　たけかんむり　２　おおがい　３　まだれ　４　りっしんべん　５　りっとう　**五** １　仏　２　群　３　玉　４　水　５　味　**六** １　×　２　○　３　×　４　×　５　○

●漢字の書き取り

三 １　退く　２　責める　３　鉄筋　４　警告　５　雑穀

Dr.福井の

入試に勝つ！脳とからだのウルトラ科学

寝る直前の30分が勝負！

みんなは，寝る前の30分間をどうやって過ごしているかな？　おそらく，その日の勉強が終わって，くつろいでいることだろう。たとえばテレビを見たりゲームをしたり――。ところが，脳の働きから見ると，それは効率的な勉強方法ではないんだ！

実は，キミたちが眠っている間に，脳は強力な接着剤を使って海馬《かいば》(脳の，知識をためる倉庫みたいな部分)に知識をくっつけているんだ。忘れないようにするためにね。もちろん，昼間に覚えたことも少しくっつけるが，やはり夜――それも“寝る前”に覚えたことを海馬にたくさんくっつける。寝ている間は外からの情報が入ってこないので，それだけ覚えたことが定着しやすい。

もうわかるね。寝る前の30分間は，とにかく勉強しまくること！　そうすれば，効率よく覚えられて，知識量がグーンと増えるってわけ。

では，その30分間に何を勉強すべきか？　気をつけたいのは，初めて取り組む問題はダメだし，予習もダメ。そんなことをしても，たった30分間ではたいした量は覚えられない。

寝る前の30分間は，とにかく「復習」だ。ベストなのは，少し忘れかかったところを復習すること。たとえば，前日の勉強でなかなか解けなかった問題や，１週間前に勉強したところとかね。一度勉強したところだから，短い時間で多くのことをスムーズに覚えられる。そして，30分間の勉強が終わったら，さっさとふとんに入ろう！

ちなみに，寝る前に覚えると忘れにくいことを初めて発表したのは，アメリカのジェンキンスとダレンバッハという２人の学者だ。

Dr.福井(福《ふく》井《い》一成《かずしげ》)…医学博士。開成中・高から東大・文Ⅱに入学後，再受験して翌年東大・理Ⅲに合格。同大医学部卒。さまざまな勉強法や脳科学に関する著書多数。

2024 年度 星野学園中学校

【算　数】〈総合選抜試験〉(50分)〈満点：100点〉

1 次の□の中にあてはまる数を求めなさい。

(1) $15 - 4 \times 3 + 10 \div 2 = \square$

(2) $1.73 \times 5.73 + 0.27 \times 5.73 = \square$

(3) $\left\{ 72 \div 0.3 + \left(3\frac{5}{6} + 0.5 \right) \times 3 \right\} \times 8 = \square$

(4) $\frac{1}{17} \times \left\{ \left(\square + 13 \right) \div 5 - \left(3 + \frac{1}{9} \right) \div 14 \right\} = \frac{2}{9}$

(5) 50000 分の 1 の地図上で，たて 4 cm，横 6 cm の長方形の土地の面積は，実際には□ha です。

(6) 18 と 24 の公倍数の中で 400 に最も近い数は□です。

2 次の各問いに答えなさい。

（1） 赤，青，白，黒の4色から異なる2色を選ぶとき，選び方は全部で何通りありますか。

（2） クラスの生徒に203冊のノートをできるだけ多く，同じ冊数ずつ配ると23冊余りました。また，219本の鉛筆《えんぴつ》をできるだけ多く，同じ本数ずつ配ると9本余りました。このクラスの生徒は何人ですか。

（3） 下の表は，36人のクラスを2つのグループA，Bに分けて行った100点満点の試験の結果です。クラス全体の平均点は何点ですか。

	A	B
人数	16人	20人
平均点	63点	54点

（4） 4月にある品物を仕入れて販売《はんばい》したところ30個売れ残りました。そこで5月は仕入れる個数を2割減らして販売したところすべて売ることができ，売れた個数は4月より1割多くなりました。4月に仕入れた品物の個数は何個ですか。ただし，品物は仕入れた月にしか販売しないものとします。

（5） 長さ190 mの列車Aと長さ170 mの列車Bがあります。列車Aと列車Bがすれ違《ちが》うのに9秒かかります。列車Bの速さが時速80 kmであるとき，列車Aは時速何kmですか。

（6） 1年生の34％の生徒は自転車で通学し，残りの生徒は徒歩で通学しています。あるとき，28人が徒歩通学から自転車通学に変えたところ，徒歩通学者が1年生全体の58％になりました。1年生全体の生徒の人数は何人ですか。

（7） 1周120 m の流れるプールで，A さんはプールの流れにそって泳ぐと1周するのに1分かかり，流れにさからって泳ぐと5分かかります。このプールでAさんが浮《う》き輪を手放したと同時に，流れにさからって泳ぎ始めると，流れてくる自分の浮き輪に出会うのは何分何秒後ですか。

（8） 水そうにポンプで水を入れて満水にします。6台のポンプで水を8時間入れたところ，水そうの40％だけ水が入りました。しかし，はじめに予定していた時間よりもおくれそうなのでポンプを3台増やしたところ，それでも予定より1時間おくれてしまいました。予定通りの時間で満水にするには，はじめから何台のポンプで水を入れればよかったですか。

（9） 右の図の四角形 ABCD は長方形です。㋐の角の大きさは何度ですか。

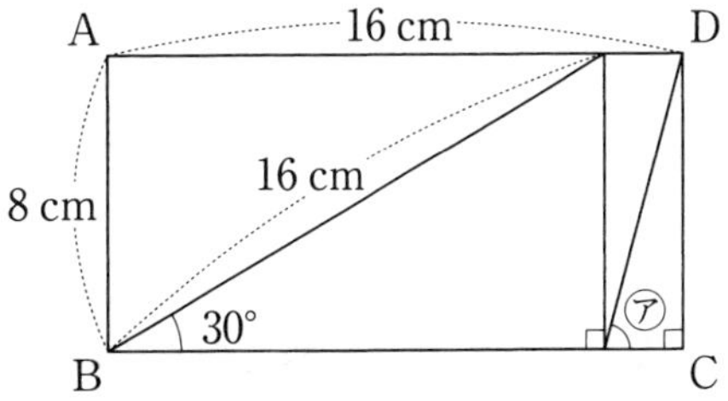

(10) 右の図はある立体の展開図であり，3つの長方形と2つの直角三角形でできています。組み立ててできた立体の体積は何 cm^3 ですか。

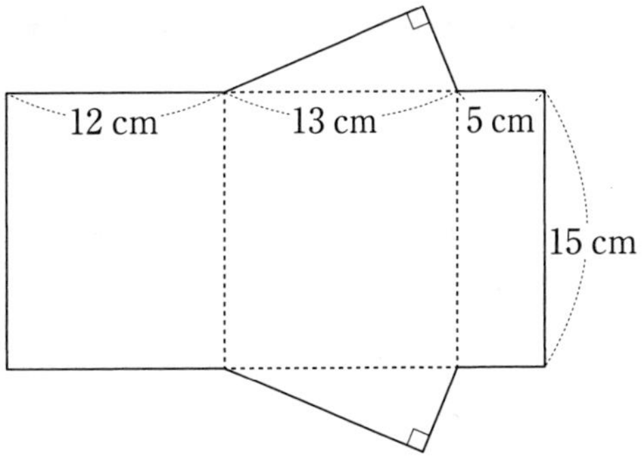

3　右の図は，1辺が1 cmの立方体を3段まで積み重ねたときの真横から見た図と真上から見た図です。このように，立方体を8段まで積み重ねます。ただし，立方体の間にはすき間がないものとします。このとき，次の各問いに答えなさい。

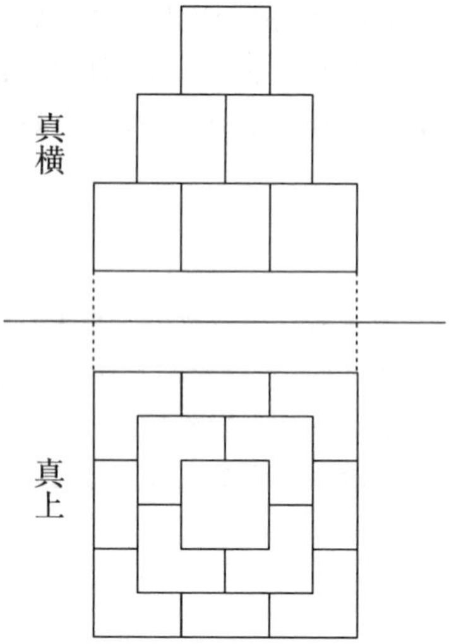

（1）　積み重ねた立体の体積は何 cm^3 ですか。

（2）　積み重ねた立体の表面積は何 cm^2 ですか。

4　容器Aには食塩水が200 g，容器Bには食塩水が100 g，容器Cには15％の食塩水が200 g入っています。容器Aから100 gの食塩水を取り出し，容器Bに入れてよくかき混ぜます。次に，容器Cから100 gの食塩水を取り出し，容器Aに入れてよくかき混ぜたところ，容器A，容器Bともに食塩水の濃《こ》さは，はじめの1.5倍になりました。このとき，次の各問いに答えなさい。

（1）　はじめに容器Aに入っていた食塩水の濃さは何％ですか。

（2）　はじめに容器A，容器B，容器Cに入っていた食塩水の濃さの比を最も簡単な整数で表しなさい。

5　右の図のような長方形ABCDを，直線CFで折り返しました。点Eは点Bが移動した点です。このとき，次の各問いに答えなさい。

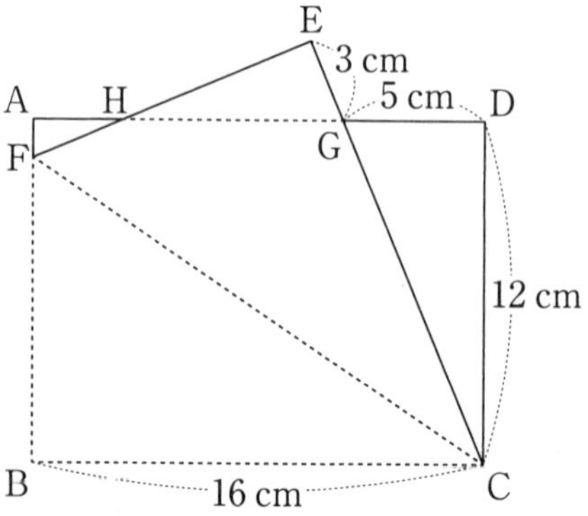

（1）　EHの長さは何cmですか。

（2）　四角形HFCGの面積は何 cm^2 ですか。

【社　会】〈総合選抜試験〉（理科と合わせて60分）〈満点：50点〉

1　星野学園中学校のクラスの生徒たちは、夏休みに全国各地のマンホールの写真を撮影《さつえい》してまわることにしました。各地方公共団体《かくちほうこうきょうだんたい》のマンホールに関する資料を見て、各問いに答えなさい。

問１　資料①は埼玉県川越《かわごえ》市の消火栓《しょうかせん》のマンホールの写真です。このマンホールには火消しのまといが描《えが》かれています。江戸時代の町火消《まちびけし》たちは、「破壊消防《はかいしょうぼう》」という消火方法の１つとして「さすまた」を日常的に使用していました。「さすまた」を図案化《ずあんか》して生まれた、消防署《しょうぼうしょ》の地図記号をかきなさい。

資料①

問２　資料②は埼玉県熊谷《くまがや》市のマンホールの写真です。次の雨《う》温《おん》図は、1993年と2022年の熊谷市のものです。２つの雨温図を比較した文として、まちがっているものを、次のページの中から１つ選び、記号で答えなさい。

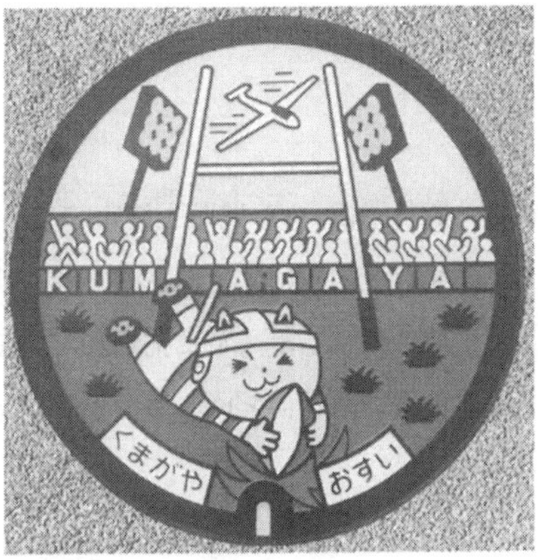

資料②

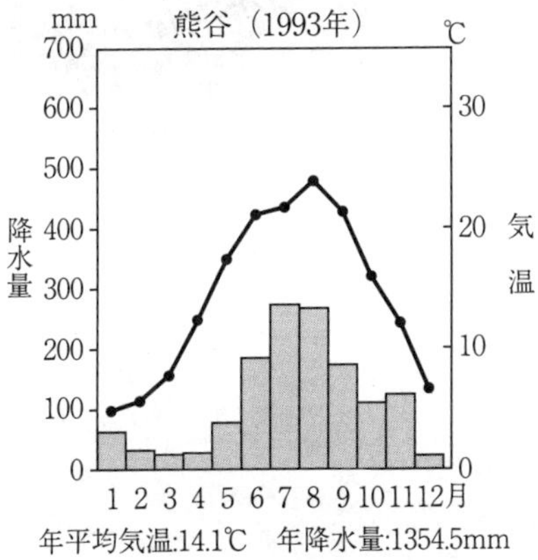

年平均気温:14.1℃　年降水量:1354.5mm

（出典　気象庁ＨＰ）

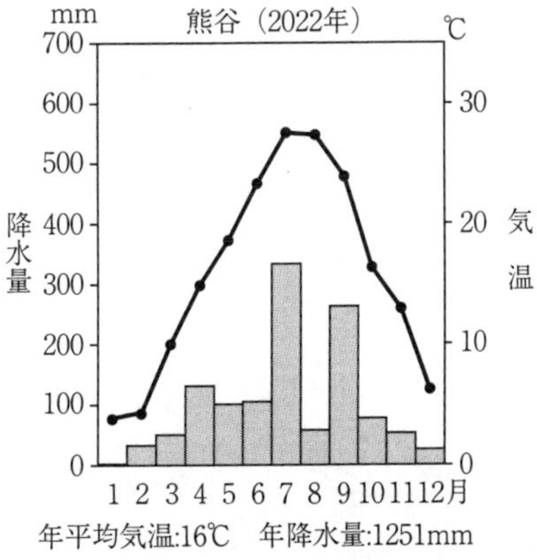

年平均気温:16℃　年降水量:1251mm

（出典　気象庁ＨＰ）

ア．年降水量《こうすいりょう》は1993年の方が2022年よりも200 mm 以上多いことがわかる。

イ．1993年と2022年のどちらも７月が最も降水量が多いことがわかる。

ウ．1993年よりも2022年の方が平均気温が25℃を超える月が多いことがわかる。

エ．1993年と2022年どちらも１月から３月までのそれぞれの降水量は100 mm にとどいていない。

問３　資料③は「石油の里」として知られる新潟《にいがた》県新潟市のマンホールの写真です。産油国《さんゆこく》として知られるサウジアラビアやアラブ首長国連邦《しゅちょうこくれんぽう》などの国で信仰《しんこう》されている、イスラム教の教えで「許《ゆる》されることやもの」という意味を表すことばとして正しいものを、次の中から１つ選び、記号で答えなさい。

ア．モスク　　イ．ハラール

ウ．ラマダーン　　エ．コーラン

資料③

問４　資料④は、茨城《いばらき》県土浦《つちうら》市のマンホールの写真です。このマンホールには、ある湖を進む帆引《ほび》き船《ぶね》が描かれています。このマンホールに描かれている、日本で二番目に面積が大きい湖を何といいますか。答えなさい。

資料④

問5　資料⑤は静岡《しずおか》県にある製紙《せいし》で有名な市町村のマンホールの写真です。その市町村として正しいものを、次の中から1つ選び、記号で答えなさい。

ア．下田《しもだ》市　　イ．焼津《やいづ》市
ウ．富士《ふじ》市　　エ．富士宮《ふじのみや》市

資料⑤

問6　資料⑥は静岡県伊豆《いず》の国《くに》市のマンホールの写真です。このマンホールには、鉄を溶《と》かすための韮山反射炉《にらやまはんしゃろ》が描かれています。2022年に日本が最も多く鉄鉱石《てっこうせき》を輸入した国はどこですか。答えなさい。

資料⑥

問7　資料⑦は日本のある市町村のマンホールの写真の一部です。このマンホールがある県名と市町村名を解答欄《かいとうらん》に合うように漢字で答えなさい。

資料⑦

問8　資料⑧は青森《あおもり》県青森市のマンホールの写真です。このマンホールには、毎年8月のはじめごろ盛大《せいだい》に行われる東北三大祭りの1つが描かれています。その祭りを何といいますか。解答欄に合うように答えなさい。

資料⑧

問9　資料⑨は山形《やまがた》県のマンホールの写真です。このマンホールには最上川《もがみがわ》が描かれています。最上川下流《かりゅう》に広がる稲《いな》作《さく》がさかんな平野《へいや》を何といいますか。解答欄に合うように漢字2字で答えなさい。

資料⑨

問10　資料⑩は岐阜《ぎふ》県高山《たかやま》市のマンホールの写真です。このマンホールには日本アルプスとともに、岐阜県の県鳥《けんちょう》が描かれています。この鳥を何といいますか。正しいものを、次の中から1つ選び、記号で答えなさい。

ア．トキ　　　　　イ．ウズラ
ウ．シラコバト　　エ．ライチョウ

資料⑩

問11　資料⑪は香川《かがわ》県高松《たかまつ》市のマンホールの写真です。香川県の特徴《とくちょう》を述べた文として、正しいものを、次の中から１つ選び、記号で答えなさい。

資料⑪

ア．夏に行われる阿波《あわ》おどりという盆踊《ぼんおど》りが有名である。
イ．この県の今治《いまばり》市から広島《ひろしま》県の尾道《おのみち》市に向けて瀬戸内《せとうち》しまなみ海道《かいどう》がのびている。
ウ．こうぞやみつまたを使った土佐和紙《とさわし》が有名である。
エ．小豆《しょうど》島でしょうゆの生産《せいさん》がさかんだったこともあり、うどんが県を代表する食品となった。

問12　資料⑫は千葉《ちば》県銚子《ちょうし》市のマンホールの写真です。銚子市は、沖合《おきあい》に潮目《しおめ》ができるため漁業《ぎょぎょう》がさかんな港として知られています。漁業の特徴について述べた文として、まちがっているものを、次の中から１つ選び、記号で答えなさい。

資料⑫

ア．沖合漁業は数日間かけて、海岸から200キロメートルくらいまでの海で魚をとる。
イ．遠洋《えんよう》漁業は、数ヶ月から１年ぐらいかけて日本から遠く離れた海で魚をとる。
ウ．栽培《さいばい》漁業は、魚や貝などをいけすなどの区切られたところで育てて出荷する。
エ．沿岸《えんがん》漁業は、小型船で海岸やその近くで様々《さまざま》な魚をとる。

問13　資料⑬は富山《とやま》県富山市のマンホールの写真です。このマンホールは「持続可能《じぞくかのう》な開発目標」をテーマに、富山市内の小学生がデザインしたものです。「持続可能な開発目標」の略称《りゃくしょう》を、アルファベット４字で答えなさい。

資料⑬

2 星野学園中学校のタロウさんのクラスでは、「歴史とモノ」をテーマにグループで調《しら》べ学習をして、文化祭《ぶんかさい》で発表をしました。次の資料1～3は、その時の様子《ようす》です。これらを読んで、各問いに答えなさい。

資料1

調べ学習の内容を決める時のタロウさんたちのグループによる会話文

タロウ「まずは、テーマを決めなくては。資料集《しりょうしゅう》を見ながら考えよう。」
コウジ「①旧石器時代のページには、石器のつくり方がかいてあるけど、これはどう。」
アン「実際《じっさい》につくってみるのも楽しそうね。少しページを進《すす》めると、縄文時代から弥生時代にかけて、人々の使用《しよう》している道具が増《ふ》えている様子がわかるね。」
タロウ「飛鳥時代になると、②聖徳太子《しょうとくたいし》が建《た》てた法隆寺《ほうりゅうじ》にある仏像《ぶつぞう》など仏教関係《ぶっきょうかんけい》のものが登場《とうじょう》してきているね。」
コウジ「日本の仏教文化は飛鳥時代から始まるからね。奈良時代では③東大寺《とうだいじ》、平安時代では④平《びょう》等院鳳凰堂《どういんほうおうどう》などの寺院があるけど、よく調べるとそれぞれ違《ちが》いがあって面白いよ。それなら、仏教とモノというテーマはどうかな。」
アン「生活を便利《べんり》にするものや、仏像などを人々が大事にしていたのはわかるけど、この間見たテレビドラマの中で、徳川家康《とくがわいえやす》からもらった茶器《ちゃき》を豊臣秀吉《とよとみひでよし》がすごくありがたがっていたことが、私はすごく気になったな。」
タロウ「それでは、僕《ぼく》たちのグループは、茶器をテーマにしよう。」

問1 下線部①について、次の写真は、群馬《ぐんま》県で発見された打製《だせい》石器です。これが発掘《はっくつ》されたことで、日本に旧石器時代があったことが明らかになりました。これが発掘されたのは、群馬県の何遺跡《いせき》ですか。解答欄《かいとうらん》に合うように答えなさい。

問2　下線部②について、聖徳太子が摂政《せっしょう》としておこなっていた政治について述べた文として、正しいものを、次の中から1つ選び、記号で答えなさい。

ア．元号《げんごう》を和銅《わどう》と改め、和同開珎《わどうかいちん》《(かいほう)》をつくった。
イ．初めて全国的な戸籍《こせき》をつくり、公地公民制《こうちこうみんせい》のしくみを整《ととの》えた。
ウ．唐と国交《こっこう》をひらき、犬上御田鍬《いぬかみのみたすき》を第一回遣唐使《けんとうし》としてつかわした。
エ．家柄《いえがら》にとらわれず、能力《のうりょく》のある人を役人《やくにん》にとりたてる制度をつくった。

問3　下線部③について、次の写真の五絃《ごげん》の琵琶《びわ》は、東大寺にある倉庫に収《おさ》められている宝物《ほうもつ》の一つです。その他にも、この倉庫には、聖武《しょうむ》天皇の遺品《いひん》が多く収められています。この倉庫の名前を答えなさい。

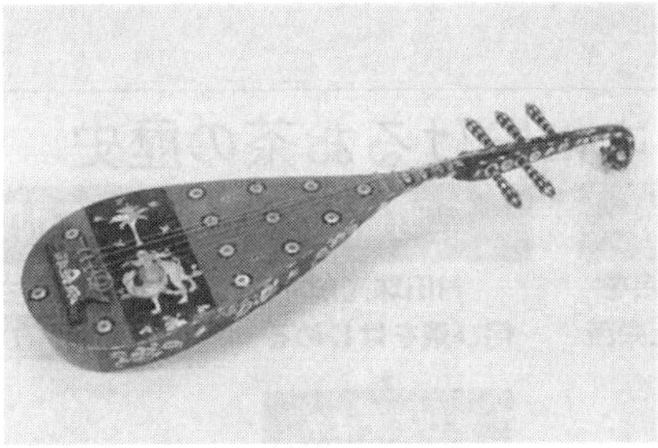

問4　下線部④について、平安時代の中ごろ、世の中が乱れて社会の不安が高まってくると、人々は浄《じょう》土教《どきょう》にすがるようになりました。そして阿弥陀仏《あみだぶつ》をまつる阿弥陀堂も建てられましたが、現在の京《きょう》都《と》府宇治《うじ》市にのこる平等院鳳凰堂を建てたのは誰ですか。人名を答えなさい。

資料２

タロウさんのグループによるプレゼンテーションの原稿《げんこう》とスライドの一部

【原稿１】

まずは、日本におけるお茶の歴史を紹介《しょうかい》します。臨済宗《りんざいしゅう》を開いた栄西《えいさい》が、⑤鎌倉幕府の３代将軍に二日酔《ふつかよ》いの薬《くすり》として中国伝来《でんらい》の茶をすすめたことをきっかけに、鎌倉・京都で茶が広まり、⑥南北朝時代には、産地《さんち》の異《こと》なる数種類の茶を飲み、味を飲み分けする闘茶《とうちゃ》が流行《りゅうこう》しました。室町時代になると、村田珠光《むらたじゅこう》が茶室《ちゃしつ》で心の静《しず》けさを求める侘《わ》び茶を始めました。このような茶の湯《ゆ》は安土桃山時代に　⑦　によって大成《たいせい》されます。

　⑦　は織田信長《おだのぶなが》、ついで豊臣秀吉に仕《つか》えました。茶の湯は戦国大名らの間に広まり、彼らは、競《きそ》って茶の名器《めいき》を欲しがっていました。

【スライド１】

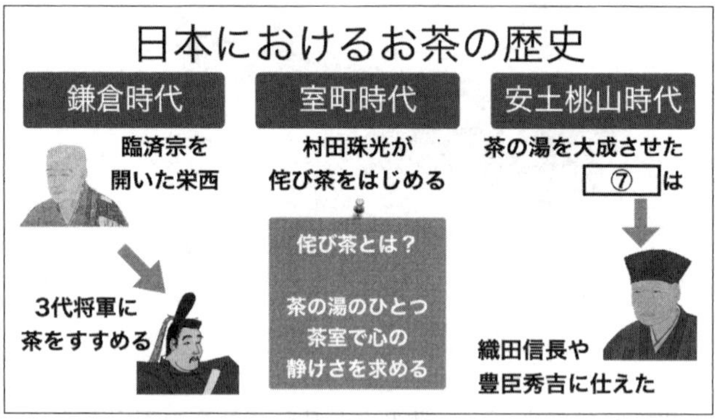

問５　下線部⑤について、鎌倉幕府の３代将軍は誰ですか。人物名を、次の家系図《かけいず》の中から抜《ぬ》き出して答えなさい。

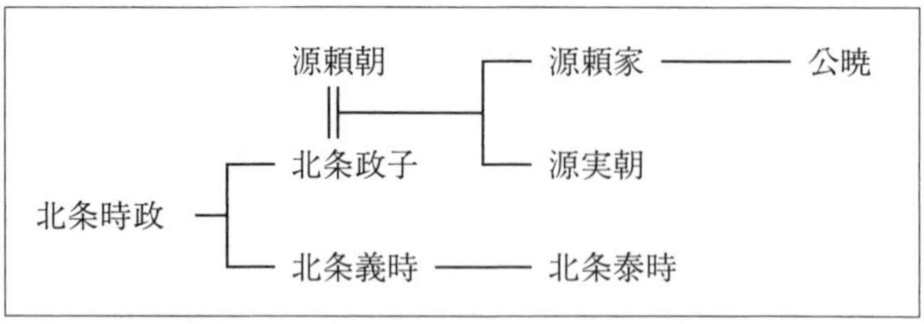

※──は親子関係を、══は婚姻《こんいん》関係を示す

問6　下線部⑥について、京都に新しい天皇をたてた足利尊氏《あしかがたかうじ》に対して、吉野《よしの》に逃れて南朝を開いた天皇は誰ですか。正しいものを、次の中から１人選び、記号で答えなさい。

ア．後醍醐《ごだいご》天皇　　イ．後白河《ごしらかわ》天皇　　ウ．後鳥羽《ごとば》天皇　　エ．後三条《ごさんじょう》天皇

問7　原稿１とスライド１の空欄 ⑦ に共通してあてはまる人物名を答えなさい。

【原稿２】

1583年、賤ヶ岳《しずがたけ》の戦いで柴田勝家《しばたかついえ》に勝利した秀吉は、そのお祝《いわ》いとして、家康から初花肩衝《はつはなかたつき》という歴史ある茶器を贈《おく》られ、喜んだそうです。秀吉の死後に初花肩衝を所有した大名は、⑧関ヶ原《せきがはら》の戦いで敗北したため、結局《けっきょく》、初花肩衝は家康の手に戻ったそうです。⑨江戸時代にも、茶の湯は、さらなる発展をとげ、現在の茶道にもつながっていくのでした。

【スライド２】

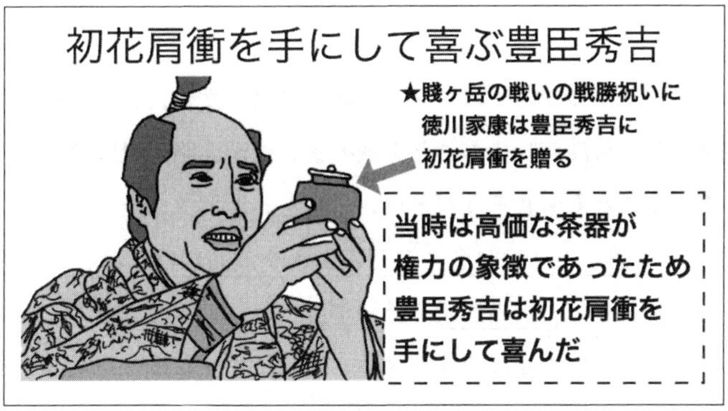

問8　下線部⑧について、関ヶ原の戦いよりも前におきた出来事を、次の中から１つ選び、記号で答えなさい。

ア．天草四郎《あまくさしろう》が中心となって島原の乱がおきた
イ．アヘン戦争で清《しん》が敗れた
ウ．鉄砲《てっぽう》が日本に伝来《でんらい》した
エ．大阪《おおさか》の陣《じん》がおきた

問９　下線部⑨について、江戸時代の人々について述べた文として、正しいものを、次の中から１つ選び、記号で答えなさい。

ア．儒教《じゅきょう》の教えが広がった江戸時代には、女性の地位《ちい》は男性と同じようになり、御家人《ごけにん》になる女性も多かった。

イ．葛飾北斎《かつしかほくさい》の『富嶽三十六景《ふがくさんじゅうろっけい》』や歌川広重《うたがわひろしげ》の『東海道五十三次《とうかいどうごじゅうさんつぎ》』などの浮世絵《うきよえ》が町人たちの人気を集めていた。

ウ．耕地面積《こうちめんせき》の増加《ぞうか》や、農具の発達《はったつ》などの技術の進歩《しんぽ》によって、農業生産力のあがった江戸時代にはききんがおこらなくなったため、江戸時代の人々は百姓一揆《ひゃくしょういっき》をおこさなくなった。

エ．義務教育《ぎむきょういく》の制度が整えられた江戸時代には、町人や百姓の子どもたちは、国民学校《こくみんがっこう》で読み・書き・そろばんを学んでいた。

資料３

調べ学習と発表を終えて提出《ていしゅつ》したタロウさんの感想文

感想文

３年　オカザキ　タロウ

調べ学習をしてみて、人々が大切にするモノは、時代背景《はいけい》や文化によって違ってくることがわかりました。今回は、鎌倉時代から江戸時代のことを調べましたが、明治以降の⑩近代や現代の人々が大切にしているモノを調べることも楽しそうだと思いました。

現代の風潮《ふうちょう》として、⑪大切なモノはお金や宝石《ほうせき》のような金品《きんぴん》だけではないといったことがあると思います。人類全体の宝物として⑫世界遺産を登録《とうろく》するという動きも、その一つであると思います。

いずれにしても、モノと人々の幸せは関係が深いと思います。私の父は兵庫《ひょうご》県宝塚《たからづか》市の出身です。古墳《こふん》を指す「塚」のそばで物を拾う者に必ず幸せがあるという言い伝えが、宝塚の地名の由来だと聞きました。これから、私もたくさんの大切なモノを集めていきたいと思います。

問10　下線部⑩について、明治時代や大正時代に入ると、人として生きるための権利（人権《じんけん》）の獲得《かくとく》を目指し、社会運動や労働運動がおこるようになりました。近代におきた社会運動・労働運動の説明としてまちがっているものを、次の中から１つ選び、記号で答えなさい。

ア．農民や工場労働者の権利を守ることを目的に、1912年に大久保利通《おおくぼとしみち》によって護憲《ごけん》運動が展開された。

イ．1920年に、日本で初めてのメーデーが開催《かいさい》され、労働者の権利向上《こうじょう》や賃上《ちんあ》げが要求《ようきゅう》された。

ウ．女性の社会進出を求めて、平塚《ひらつか》らいてうや市川房枝《いちかわふさえ》のような女性活動家が登場した。

エ．差別《さべつ》の解消《かいしょう》を求めて、1922年に全国水平社《ぜんこくすいへいしゃ》が結成《けっせい》された。

問11　下線部⑪について、市民からの募金《ぼきん》をもとに土地を買ったり、寄付《きふ》を受けたりすることで、自然環境や歴史的建造物を保全《ほぜん》していこうとする運動のことを何といいますか。解答欄に合うように答えなさい。

問12　下線部⑫について、2023年現在、日本には25の自然的・文化的遺産が、人類全体の宝物として「世界遺産」に登録されています。日本国内の世界遺産と、遺産がある都県の組合せとして正しいものを、次の中から１つ選び、記号で答えなさい。

ア．姫路《ひめじ》城 ― 広島県

イ．白川郷《しらかわごう》・五箇山《ごかやま》の合掌造《がっしょうづく》り集落 ― 秋田《あきた》県

ウ．屋久《やく》島 ― 沖縄《おきなわ》県

エ．小笠原《おがさわら》諸島 ― 東京《とうきょう》都

3　次のＡ・Ｂの問いに答えなさい。

Ａ

問１　国会《こっかい》に関連《かんれん》して述べた文のうち、まちがっているものを１つ選び、記号で答えなさい。

ア．国民が直接《ちょくせつ》選んだ国会議員《こっかいぎいん》により構成《こうせい》される国会の主な仕事は、法律《ほうりつ》をつくることである。
イ．国会は衆議院《しゅうぎいん》と参議院《さんぎいん》から成り立つが、衆議院にだけ認《みと》められる強い権限《けんげん》がある。
ウ．国会に弾劾裁判所《だんがいさいばんしょ》が設《もう》けられる場合があるが、その裁判官は選ばれた国民が担当《たんとう》する。
エ．本会議《ほんかいぎ》では、特別な場合を除いて、出席議員の過半数《かはんすう》で議決《ぎけつ》される。

問２　次の憲法の条文《じょうぶん》は、常会《じょうかい》（通常国会）に関してのものである。空欄（　Ｘ　）に入る数字を答えなさい。

憲法52条　国会の常会は、毎年（　Ｘ　）回これを召集《しょうしゅう》する。

問３　内閣《ないかく》に関連して述べた文のうち、まちがっているものを１つ選び、記号で答えなさい。

ア．内閣は、内閣総理大臣《ないかくそうりだいじん》とその他の国務大臣《こくむだいじん》で構成されている。
イ．内閣は、参議院で内閣不信任案《ないかくふしんにんあん》が可決されたときは必ず総辞職《そうじしょく》しなければならない。
ウ．内閣は天皇の国事行為《こくじこうい》に対して助言《じょげん》と承認《しょうにん》を行い、国事行為についての責任を負わなければならない。
エ．国務大臣は文民《ぶんみん》でなければならないという憲法上の条文がある。

問４　裁判所《さいばんしょ》に関連して述べた文のうち、まちがっているものを１つ選び、記号で答えなさい。

ア．すべて司法権《しほうけん》は最高裁判所《さいこうさいばんしょ》と下級裁判所《かきゅうさいばんしょ》に属《ぞく》すると定《さだ》められている。
イ．最高裁判所は15人の裁判官で構成されている。
ウ．違憲立法審査権《いけんりっぽうしんさけん》は最高裁判所のみが持つ権限である。
エ．簡易裁判所は主に、交通違反《こうつういはん》や軽犯罪《けいはんざい》などを裁《さば》く裁判所である。

問5　日本の裁判官の着る服を法服《ほうふく》といいます。法服の色は、他の色に染《そ》まることはないという点で、公正さを表す色になっています。その色は何色ですか。漢字1字で答えなさい。

B　次の文章を読んで、各問いに答えなさい。

2023年には、①多くの地方公共団体《ちほうこうきょうだんたい》で選挙が実施《じっし》されました。4月9日には都道府県議会議員選挙が、また、4月23日には市町村議会議員選挙が実施されました。多くの地方公共団体が同一日程《どういつにってい》で選挙を実施したため、統一地方選《とういつちほうせん》と呼ばれました。さらに、埼玉県においては、8月6日に埼玉県知事選挙が実施されました。この選挙で当選した（　Y　）知事は、選挙後の記者会見《きしゃかいけん》で、少子高齢化対策《しょうしこうれいかたいさく》や感染症《かんせんしょう》への対応など、埼玉県の取り組むべき様々な課題《かだい》について説明《せつめい》しました。こうした課題への対処《たいしょ》としては、経済の持続的《じぞくてき》な発展《はってん》が不可欠《ふかけつ》であるとして、②行財政改革《ぎょうざいせいかいかく》に力を入れていく必要があると述べました。

問6　下線部①の選挙について、地方公共団体の選挙の説明としてまちがっているものを2つ選び、記号で答えなさい。

ア．都道府県知事選挙においては、選挙権は満18歳以上、被選挙権は満25歳以上である。
イ．都道府県議会議員選挙においては、選挙権は満18歳以上、被選挙権は満25歳以上である。
ウ．都道府県知事・市町村長・市町村議会議員の任期《にんき》はすべて同じである。
エ．副知事や副市町村長も住民の投票で選出される。

問7　問題文中の（　Y　）に入る、2023年8月6日の選挙で当選した埼玉県知事の名前を、次の中から1つ選び、記号で答えなさい。

ア．小池百合子《こいけゆりこ》　　イ．黒岩祐治《くろいわゆうじ》　　ウ．大野元裕《おおのもとひろ》　　エ．吉村洋文《よしむらひろふみ》

問8　下線部②の財政《ざいせい》について、次のグラフは令和３年度の埼玉県の歳入《さいにゅう》の比率を表したものです。自《じ》主財源《しゅざいげん》である地方税の割合が50％を下回っていますが、これはグラフ中の（い）の項目の割合が増えたためです。（い）の項目の中では、新型コロナウイルス感染症対策費用《たいさくひよう》として国から埼玉県に交付《こうふ》されたお金が増えました。このように、国が使いみちを指定《してい》して交付するお金である（い）を何といいますか。漢字５字で答えなさい。

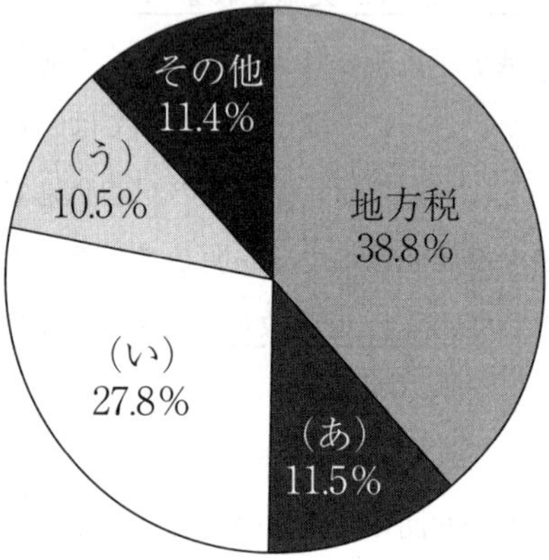

出典『埼玉県の財政状況』（埼玉県企画財政部財政課）

【理　科】〈総合選抜試験〉（社会と合わせて60分）〈満点：50点〉

1　次の問いに答えなさい。ただし、漢字で書けるものは漢字で答えなさい。

〈実験１〉図１のように、丸底フラスコに、こさが４［%］の食塩水を 250［ｇ］入れました。この丸底フラスコをガスバーナーで加熱してしばらくすると、試験管に液体がたまり、その液体は全部で 100［ｇ］になりました。丸底フラスコには水溶液（すいようえき）が残りました。次に、このフラスコの中に残った水溶液から固体の食塩を取り出しました。

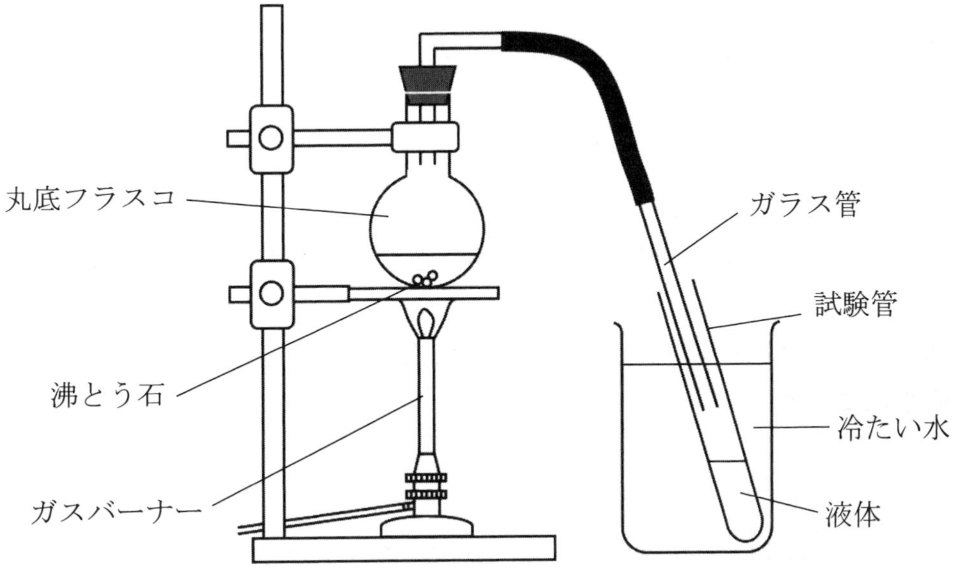

図１

問１　ガスバーナーに火をつけるとき、図２のねじＡ、Ｂはそれぞれどのように回すのが正しいですか。次のア～エから１つ選び、記号で答えなさい。

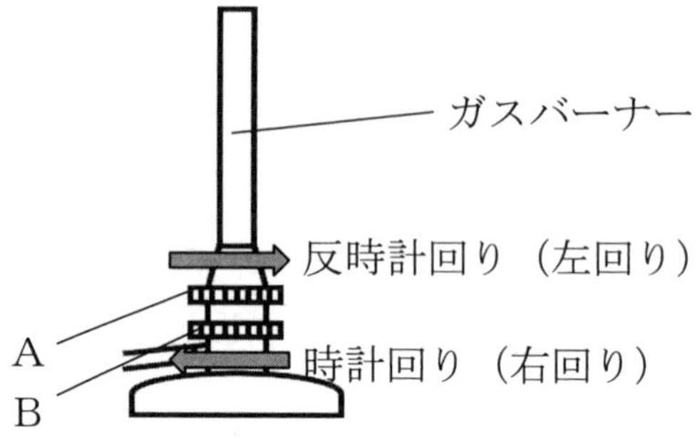

図２

ア．図２のＡのねじを時計回りにまわして火をつけ、その後Ｂのねじも時計回りにまわす。

イ．図２のＢのねじを時計回りにまわして火をつけ、その後Ａのねじも時計回りにまわす。

ウ．図２のＡのねじを反時計回りにまわして火をつけ、その後Ｂのねじも反時計回りにまわす。

エ．図２のＢのねじを反時計回りにまわして火をつけ、その後Ａのねじも反時計回りにまわす。

問２　実験１の下線部の、水溶液から固体の食塩を取り出す操作としてふさわしいものはどちらですか。次のア、イから１つ選び、記号で答えなさい。

ア．

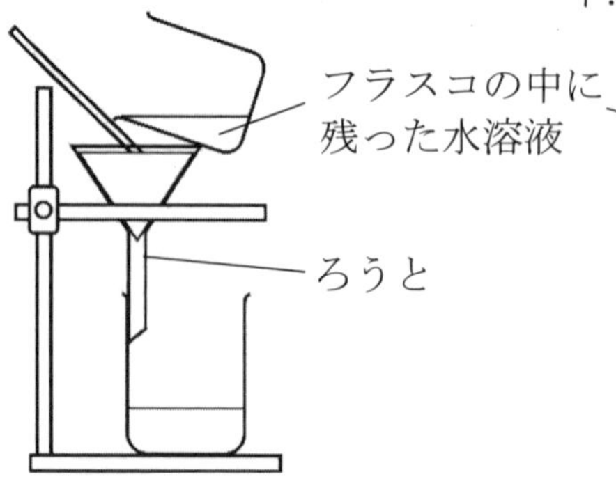

イ．

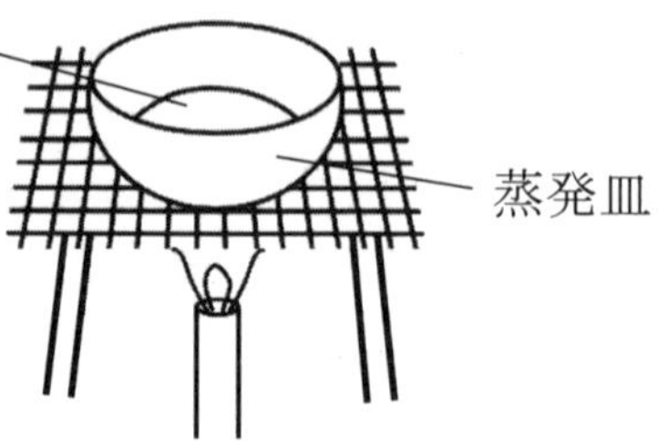

問３　問２の操作ですべての食塩を取り出した場合、得られる食塩は最大で何［ｇ］ですか。

問４　実験１で試験管にたまった液体は何ですか。

何もとけていない水は０［℃］でこおり、100［℃］でふっとうします。これに対して、ものがとけた水溶液のこおる温度やふっとうする温度は、それぞれの水溶液のこさに応じて、何もとけていない水の温度よりも低くなったり、高くなったりします。

実験１のこさが４［％］の食塩水の場合、こおる温度は－2.52［℃］、ふっとうする温度は100.72［℃］でした。

問５　上の文章と関係がない文を、次のア～エから１つ選び、記号で答えなさい。

ア．海水は川の水に比べてこおりにくい。
イ．道の上に食塩をまいておくと、道の凍結(とうけつ)を防ぐことができる。
ウ．日中に庭に水をまくと、夜間に気温が下がる。
エ．みそ汁やスープを加熱し続けると、ふっとうした水よりも熱くなる。

〈実験２〉食塩水のこさを変えて、こおる温度と、ふっとうする温度をそれぞれ測定したところ、結果は表１のようになりました。

表１

食塩水のこさ［％］	1	2	4	8
こおる温度［℃］	－0.63	－X	－2.52	－5.04
ふっとうする温度［℃］	Y	100.36	100.72	101.44

問６　表１のX、Yに入る数字を小数第二位まで答えなさい。

2 次の文を読み、あとの問いに答えなさい。ただし、漢字で書けるものは漢字で答えなさい。

ヒトは、息をすることで空気中の酸素をからだの中に取り入れ、二酸化炭素をはき出します。これは肺で行われます。吸った空気の中の酸素は、肺にある血管を流れる血液に取り入れられます。一方、血液中の二酸化炭素は空気中へはき出されます。

食べ物は口から入り、歯でかみくだかれて①だ液と混ざり、さらに胃、小腸へと運ばれながら、からだに吸収されやすい養分に変化します。口→食道→胃→②小腸→大腸→こう門までの食べ物の通り道を消化管といい、消化管で出されるだ液や胃液などを(　A　)といいます。

③心臓は血液をからだ中に送り出すポンプの役割をします。④血液は、からだの各部分で養分や水分、酸素をわたしたり、二酸化炭素や不要になったものを受け取ったりしてじゅんかんしています。不要になったものは、じん臓で血液からこし出され、水分とともに(　B　)としてからだの外に出されます。

問１　文中の(　A　)、(　B　)に当てはまる言葉を答えなさい。

問２　下線部①について、だ液のはたらきを説明した正しい文を、次のア～エから１つ選び、記号で答えなさい。

ア．タンパク質を分解する。
イ．しぼうを分解する。
ウ．デンプンを分解する。
エ．ブドウ糖を分解する。

問３　下線部②について、小腸の内側のひだ状のかべにはたくさんの小さなつくりが見られます。このつくりによって養分を効率(こうりつ)よく吸収できると考えられています。このつくりの名前を答えなさい。

下線部③について、図１は正面から見たヒトの心臓を表したものです。

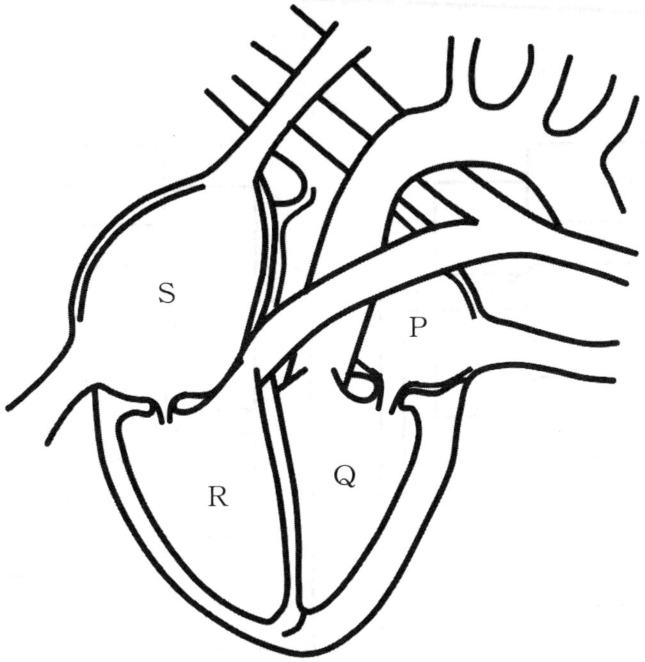

図１

問４　図１のＱの部屋から送り出された血液は、からだ中をじゅんかんして、どの部屋にもどってきますか。図１の記号で答えなさい。

問５　図１のＱの部屋の筋肉のかべは、他の部屋のかべに比べて厚くなっています。このように、Ｑの部屋のかべが厚くなっている理由を、15字以内で説明しなさい。

問６　ヒトの血液の重さを、体重の13分の１とします。体重65[kg]の人の心臓は１回の拍(はく)動で70[mL]の血液をからだ中に送り出すとすると、すべての血液を送り出すには、少なくとも何回拍動する必要がありますか。もっともふさわしいものを次のア～エから１つ選び、記号で答えなさい。ただし、１[mL]の血液の重さは、１[g]とします。

ア．69回　　イ．70回　　ウ．71回　　エ．72回

問７　下線部④について、血液は肺、心臓、かん臓、小腸、じん臓の間をどのようにじゅんかんしますか。正しいものを、次のア～エから１つ選び、記号で答えなさい。

ア.

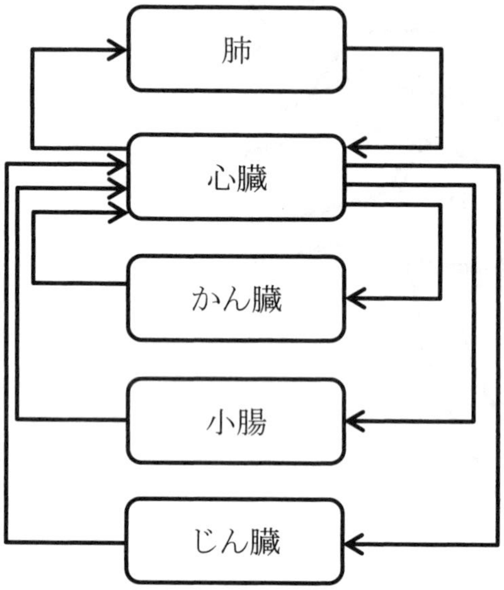

イ.

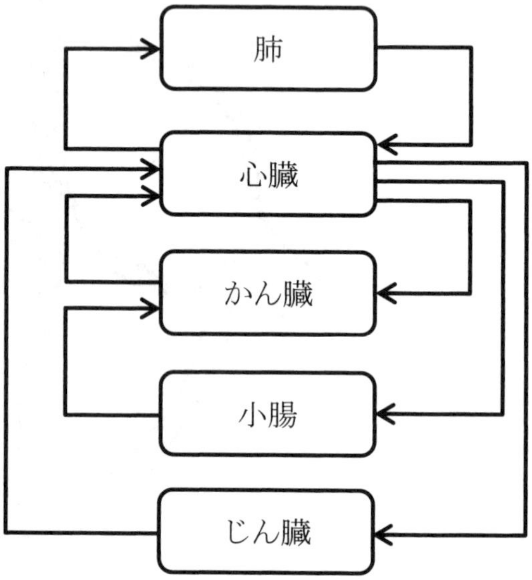

ウ.

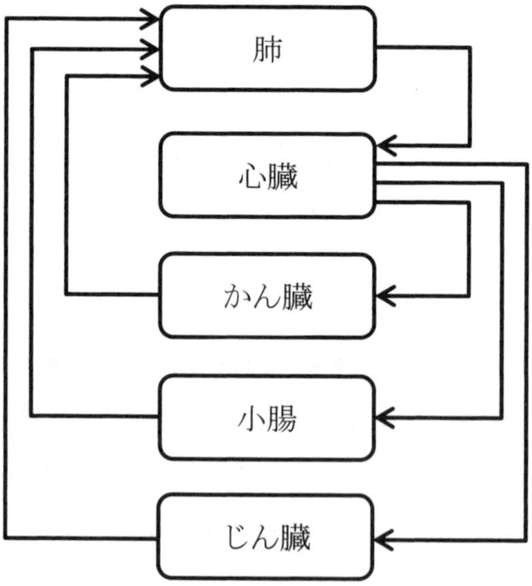

エ.

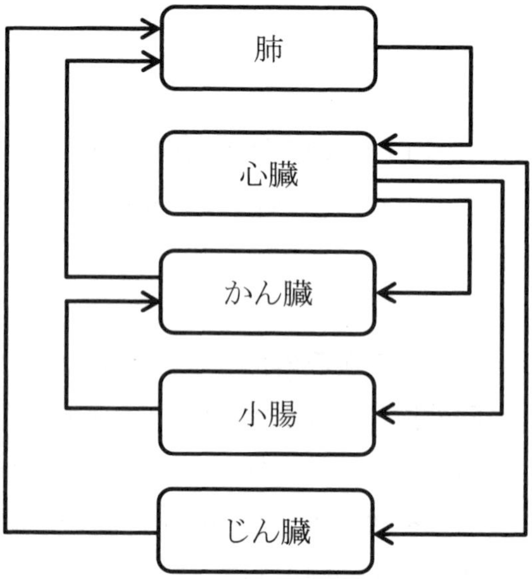

3 次の文を読み、あとの問いに答えなさい。ただし、漢字で書けるものは漢字で答えなさい。

夏の①暑い日には、午前中はよく②晴れていたのに、午後から夕方にかけて、にわか雨がふることがある。これを夕立という。これは、強い日差しによって地表付近のしめった空気があたためられて上昇(じょうしょう)し、③上空まで高く発達した雲ができるからである。

冬の寒い日には、④暖かい部屋の窓ガラスに水てきがついて白くくもることがある。これは、空気中にふくむことができる水蒸気の量が温度によって決まっていて、温度が低いほどその量が少なくなるためにおこる。ある温度で1[m^3]の空気がふくむことができる水蒸気の最大量を「⑤ほう和水蒸気量」という。次の表1は、温度とほう和水蒸気量の関係を表している。

表1

温度[℃]	0	5	10	15	20	25	30	35
ほう和水蒸気量[g/m^3]	4.8	6.8	9.4	12.8	17.3	23.1	30.4	39.6

問1　下線部①について、1日の最高気温が35[℃]以上の日を何といいますか。次のア～エから1つ選び、記号で答えなさい。

ア．夏日　　イ．真夏日　　ウ．真冬日　　エ．猛暑日(もうしょび)

問2　下線部②について、空全体の広さを10としたとき、雲におおわれた部分がどのくらいあるかを表したものを雲量といいます。雨や雪が降っていないとき、この雲量によって天気は「快晴」、「晴れ」、「くもり」のどれになるか決まっています。雨や雪がふっていないとき、天気が「晴れ」になる雲量を次のア～オからすべて選び、記号で答えなさい。

ア．0　　イ．2　　ウ．4　　エ．6　　オ．10

問３　下線部③について、この夕立の原因となっている雲の名前としてふさわしいものを、次のア～エから１つ選び、記号で答えなさい。

ア．乱層雲(らんそううん)　　イ．積乱雲(せきらんうん)
ウ．層雲(そううん)　　エ．巻積雲(けんせきうん)

問４　下線部④の現象が起きるとき、水てきは窓ガラスのどこにつきますか。次のア～ウから１つ選び、記号で答えなさい。

ア．部屋の外側　　イ．部屋の内側　　ウ．部屋の内側と外側の両方

問５　気温が 25[℃]で、100[ｇ]の水蒸気をふくむ空気 10[m^3]があります。この空気の温度を 10[℃]まで下げたとき、水てきは何[ｇ]出てきますか。整数で答えなさい。

問６　下線部⑤のほう和水蒸気量に対して、実際に空気中にふくまれる水蒸気量の割合を百分率で表したものを「しつ度」といい、次の式で計算されます。

$$\text{しつ度}[\%]=\frac{\text{空気}1[\mathrm{m}^3]\text{中にふくまれる水蒸気量}[\mathrm{g}]}{\text{その温度におけるほう和水蒸気量}[\mathrm{g/m}^3]}\times 100$$

温度が 25[℃]で、１[m^3]中に 10[ｇ]の水蒸気がふくまれている部屋の空気のしつ度は何[％]ですか。小数第二位を四捨五入して、小数第一位まで答えなさい。

問７　空気の温度を下げていったとき、水蒸気の一部が水てきに変わり始める温度を「露点(ろてん)」といいます。気温が30[℃]でしつ度が57[%]の空気の場合、露点は何[℃]ですか。もっとも近いものを次のア～エから１つ選び、記号で答えなさい。

ア．10[℃]　　イ．15[℃]　　ウ．20[℃]　　エ．25[℃]

4　次の問いに答えなさい。ただし、漢字で書けるものは漢字で答えなさい。

問１　2023年７月の世界の平均気温は観測史上最高を記録しました。これを受け国連のグテーレス事務総長は、「地球温暖化の時代は終わり、(　A　)の時代に入った」と発言しました。(　A　)に当てはまる語句を答えなさい。

問２　現在の地球の温暖化のもっとも大きな原因として考えられている気体は何ですか。

問３　汗(あせ)をかくと体の表面の汗が蒸発することで体温が下がります。この方法と温度を下げるしくみが同じものはどれですか。次のア～ウから１つ選び、記号で答えなさい。

ア．日かげに入ると、人の体の表面の温度が下がる。
イ．晴れた日に道路に水をまくと、道路の温度が下がる。
ウ．水の中に入ると、人の体の表面の温度が下がる。

〈実験１〉エタノールと水を10[mL]ずつ、別々の、同じ大きさのビーカーに入れ、それぞれ１日放置しました。その結果、エタノールの入っていたビーカーは空に、水の入っていたビーカーは５[mL]に減っていました。

〈実験２〉室温が20[℃]の部屋で、３つの温度計Ａ、Ｂ、Ｃを用意しました。温度計Ａには何もせず、温度計Ｂの先たんの液だめにはエタノールでひたしたガーゼを巻き付け、温度計Ｃの先たんの液だめには水でひたしたガーゼを巻き付けました。その後、３つの温度計を５分間放置し、温度を測定しました。このとき、温度計Ｂ、Ｃのガーゼはどちらもしめったままでした。

問４　実験２で、３つの温度計を５分間放置したあとの温度計Ａ、Ｂ、Ｃの温度について述べた文のうち正しいものはどれですか。次のア～エから１つ選び、記号で答えなさい。

ア．どの温度計も同じ温度を示す。
イ．温度計Ａの温度よりも、温度計Ｂの温度のほうが高い。
ウ．温度計Ａの温度よりも、温度計Ｃの温度のほうが低い。
エ．温度計Ｂの温度よりも、温度計Ｃの温度のほうが低い。

〈実験３〉図１のように、発泡(はっぽう)スチロールの容器に20[℃]の水Ａを300[ｇ]入れ、ビーカーに60[℃]の水Ｂを100[ｇ]入れました。その後、水Ａと水Ｂをかき混ぜながら温度変化を観察しました。ただし、熱は水Ａと水Ｂの間でだけ移動するものとします。

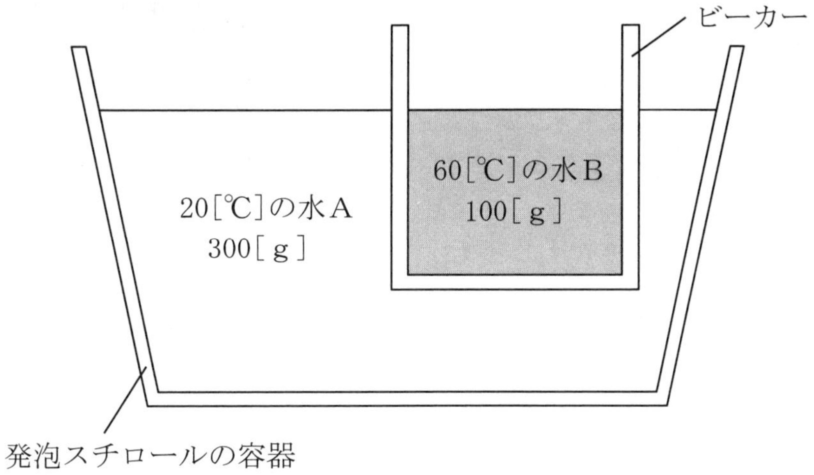

図１

問５　実験３の結果、水Ａと水Ｂは同じ温度になりました。その温度は何[℃]ですか。次のア～オから１つ選び、記号で答えなさい。

ア．20[℃]　　イ．30[℃]　　ウ．40[℃]　　エ．50[℃]　　オ．60[℃]

問６　実験３の温度変化の様子を表しているグラフはどれですか。次のア～エから１つ選び、記号で答えなさい。

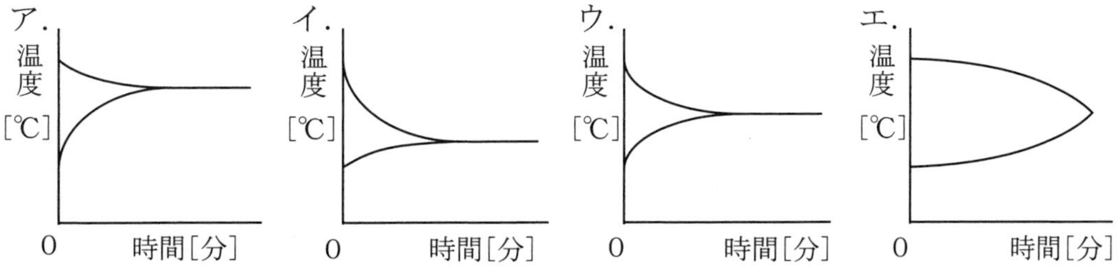

六　次の1～5の（　）に、後の語群から選んだ言葉を漢字に直して入れ、対義語（意味が反対の言葉）をそれぞれ完成させなさい。ただし、語群から同じ言葉を二度選んではいけません。

1　悲報↔（　）報
2　害虫↔（　）虫
3　多数↔（　）数
4　横断↔（　）断
5　単純↔（　）雑

【語群】　イ・エキ・カ・ギャク・ジュウ・ジョ・ショウ・フク・ロウ

問八　――線⑥「あらたな世界」とはどういう世界ですか。最もよいものを次から選び、記号で答えなさい。

ア　生き物たち同士が食べる・食べられるという命の重さが同じ世界。

イ　かえるたちがつよくてしぶとい存在に生まれ変わることのできる世界。

ウ　かえるたちがどんなことがあっても悲しんだり、へこたれたりしない安定した世界。

エ　生き物たちの命がつながりあって、あらたな命が生まれていく世界。

問九　**D** にあてはまる語として最もよいものを、文章【**X**】から**六字**で探し、そのまま抜《ぬ》き出しなさい。

問十　この話の中でブンナが食べたものの組み合わせとして最もよいものを次から選び、記号で答えなさい。

ア　a　小さな虫　b　鼠
　　c　へび　d　土がえる

イ　a　鼠　b　あり
　　c　よもぎ　d　百舌

ウ　a　あり　b　クローバー
　　c　小さな虫　d　鼠

エ　a　羽虫　b　小さな虫
　　c　あぶ　d　あり

三　――線部のカタカナを漢字に直し、漢字はその読みをひらがなで書きなさい。

1　連絡するまで**タイキ**せよ。

2　約束の**コクゲン**に間に合わない。

3　**シュウジン**環視《かんし》のなか、開票が行われた。

4　**ビジ**を並べた文章。

5　**重湯**を口にする。

6　ブームが**再燃**する。

四　――線部の漢字が正しいものには○を、間違っているものには×をつけ、さらに正しい漢字を書きなさい。

1　宣戦**布告**するなどもってのほかだ。

2　進路についての**序言**を求める。

3　お墓に花を**備**える。

4　昔とは生活**用式**が違《ちが》う。

五　次の1～5の【　】にそれぞれ漢字を入れ、四字熟語を完成させなさい。

1　【　】心【　】心（口に出して言わなくても気持ちが通じること。）

2　絶【　】絶【　】（追いつめられた困難な立場。）

3　自【　】自【　】（自分の行いの報《むく》いを受けること。）

4　【　】即《そく》【　】離《り》（つかず離《はな》れずの関係。）

5　【　】全【　】欠（欠点のまったくないこと。）

ウ　余裕がないとき　エ　なつかしむとき

問二　[A]～[C]にあてはまる語として最もよいものを次からそれぞれ選び、記号で答えなさい。ただし、記号は一度しか使用できない。

ア　にこにこ　イ　しくしく
ウ　きらきら　エ　ぬくぬく

問三　――線①「どこだろうとかんがえる余裕もありません」とありますが、なぜですか。その理由として最もよいものを次から選び、記号で答えなさい。

ア　穴の中が真っ暗で何も見えず、他にも何かいるかもしれないとおそろしく思っているから。
イ　自分が穴の中で過ごしていたことが分からず、あせっているから。
ウ　周りに仲間のかえるが一ぴきもいなかったため、おどろきをかくせないでいるから。
エ　自分が考えていたよりも穴の中で長い時間をすごしてしまい、落ちこんでいるから。

問四　――線②「せみの羽のようにすけてみえます」に使われている表現技法と、同じものが使われている例文として最もよいものを次から選び、答えなさい。

ア　朝の公園で鳥たちが歌っている。
イ　まじめな彼は歩く辞書だと言われている。
ウ　長い時間歩き回ったので足が棒のようだ。
エ　となりにだれかが引っこしてきたようだ。

問五　――線③「土がえるたちが、信じられないといいたげに眼をきょろきょろさせる」とありますが、なぜですか。その理由として最もよいものを次から選び、記号で答えなさい。

ア　ブンナの姿が見ちがえるように変わっていたから。
イ　死んだと思っていたブンナが生き返ったから。
ウ　行方が分からなくなっていたブンナに再会したから。
エ　ブンナがいきおいよく椎の木から飛びおりてきたから。

問六　――線④「むかしのように得意になれませんでした」とありますが、なぜですか。その理由として最もよいものを次から選び、記号で答えなさい。

ア　木の上でかなしい体験をし、得意になってじまん話をしたい気持ちより、無事に地上へ帰り、土がえるたちとまた顔を合わせることができた喜びや安心感のほうが強いから。
イ　椎の木の上で感じた、いつ死んでもおかしくないというおそろしさで胸がいっぱいで、とても土がえるたちに得意になってじまん話をする気分になれないから。
ウ　得意になってじまん話をしてしまうことで、今までいくつか話を聞かされていた土がえるたちが自分のそばからはなれてしまうかもしれないと感じたから。
エ　冬眠からさめた土がえるたちは、ブンナと同様に木登りが得意になり、椎の木の上へのぼれるようになっているため、得意になってじまんしても意味がないから。

問七　――線⑤「大ぜいのいのちの一つ」とはどういうことですか。最もよいものを次から選び、記号で答えなさい。

ア　たくさんいる生き物の中の一種ということ。
イ　たくさんいる生き物の中での代表の一つということ。
ウ　たくさんいる生き物の命のおかげで一つの命が生きているということ。
エ　たくさんいる生き物の命がぎせいになって一つの命が生まれてくること。

るがなつかしげに、ブンナの帰ってきたことをよろこんで、話しかけてくるのに、こちらは［B］してただ素直にこたえるだけなのです。

「椎の木に、冬じゅうねれるような場所があったのかい」

「うん、小さいけれどね、ぼくひとりならやすめる土があった」

「土がかい。椎の木のてっぺんにそんな土があったのかい」

「ああ。高いところにはね、いろいろと不思議なことがあるものさ。でもね、土がえるくん。ぼくはさびしかったよ。みんなとはなれてひとりで冬をねていたんだから……みんなにあいたかったよ……無事でもどれて、無事でもどれて……」

　そういいながら、ブンナは、［C］泣きだしました。

「ぼくはうれしくて、ぼくはうれしくて……」

　ブンナがどんな気持ちで泣くのかわからなかった土がえるたちは、きょとんとして、ブンナをみつめます。ブンナはそれから、ゆっくりゆっくり、木のてっぺんで起きたこと、みたことを話したのです。平和な新天地だと思った場所が、鳶のえさの貯蔵所だったこと。半死半生の百舌《もず》や雀《すずめ》やへびや鼠《ねずみ》や牛がえるがつれてこられて、b いまわのきわに自分の話や親の話をしたこと。シベリアのつぐみがうたったうたのことなど。それから、さいごに、鼠が死ぬとき、ブンナに向かって自分のからだから出た羽虫《はむし》をくって元気をつけて地上へ帰ってくれ、とたのんだこと。ブンナはその羽虫をたべて冬眠をすごし、春がきてから降りてきたことなどを、話したのです。

「ぼくら、かえるは、みんななにかの生まれかわりなんだ。それがよくわかった。ぼくは鼠さんの生まれかわりだよ。自分は自分だけと思ってたけど、自分のいのちというものは、だれかのおかげで生きてこれたんだ……地上にとんでいる小さな虫や羽虫は、みな鼠やへびや牛がえるの生まれかわり。それをくって生きるぼくらは、敵だと思っているへびや鼠をくっていることになるんだ。ぼくらのいのちは、⑤大ぜいのいのちの一つだ……だから、だれでも尊いんだ。つらくて、かなしくても、生きて、大ぜいのいのちのかけはしになるんだ……」

　ブンナは力づよくいったのです。

【Y】
水ぬるむ五月がきたよ
今日も生まれる新しいいのち
さあ、手をつなげ、そろってうたおう
ぼくらのいのちはだれかの［D］
よわくてもはかなくても
みんな、あらたなひとつのいのち
さあ、うたおう、うたおうよ
生きてるものはみんないのちのかけはし
あすにむかって、つよくはばたけ
水ぬるむ五月がきたよ
さあ、手をつなげ、そろってうたおう
⑥あらたな世界のために、うたえ
ぼくら土がえるのうた

（水上《みずかみ》　勉《つとむ》『ブンナよ、木からおりてこい』）

問一　――線a・bの意味として最もよいものを後からそれぞれ選び、記号で答えなさい。

a　たらふく
ア　好き勝手に　　イ　十分に足りるほどに
ウ　残さずに　　エ　美味《おい》しそうに

b　いまわのきわ
ア　悲しいとき　　イ　命が終わるとき

いたので、はじめ、穴《あな》の中がまっ暗で、なにもみえず、目がなれてくるまで、しばらくやみの中をじっとみつめていましたが、ふと、自分がいま、すわっている場所は、①どこだろうとかんがえる余裕《よゆう》もありません。

五月の太陽は、ブンナのいる土のぐるりを[A]とぬくもらせて、じんわりと湯気をたててつつんでいるのでした。ブンナはやわらかい土をくぐって、はやく外へ出ようとしました。このときはまだ、ブンナは自分が大地の中にいたと思っていたのです。

ところが、ブンナが、土の上へ頭だけだして、キョロキョロと上をみたら、そこには、青い空があるばかりです。沼《ぬま》はありません。高いへいのような木のへりが見えただけです。

ああ、そうだった。自分は椎の木のてっぺんにいたのだ。ブンナは、一瞬《いっしゅん》、びっくりして頭をすぼめ、穴の中へへたりこんでから、土の中をみまわしました。とそこには小さな虫がいました。ブンナはそれをたべました。また虫が出てきました。ブンナはそれもたべました。たべているうちに元気が出ました。そうして、もう一度勇気をだして外をのぞきました。鳶《とび》はいません。てっぺんの広場にはなんと草がはえ、そこには黄色い花を咲《さ》かせる背のひくいクローバーもよもぎもありました。

こんなところに花がと思うと、その花に、なんと、かわいいあぶがとまっているではありませんか。ブンナはそっと、草にかくれ、そのあぶがやってくるのを待ちました。と、あぶは、ゆっくりとんできて、ブンナの頭の上を廻転《かいてん》しました。ブンナは、ながい舌をだしてとらえました。おいしいあぶです。ブンナはさらに草のうらにかくれて、木のへりをみました。おお、そこには、たくさんのありです。ブンナはaたらふく、そのありをたべました。ブンナは腹《はら》いっぱいになると、大きく深呼吸して、へりの上へ巧妙《こうみょう》にとびのりました。そして、下をみました。

椎の枝《えだ》がいっぱいこんでいて、沼も、庭も寺の屋根もみえません。しかし、なんと、そこには樹々の葉が生き生きとしていたことでしょう。陽《ひ》はさんさんとかがやき、新しい芽はやわらかく、みどりの葉は、②せみの羽のようにすけてみえます。めくるめく五月です。ブンナは、へりからおりて慎重《しんちょう》に体操《たいそう》しました。そうして、鳶がどこかからにらんでいないかをよく見きわめてから、ふたたびへりにもどって、慎重に椎の木をつたわりながらおりていったのです。

なつかしい枝の股《また》がありました。そこをすぎると黒いコブがありました。そこをすぎると、また茶色のコブがありました。ああ、その第一のコブへきたとき、ブンナはなつかしい友だちのなき声をききました。早くに冬眠からさめた土がえるたちが、もう、沼にあつまって、一生懸命《いっしょうけんめい》ないているではありませんか。

ブンナははやく、うたをうたう仲間にはいりたくて、胸をはずませながらとびおりました。

「おーい、ブンナじゃないか」

土がえるの一ぴきがとんできて、さけびました。

「ブンナじゃないか。トノサマがえるのブンナじゃないか」

ブンナは、③土がえるたちが、信じられないといいたげに眼をきょろきょろさせるのをみて当惑《とうわく》しました。当然でしょう。ブンナも土がえるをみたとき、きみは……きみは、去年の土がえるかね、と信じがたい思いがしたからです。ああ、友だちはいっぱいあつまってきました。【中略】

ブンナは、④むかしのように得意になれませんでした。これはみょうなことでした。どこか気がはずまない。土がえるたちに自分が勇敢《ゆうかん》だった冒険の夜な夜なをずいぶんじまんもしてやりたい思いはあったはずですが、どういうわけか、じまんしたい気持ちはなくて、土がえ

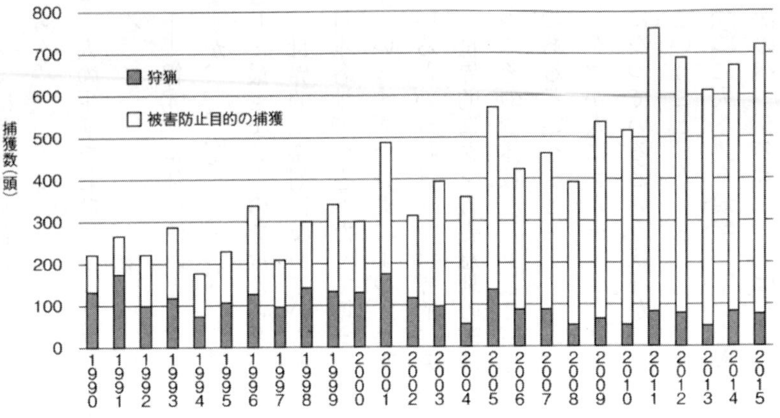

図1　ヒグマの捕獲数の推移（1990～2015 年度）
鳥獣関係統計（環境省 HP）より作成

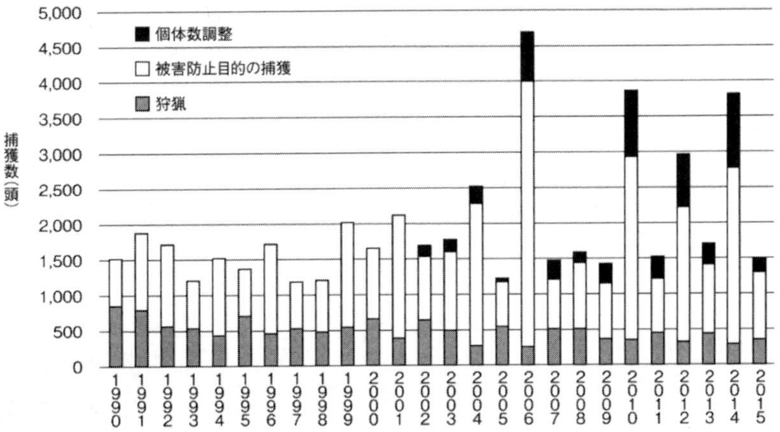

図2　ツキノワグマの捕獲数の推移（1990～2015 年度）
鳥獣関係統計（環境省 HP）より作成

二

次の文章【X】は、ブンナが冬眠《とうみん》から目覚めてから地上に戻った際の話である。【Y】は、地上に戻ったブンナが歌った歌である。これを読んで、後の問いに答えなさい。

《ここまでのあらすじ》
トノサマがえるのブンナは、跳《と》ぶことと木登りが得意で、大の冒《ぼう》険《けん》好きである。しかし、ある日高い椎《しい》の木のてっぺんに登ったばかりに恐《おそ》ろしい体験をし、木の上で冬を越《こ》すことになる。

【X】

五月がきました。
ブンナは眼《め》をさましました。ながいあいだ、ブンナは眼をつぶって

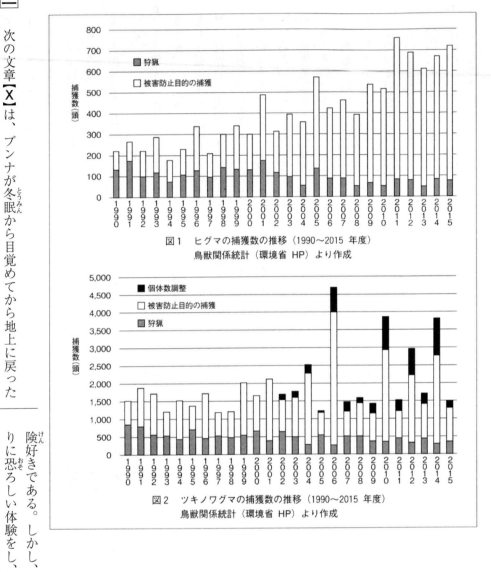

問四 ――線③「クマがいると、どうしても人間とさまざまな問題をおこす」とありますが、クマがいることによって起こる問題の具体的な内容として**あてはまらないもの**を次から一つ選び、記号で答えなさい。

ア　ツキノワグマもヒグマも農作物に深刻な影響を及ぼしている。

イ　マスコミがクマの問題を狭い範囲でとらえ、早急に結論を出そうとする。

ウ　クマは農作物を食い荒らすだけでなく、人間をおそうこともある。

エ　人の生活をおびやかすクマを一方的に捕獲して減少させている。

問五 ――線④「全体の流れとしてはそのような状況がある」とありますが、「そのような状況」とはどういう状況ですか。その説明として最もよいものを次から選び、記号で答えなさい。

ア　世界的に深刻になっている人の生活に与えるクマの影響が、日本各地ではきわだって増えている状況であるということ。

イ　いきすぎた狩猟によってクマの生息地がどんどん破壊されているという状況が、世界的にみられるということ。

ウ　世界的にクマの生息地の破壊や人のいきすぎた狩猟などによってその個体数が減少していて、保護しなければならない状況であるということ。

エ　クマが人にケガをさせたり人を殺したりする事例がそのままになっているという状況が、日本だけでなく世界でもみられるということ。

問六 【⑤】に入る語を**漢字二字**で書きなさい。

問七 次のページの図１、２は本文に関連したクマの捕獲数の推移を表したものである。この二つの図から読み取れる内容として最もよいものを次の選択肢から選び、記号で答えなさい。

ア　１９９０年から２０１５年にかけて、ツキノワグマもヒグマも狩猟によって捕獲した数は年々増える傾向《けいこう》になっている。

イ　２００２年ころからツキノワグマの個体数を調整する捕獲が始まったのと同じ時期に、ヒグマの捕獲数も増加傾向になっている。

ウ　２０００年以降ヒグマの被害防止目的の捕獲数に大きな増減は見られないが、それは生息する森林環境が維持《いじ》されているからである。

エ　狩猟によって捕獲したヒグマの数は２０００年以降減っているが、ツキノワグマは２０００年以降増加している。

世界に目をやれば、クマは世界に七種いますが、いずれも生息地が破壊《はかい》されたり、狩猟《しゅりょう》のいきすぎなどによって減少しており、保護が必要な動物の代表的なグループとされています。もちろん世界的に減少しているからといって、クマが人にケガをさせたり、殺したりすることをそのままにするわけにはいきません。しかし、④全体の流れとしてはそのような状況があるということを知っておくことはたいせつなことです。

　時間的にも大きい視点が必要です。長い目でみれば、ツキノワグマは増えていないどころか減っています。九州ではすでに事実上絶滅《ぜつめつ》したものと思われますし、四国では生息が確認されてはいますが、その数はきわめて少なく、まさに「【⑤】の灯火《ともしび》」のような状況です。中国地方では、山にツキノワグマが少なくなったためにハンターみずから狩猟禁止にしたほどです。北陸や東北の山にはまだ相当数のクマがいて捕獲《ほかく》もつづけられていますが、これは雪が積もって人が入れない深い山があってのことで、捕獲のしかたによってはここでもクマが少なくなる可能性は十分にあります。

(高槻成紀《たかつきせいき》『野生動物と共存できるか――保全生態学入門』)

問一　――線A・B・Cのカタカナと同じ漢字が使われているものを後からそれぞれ一つずつ選び、記号で答えなさい。

A　アンイ
ア　簡イ的な道具で作業する。
イ　計画のイ細を確認する。
ウ　仕事を他の人にイ管する。
エ　故イに車をぶつけた。

B　ムヨウ
ア　それは許ヨウ範《はん》囲だ。
イ　法律を正しく運ヨウする。
ウ　波乱ぶくみのヨウ相をおびる。
エ　ホテルで静ヨウする。

C　ヒ
ア　国家予算がヒ大する。
イ　資源を消ヒする。
ウ　実験の可ヒを報告する。
エ　世界にヒ類がない作品だ。

問二　――線①「例年にくらべてケタはずれに多くの報道がありました」とありますが、なぜですか。その理由として最もよいものを次から選び、記号で答えなさい。
ア　山の果実が減るという影響があったけれども、農山村に人がいなくなったことで野生のクマが繁殖する地域が増えたから。
イ　山の果実が減り、クマは生活の場所を広げ農作物などを食べることで繁殖力を高めて、個体数が増えていくことになったから。
ウ　人里に近づいて農作物などを食べるようになったクマを保護する目的で、人が積極的にクマと関わろうとして、結果的に人との出合いが多くなったから。
エ　山の果実が減ったり農山村に人が少なくなったりしたことで、人を恐れないクマが人里に接近するようになり、結果的に人との出合いが多くなったから。

問三　――線②「結論めいたこと」とありますが、わかりやすく言いかえたものとして最もよいものを次から選び、記号で答えなさい。
ア　結論として断言できること。
イ　結論のようなこと。
ウ　結論として不十分であること。
エ　結論につながること。

2024年度

星野学園中学校

【国　語】〈総合選抜試験〉（五〇分）〈満点：一〇〇点〉

注意　一、字数制限のある問題では「、」や「。」や記号等も一字に数えます。
　　　二、問題作成のため、一部本文を改めたところがあります。

一

次の文章を読んで、後の問いに答えなさい。

二〇〇四年の夏から秋にかけて、北陸や東北の日本海側でツキノワグマの出没《しゅつぼつ》が報じられて話題になりました。①例年にくらべてケタはずれに多くの報道がありました。

これはどういうことでしょうか。クマが増えたのではないかという意見もありますが、そうではなさそうです。というのは、クマは体が大きいため、大量の食物と広い生活の場を必要とするので、もともと一定の場所にそれほどはすんでいませんし、繁殖《はんしょく》の特徴《とくちょう》からいっても急に増えるとは考えられないからです。

クマはおもに果実や種子などの植物質を食べるのですが、冬眠をひかえた秋には脂肪《しぼう》をためるために大量のドングリを食べなければなりません。ところが、ドングリは年によってなる年とならない年があるので、それに応じて生活の場所を移すのです。ですから、山の果実とくにドングリがない年に、クマが里にある農作物などを食べにくることはおおいにありそうなことです。しかし、そのような年はこれまでに何度もあったはずですから、この年だけが特別だったことの説明としては不十分です。

最近、農山村には人が少なくなりました。クマのような大きくて強い動物でも人間は恐《おそ》ろしいですから、人がいたるところで農作業をしていた時代には、野生動物にとって人里は近づきたくない場所でした。しかし、最近はそうではなくなったために、人をあまり恐れないクマがいるようになったのです。そのような状況《じょうきょう》があるところに、山の果実が不作だったために、人を恐れないクマが人里に接近したというのが背景にあったものと思われます。つまりクマと人との出合いが多くなったことは確かですが、それはクマが増加したからではないのです。

このように、自然界でおきていることを正確にとらえるのはかんたんなことではありません。クマの出没があると、マスコミの記者たちが原因についてアン A イな質問をし、それを単純化して②結論めいたことを言ったり、ム B ヨウな恐怖《きょうふ》をあおったりしましたが、こういう態度はよくありません。なんといっても事実の確認がたいせつであり、結論を出すことには慎重《しんちょう》でなければなりません。また問題を狭《せま》い範囲でとらえないで、広い視野に立って長い時間でものごとをとらえることがたいせつです。

その意味で、クマと人間の問題についておさらいをしておきましょう。日本には北海道にヒグマ、本州以南にツキノワグマがいます。③クマがいると、どうしても人間とさまざまな問題をおこすことになります。

ツキノワグマでは、人を襲《おそ》ってケガをさせる事故が最大の問題です。トウモロコシ、スイカ、イモ、カキ、クリなどを食べる農業被害《ひがい》もあります。ハチミツをとるために山においた巣箱を襲うとか、池の魚を食べるなども悩《なや》みのたねですし、林業では樹皮をはぐ害があります。

いっぽう、ヒグマは体重が二五〇キロにもなる大きな個体がいて、ときに人が殺されることがあります。ですから、その恐怖はツキノワグマの C ヒではありません。また、ビートやメロンなどの被害もあり、そのほかに牧場の家畜《かちく》が襲われることもあります。

2024年度

星野学園中学校

▶解説と解答

算　数　<総合選抜試験>（50分）<満点：100点>

解　答

1 (1)　8　(2)　11.46　(3)　2024　(4)　7　(5)　600　(6)　432　2 (1)　6通り　(2)　30人　(3)　58点　(4)　110個　(5)　時速64km　(6)　350人　(7)　1分40秒後　(8)　8台　(9)　75度　(10)　$450cm^3$　3 (1)　$204cm^3$　(2)　$272cm^2$　4 (1)　7.5%　(2)　2：1：4　5 (1)　$7\frac{1}{5}$cm　(2)　$74\frac{8}{15}cm^2$

解　説

1 四則計算，計算のくふう，逆算，相似，倍数

(1)　$15-4\times3+10\div2=15-12+5=3+5=8$

(2)　$A\times C+B\times C=(A+B)\times C$となることを利用すると，$1.73\times5.73+0.27\times5.73=(1.73+0.27)\times5.73=2\times5.73=11.46$

(3)　$\left\{72\div0.3+\left(3\frac{5}{6}+0.5\right)\times3\right\}\times8=\left\{240+\left(\frac{23}{6}+\frac{3}{6}\right)\times3\right\}\times8=\left(240+\frac{26}{6}\times3\right)\times8=(240+13)\times8=253\times8=2024$

(4)　$\frac{1}{17}\times\left\{(\square+13)\div5-\left(3+\frac{1}{9}\right)\div14\right\}=\frac{2}{9}$より，$(\square+13)\div5-\left(\frac{27}{9}+\frac{1}{9}\right)\times\frac{1}{14}=\frac{2}{9}\div\frac{1}{17}=\frac{2}{9}\times\frac{17}{1}=\frac{34}{9}$，$(\square+13)\div5-\frac{28}{9}\times\frac{1}{14}=\frac{34}{9}$，$(\square+13)\div5-\frac{2}{9}=\frac{34}{9}$，$(\square+13)\div5=\frac{34}{9}+\frac{2}{9}=\frac{36}{9}=4$，$\square+13=4\times5=20$　よって，$\square=20-13=7$

(5)　50000分の1の地図上で表される4cmと6cmの実際の長さはそれぞれ，$4\times50000=200000$(cm)より2000m，$6\times50000=300000$(cm)より3000mである。よって，この長方形の土地の実際の面積は，$2000\times3000=6000000(m^2)$で，$10000m^2=1$haだから，$6000000\div10000=600$(ha)となる。

(6)　右の計算より，18と24の最小公倍数は，$2\times3\times3\times4=72$なので，18と24の公倍数は72の倍数である。$400\div72=5$あまり40より，72の倍数で400に最も近い数は，$72\times5=360$か，$72\times6=432$となり，$400-360=40$，$432-400=32$より，最も近い数は432とわかる。

$$\begin{array}{r|rr}2&18&24\\\hline3&9&12\\\hline&3&4\end{array}$$

2 場合の数，約数，平均，相当算，通過算，流水算，仕事算，角度，展開図，体積

(1)　4色から異なる2色を選ぶとき，選び方は，(赤，青)，(赤，白)，(赤，黒)，(青，白)，(青，黒)，(白，黒)の6通りある。

(2)　$203-23=180$より，生徒の人数は180の約数であり，$219-9=210$より，生徒の人数は210の約数であるから，生徒の人数は180と210の公約数で，余りの23より多い人数とわかる。よって，下の図1の計算より，180と210の最大公約数は，$2\times3\times5=30$なので，生徒の人数は30の約数のうち23より多い人数であり，30人となる。

(3)　下の図2で，かげをつけた部分と太線で囲んだ部分の面積は，どちらもクラス全体の合計点を表していて同じ面積だから，アとイの部分の面積は等しくなる。すると，ウとエの比は，$\frac{1}{16}:\frac{1}{20}=5:4$となり，ウとエの合計は，63−54＝9（点）なので，ウの点は，$9\times\frac{5}{5+4}=5$（点）とわかる。よって，クラス全体の平均点は，63−5＝58(点)と求められる。

(4)　4月に仕入れた品物の個数を①，4月に売れた品物の個数を$\boxed{1}$として図に表すと，下の図3のようになる。すると，4月に売れた個数は，$\boxed{1}=\textcircled{0.8}\div1.1=\textcircled{\frac{8}{11}}$だから，30個が，$①-\textcircled{\frac{8}{11}}=\textcircled{\frac{3}{11}}$にあたる。よって，4月に仕入れた品物の個数は，$30\div\frac{3}{11}=110$(個)とわかる。

図1

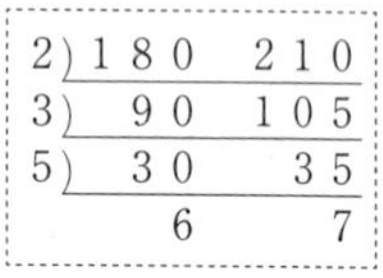

図2

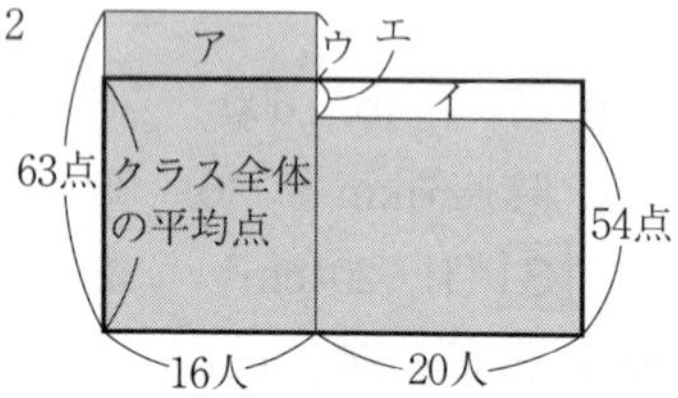

図3

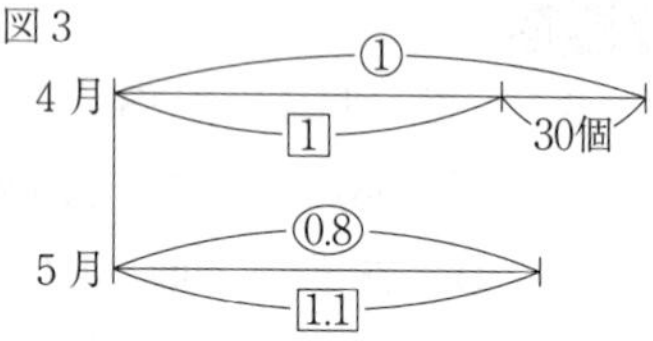

(5)　(2つの列車がすれ違《ちが》う時間)＝(2つの列車の長さの和)÷(2つの列車の速さの和)より，2つの列車の速さの和は秒速，(190＋170)÷9＝40(m)である。秒速40mは時速，40×60×60÷1000＝144(km)なので，列車Aの速さは時速，144−80＝64(km)となる。

(6)　1年生全体の生徒の人数を1とすると，28人が，(1−0.34)−0.58＝0.08にあたる。よって，1年生全体の生徒の人数は，28÷0.08＝350(人)と求められる。

(7)　流れがないときのAさんの速さと流れの速さの和は分速，120÷1＝120(m)で，流れがないときのAさんの速さと流れの速さの差は分速，120÷5＝24(m)だから，右の図4のように表すことができる。よって，流れの速さは分速，(120−24)÷2＝48(m)なので，浮《う》き輪に出会うのは，流れにさからって泳ぎ始めてから，$120\div(24+48)=1\frac{2}{3}$(分後)，つまり，$60\times\frac{2}{3}=40$(秒)より，1分40秒後とわかる。

図4

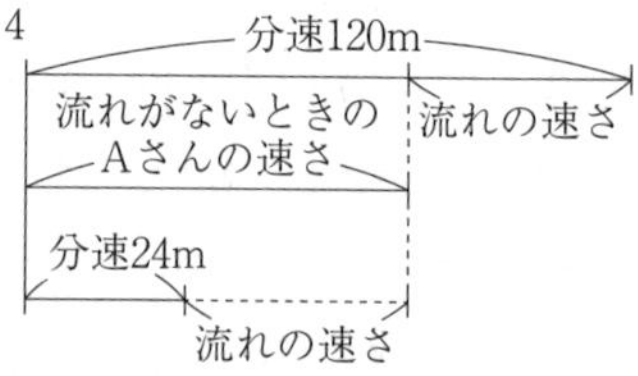

(8)　1台のポンプで1時間に入れる水の量を1とすると，6台のポンプで8時間入れた水の量は，1×6×8＝48であり，これが水そうの満水の40％にあたるから，満水の量は，48÷0.4＝120となる。ポンプを3台増やして，6＋3＝9(台)で，120−48＝72の量を入れるのにかかる時間は，72÷9＝8(時間)なので，予定していた時間は，8＋8−1＝15(時間)とわかる。よって，予定通りの時間で満水にするには，はじめからポンプを，120÷15＝8(台)使えばよい。

(9)　右の図5で，AE＝BF＝16cmなので，三角形AEDは二等辺三角形となり，角DAE＝角FBE＝30度より，角ADEの大きさは，(180−30)÷2＝75(度)とわかる。さらに，角ADEと㋐の角は錯角《さっかく》で等しいので，㋐の角の大きさは75度である。

図5

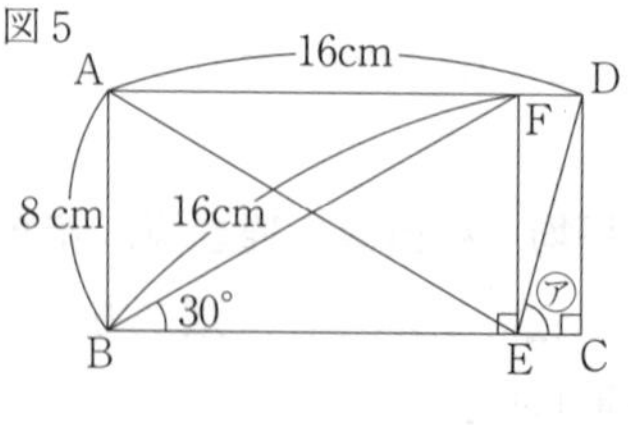

図6

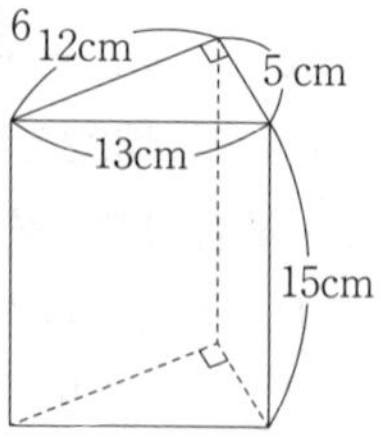

(10)　展開図を組み立てると，右上の図6のような三角柱になる。この三角柱の体積は，12×5÷2×15＝450(cm^3)となる。

3　立体図形─体積，表面積

(1)　立方体を8段まで積み重ねると，下の図のようになる。真上から見た図より，積み重ねた立方体の個数は，1＋2×2＋3×3＋4×4＋5×5＋6×6＋7×7＋8×8＝204(個)である。

1辺が1 cmの立方体の体積は1 cm^3だから，この立体の体積は，1×204＝204(cm^3)となる。

真横

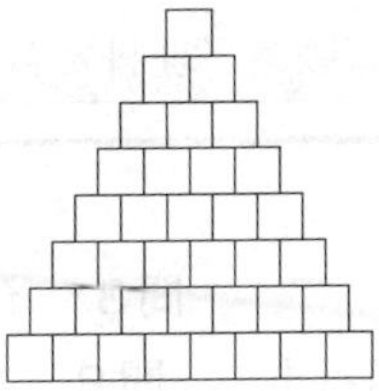

真上

(2) 真上と真下から見た面積の和は，8×8×2＝128(cm^2)である。また，前後左右から見た面積の和は，真横から見た図より，1×1×(1＋2＋3＋4＋5＋6＋7＋8)×4＝144(cm^2)とわかる。よって，この立体の表面積は，128＋144＝272(cm^2)と求められる。

4 濃度《のうど》

(1) はじめに容器Aに入っていた食塩水の濃《こ》さを□%とする。容器Aに残っていた食塩水，200－100＝100(g)に，容器Cから15%の食塩水100gを混ぜたとき，2つの食塩水の量が同じなので，できた食塩水の濃さは□%と15%の平均になる。その濃さが□%の1.5倍だから，(□＋15)÷2＝□×1.5と表すことができる。よって，□＋15＝□×1.5×2＝□×3より，□×3－□＝15，□×2＝15，□＝15÷2＝7.5より，はじめに容器Aに入っていた食塩水の濃さは7.5%である。

(2) はじめに容器Bに入っていた食塩水の濃さを△%とする。容器Bに入っている食塩水100gに，容器Aから7.5%の食塩水100gを混ぜたとき，2つの食塩水の量が同じなので，(1)と同じように考えると，(△＋7.5)÷2＝△×1.5と表すことができる。よって，△＋7.5＝△×1.5×2＝△×3より，△×3－△＝7.5，△×2＝7.5，△＝7.5÷2＝3.75より，はじめに容器Bに入っていた食塩水の濃さは3.75%となる。したがって，はじめに容器A，容器B，容器Cに入っていた食塩水の濃さの比は，7.5：3.75：15＝2：1：4とわかる。

5 平面図形―相似，長さ，面積

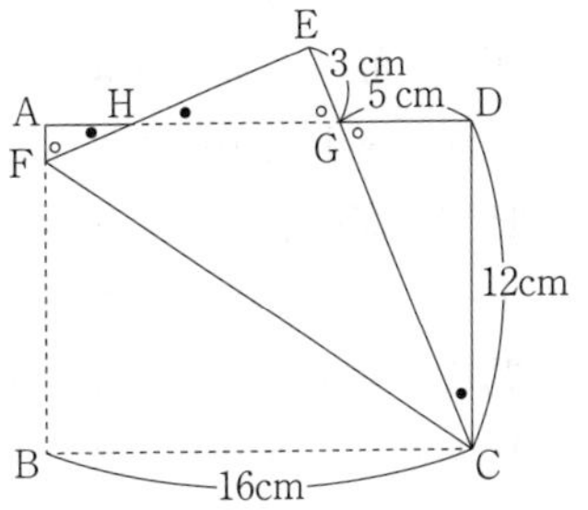

(1) 右の図で，同じ印をつけた角の大きさはそれぞれ等しいので，三角形EGHと三角形DGCは相似である。よって，EH：DC＝EG：DG＝3：5なので，EHの長さは，$12\times\frac{3}{5}=7\frac{1}{5}$(cm)となる。

(2) 四角形HFCGの面積は，三角形EFCの面積から三角形EGHの面積を引けば求められる。三角形EGHの面積は，$3\times7\frac{1}{5}\div2=10\frac{4}{5}$($cm^2$)である。また，GCの長さは，16－3＝13(cm)なので，HGの長さは，$13\times\frac{3}{5}=7\frac{4}{5}$(cm)になり，AHの長さは，$16-5-7\frac{4}{5}=3\frac{1}{5}$(cm)となる。そして，三角形AFHと三角形EGHは相似で，HF：HG＝AH：EH＝$3\frac{1}{5}$：$7\frac{1}{5}$＝4：9だから，HFの長さは，$7\frac{4}{5}\times\frac{4}{9}=3\frac{7}{15}$(cm)とわかる。よって，EFの長さは，$7\frac{1}{5}+3\frac{7}{15}=10\frac{2}{3}$(cm)で，三角形EFCの面積は，$16\times10\frac{2}{3}\div2=85\frac{1}{3}$($cm^2$)なので，四角形HFCGの面積は，$85\frac{1}{3}-10\frac{4}{5}=74\frac{8}{15}$($cm^2$)である。

社　会　＜総合選抜試験＞（理科と合わせて60分）＜満点：50点＞

解　答

1 **問1** Y　**問2** ア　**問3** イ　**問4** 霞ケ浦　**問5** ウ　**問6** オーストラリア　**問7** 兵庫県明石市　**問8** ねぶた　**問9** 庄内　**問10** エ　**問11** エ　**問12** ウ　**問13** SDGs　2 **問1** 岩宿　**問2** エ　**問3** 正倉院　**問4** 藤原頼通　**問5** 源実朝　**問6** ア　**問7** 千利休　**問8** ウ　**問9** イ　**問10** ア　**問11** ナショナルトラスト　**問12** エ　3 **問1** ウ　**問2** 1　**問3** イ　**問4** ウ　**問5** 黒　**問6** ア，エ　**問7** ウ　**問8** 国庫支出金

解　説

1 地方公共団体のマンホール写真についての問題

問1　(Y)は消防署を表す地図記号で，江戸時代に町火消たちが使った「さすまた」(柱におしつけて家を倒《たお》すことで火が燃え広がることを防ぐ道具)の形が図案化された。

問2　年降水量は1993年が1354.5mm，2022年が1251mmであり，1993年の方が103.5mm多い(ア…×)。なお，ウについて，25℃を超える月は1993年にはなく，2022年には7月と8月の2か月ある。

問3　ハラールは，イスラム教の教えにおいて「許されることやもの」という意味のアラビア語で，生活の全てにわたってハラールであるかどうかが基準となっている(イ…○)。なお，アはイスラム教の礼拝堂，ウは断食《だんじき》を行う期間，エはイスラム教の聖典を表す言葉である。

問4　霞《かすみ》ケ《が》浦《うら》は，茨城県南東部に位置し，海が淡水《たんすい》化することでできた海跡《かいせき》湖である。面積(168.2km²)は琵琶《びわ》湖に次いで日本で2番目に大きく，150種類の野鳥や水生植物が生息し，冬には多くの渡《わた》り鳥が飛来する。

問5　静岡県富士市は，古くから和紙の製造がさかんで，明治時代以後，洋紙の需要《じゅよう》が増加するにつれ，富士山からわき出る豊富な水を利用した製紙業がさかんになった。資料⑤のマンホールには，日本一高い富士山，日本一深い駿河《するが》湾，岳南排水路《がくなんはいすいろ》を使用する工場，「紙のまち」を表すトイレットペーパーが描《えが》かれている。

問6　鉄鉱石は，鉄鋼の原料となる鉱石で，日本がほぼ100％輸入に頼っている鉱産資源である。輸入先第1位のオーストラリア(60.2％)と第2位のブラジル(28％)から，そのほとんどを輸入している(2022年)。

問7　兵庫県明石市は，東経135度の経線が通る，日本の標準時子午線のまちである。世界の標準時であるイギリスのグリニッジ天文台から経度135度はなれた位置上の時刻が日本の標準時と定められ，日本の標準時の基準となる東経135度子午線は，明石市をふくむ12市を通っている。また，マンホール左に描かれた建物は，明石市にあった阪神淡路大震災《あわじだいしんさい》前の天文科学館である。

問8　ねぶた祭りは，毎年8月2～7日に青森市で開催《かいさい》される東北三大祭りの1つで，1980年に国の重要無形民俗文化財に指定された。「人形ねぶた」と呼ばれる山車《だし》に続き，踊《おど》り手たちが掛《か》け声をあげながら踊り歩く。

問9　庄内《しょうない》平野は，山形県北西部に位置する，最上川下流域に広がる平野である。豊富な雪解け水があり，昼は高温で夜はすずしい夏の気候や，日照時間の長さが米の成長に適していることから，

米づくりがさかんに行われ，全国有数の米どころとなっている。

問10　ライチョウは，中部地方の高山で暮らし，特別天然記念物に指定されている鳥で，岐阜県，富山県，長野県の県鳥である(エ…○)。なお，アのトキは新潟県，ウのシラコバトは埼玉県の県鳥である。

問11　香川県は，小豆島でしょうゆの生産がさかんであったことなどから，讃岐《さぬき》うどんが県の名産品となっており，2011年には県の魅力《みりょく》を国内外に発信するために，「うどん県に改名します」と宣言して話題となった(エ…○)。なお，アは徳島県，イは愛媛県，ウは高知県の特徴《とくちょう》である。

問12　「魚や貝などをいけすなどの区切られたところで育てて出荷する」漁業は，養殖《ようしょく》漁業である(ウ…×)。なお，栽培《さいばい》漁業は，稚《ち》魚になるまで育て，生育しやすい環境《かんきょう》の海に放流した後，自然の中で大きくなったものをとるという漁業である。

問13　SDGsは「持続可能な開発目標」の略称で，2015年９月の国連総会で採択《さいたく》された。2016年から2030年の15年間で達成すべき17の目標からなり，先進国も途上国も一緒《いっしょ》になって取り組むことが求められている。

2　歴史とモノについての問題

問１　岩宿遺跡は，1946年に群馬県で相沢忠洋《ただひろ》によって発見され，ここから黒曜石でできた打製石器が発掘《はっくつ》された。これをきっかけに，1949年から本格的な発掘調査が行われ，日本にも旧石器時代があったことが明らかになった。

問２　聖徳太子は，家柄《いえがら》にとらわれず能力や功績に応じて役人を登用するため，603年に冠位十二階を定めた。役人の位は「徳・仁・礼・信・義・智」のそれぞれを大・小に分けた十二とし，位に応じた色の冠《かんむり》をあたえた(エ…○)。なお，太子が摂政となっていたのは593年から622年までで，アは708年，イは670年，ウは630年の出来事である。

問３　正倉院は，東大寺(奈良県)にある聖武天皇の遺品や仏具などが収められた倉庫である。写真の五絃《ごげん》の琵琶は，ラクダに乗った人や熱帯樹など異国の様子が描かれ，インド産の紫檀《したん》(木目が美しくて堅《かた》い木材)で作製されたもので，シルクロード(絹の道)を通じて唐(中国)へ伝わり，遣唐使によって日本にもたらされたと考えられている。

問４　藤原頼通《よりみち》は，阿弥陀如来《あみだにょらい》(阿弥陀仏)を信じ，来世において極楽浄土に往生して救われることを願う浄土教を深く信仰していたことから，京都府宇治市にある父の藤原道長が建てた別荘《べっそう》を寺にあらためて平等院とし，阿弥陀仏をまつる建物として鳳凰《ほうおう》堂を建てた。

問５　源実朝《さねとも》は源頼朝《よりとも》の次男で，兄であり第２代将軍であった源頼家が追放されたため，鎌倉幕府の第３代将軍となった。1219年に鎌倉の鶴岡八幡宮で，頼家の息子である公暁によって暗殺された。

問６　後醍醐天皇は，足利尊氏や新田義貞らとともに鎌倉幕府を滅ぼし，建武の新政と呼ばれる天皇中心の政治を始めた。しかし，その政治はそれまでの武士の社会につくられていた慣習を無視するものであったため，足利尊氏と対立し，吉野(奈良県)に逃れて南朝を開いた。

問７　千利休は，織田信長や豊臣秀吉の茶頭となった堺《さかい》(大阪府)の商人で，静かに茶をたてて味わうことが大名や豪商たちの間で広まると，15世紀に村田珠光《じゅこう》によって始められた侘《わ》び茶を完成させ，茶道として大成した。

問８　1600年に起きた関ヶ原の戦いよりも前の出来事は，1543年にポルトガル人を乗せた中国船が鹿児島県の種子《たねが》島に流れつき，鉄砲を日本に伝えたことである(ウ…○)。なお，アは1637～38年，イは1842年，エは1614～15年の出来事。

問９　江戸時代後半に浮世絵の技術が進み，錦《にしき》絵と呼ばれる多色刷り版画が生まれると，葛飾北斎は『富嶽《ふがく》三十六景』，歌川広重は『東海道五十三次』を描いた(イ…○)。なお，アについて，江戸時代の女性の地位は高くなく，結婚したら夫やその親に従うことが女性の務めとされた。ウについて，農業生産力はあがったものの異常気象によってききんが起こり，百姓一揆もしばしば起こった。エについて，江戸時代にはまだ義務教育制度がなく，町人などの子どもは寺子屋で読み・書き・そろばんを学んだ。

問10　1912年に内大臣の桂太郎を首相として誕生した内閣に対して，立憲政友会の尾崎行雄や立憲国民党の犬養毅が中心となり，憲法の精神にのっとった政治をすべきだと主張する第一次護憲運動が起こった(ア…×)。

問11　ナショナルトラスト運動は，豊かな自然や歴史的建造物を保護するため，国民から資金を集めて土地を買い取り，将来に引き継《つ》いでいく運動で，日本では1964年に鶴岡八幡宮の裏山が宅地開発されそうになったときに，市民によって運動が展開されたのが始まりである。

問12　姫路城は兵庫県にある世界文化遺産，白川郷・五箇山《ごかやま》の合掌《がっしょう》造り集落は富山県・岐阜県にある世界文化遺産，屋久《やく》島は鹿児島県にある世界自然遺産，小笠原《おがさわら》諸島は東京都にある世界自然遺産である。

３ 日本の政治についての問題

問１　裁判官としてふさわしくない行いのあった裁判官について，やめさせるかどうかを判断する裁判を弾劾《だんがい》裁判といい，その裁判官は，衆議院と参議院のそれぞれ７名ずつ計14名の国会議員が担当する(ウ…×)。

問２　通常国会は，毎年１月から150日間にわたって開かれる国会で(１回に限り延長可能)，主に次の年度の予算について話し合われる。

問３　日本国憲法第69条では，「内閣は，衆議院で不信任の決議案を可決し，又《また》は信任の決議案を否決したときは，10日以内に衆議院が解散されない限り，総辞職をしなければならない」と定められている。したがって，内閣不信任案を可決できるのは衆議院のみであり，可決されたときに衆議院を解散することが可能である(イ…×)。

問４　法律・命令・規則・処分が憲法に違反しているかどうかを判断する権限を違憲立法審査権(違憲審査権)という。違憲判断は具体的な裁判を通して行われ，最高裁判所のみではなく，全ての裁判所が違憲立法審査権を持っている(ウ…×)。

問５　裁判官は，大日本帝国憲法下の1890年から，法廷で「黒」の法服の着用を義務づけられている。どんな色にも染まらない黒の法服を身にまとうことで，裁判官が中立・公正であることや，法と良心にのみ従って裁判を行うことを示している。

問６　都道府県知事選挙において，被選挙権(立候補することのできる権利)は満30歳以上である(ア…×)。また，副知事や副市町村長は首長(知事や市町村長)が議会の同意を得て選任する(エ…×)。なお，ウについて，都道府県知事・市町村長・市町村議会議員の任期は，全て４年である。

問７　2023年８月６日に行われた埼玉県知事選挙では，現職の大野元裕がこれまでの少子化対策や県庁のデジタル化をさらに進め，暮らしやすさを実現することを訴え，約80％の支持を得て当選を果たした。なお，アは東京都知事，イは神奈川県知事，エは大阪府知事(2024年１月現在)。

問8　選挙費・道路の建設費・義務教育費などと特定の活動に使いみちを指定し，国が地方自治体に配分する必要な資金を国庫支出金という。

理科　＜総合選抜試験＞（社会と合わせて60分）＜満点：50点＞

解答

1　**問1**　エ　**問2**　イ　**問3**　10g　**問4**　水　**問5**　ウ　**問6**　*X*　1.26　*Y*　100.18　2　**問1**　**A**　消化液　**B**　にょう　**問2**　ウ　**問3**　じゅう毛　**問4**　S　**問5**　(例)　血液を全身に送り出すため。　**問6**　エ　**問7**　イ　3　**問1**　エ　**問2**　イ，ウ，エ　**問3**　イ　**問4**　イ　**問5**　6g　**問6**　43.3%　**問7**　ウ　4　**問1**　地球ふっとう化　**問2**　二酸化炭素　**問3**　イ　**問4**　ウ　**問5**　イ　**問6**　イ

解説

1　食塩水についての問題

問1　ねじAを空気調節ねじ，ねじBをガス調節ねじといい，いずれのねじも反時計回りにまわすと開く。ガスバーナーに火をつけるときはガス調節ねじを少しずつ開きながら点火し，炎《ほのお》の大きさが適切な大きさになるように調整する。その後，ガス調節ねじをおさえながら空気調節ねじを開き，炎の色が青色になるようにする。

問2　水溶液《すいようえき》は，水に何かをとかしたもののうち，とう明で，とけ残りがなく，どこでもこさが均一になったもののことをいう。そのため，フラスコに残った液体にはとけ残りがないと考えられるので，固体の食塩はろ過では取り出せず，固体を取り出すにはイのように水を蒸発させる必要がある。

問3　実験1で用いた食塩水はこさが4％で重さが250gなので，実験1で得られる食塩の重さは最大，250×0.04＝10(g)とわかる。

問4　食塩が気体になる温度は非常に高いため，実験1のように食塩水をふっとうさせても気体になることはない。よって，試験管にたまった液体はふっとうした水が水蒸気になり，それが冷やされてできた水と考えられる。

問5　庭に水をまいたときに気温が下がるのは，水が蒸発するときに地面の熱をうばうためなので，水溶液がこおる温度やふっとうする温度とは関係がない。

問6　*X*　表1を見ると，こさが4％から8％に，8÷4＝2(倍)になったとき，食塩水がこおる温度も0℃と比べて，5.04÷2.52＝2(倍)下がるとわかる。よって，こさが1％から2％に，2÷1＝2(倍)になると，食塩水がこおる温度は，0.63×2＝1.26より，−1.26℃になると考えられる。　*Y*　表1でこさが4％の食塩水がふっとうする温度は100.72℃，こさが8％の食塩水がふっとうする温度は101.44℃だから，それぞれの食塩水がふっとうする温度について，水がふっとうする温度(100℃)よりも，こさが4％の食塩水は，100.72−100＝0.72(℃)，こさが8％の食塩水は，101.44−100＝1.44(℃)高いとわかる。このことから，食塩水のこさが4％から8％に，8÷4＝2(倍)になると，食塩水がふっとうするときの温度の上がり方も，1.44÷0.72＝2(倍)になるとわか

る。ここで，こさが２％の食塩水がふっとうする温度は水がふっとうする温度よりも，100.36－100＝0.36(℃)高いから，こさが１％の食塩水がふっとうする温度は水がふっとうする温度よりも，0.36÷２＝0.18(℃)高くなると考えられる。以上より，こさが１％の食塩水がふっとうする温度は，100＋0.18＝100.18(℃)と求められる。

2 血液のじゅんかんについての問題

問１　**A**　消化管に出されるだ液や胃液などの，消化を助ける液体を消化液という。　**B**　血液中のにょう素などの不要物はじん臓で余分な水分や塩分とともにこし出され，にょうとしてからだの外に出される。

問２　だ液にふくまれるアミラーゼのはたらきにより，デンプンは麦芽糖に分解される。なお，アミラーゼのように，消化液にふくまれ，分解を助けるものを消化こう素とよぶ。

問３　小腸の内側のかべにあるたくさんの小さなひだ状のつくりをじゅう毛という。じゅう毛があることで表面積が大きくなり効率よく養分を吸収できる。

問４　Ｑの左心室から送り出された血液は，からだ中をじゅんかんし，Ｓの右心ぼうへ入る。その後，Ｒの右心室，肺，Ｐの左心ぼうを経てＱの部屋にもどってくる。

問５　血液を全身へ送り出すため，Ｑの左心室をつくる筋肉のかべはほかの部屋の筋肉のかべよりも厚くなっている。

問６　体重が65kgのヒトの血液の重さは，$65\times\frac{1}{13}\times1000=5000$(g)と求められる。この血液の体積は5000mLなので，心臓がすべての血液を送り出すには，5000÷70＝71.4…より，少なくとも72回拍動《はくどう》する必要がある。

問７　問４で述べたように，心臓を出た血液は，からだ中をじゅんかんしたあと心臓にもどり，その後，肺へと流れる。また，小腸で吸収された養分を多くふくむ血液はかん臓へ送られる。よって，イが選べる。

3 天気についての問題

問１　１日の最高気温が25℃以上の日を夏日，30℃以上の日を真夏日，35℃以上の日を猛暑《もうしょ》日という。

問２　雨や雪が降っていないとき，雲量が０～１のときを快晴，２～８のときを晴れ，９～10のときをくもりとよぶ。よって，イ，ウ，エが選べる。

問３　強い上昇《じょうしょう》気流によって上空まで高く発達した雲を積乱雲という。積乱雲は，かみなりをともない，夕立のように短時間で激しい雨を降らせることが多い。

問４　下線部④の現象は，暖かい部屋の空気にふくまれる水蒸気が窓の外の空気に冷やされ，水てきとなって暖かい部屋の内側の窓ガラスにつく現象である。このような現象を結露《けつろ》という。

問５　表１より，10℃の空気１m^3がふくむことのできる最大の水蒸気量は9.4ｇだから，10℃の空気10m^3がふくむことのできる水蒸気量は最大で，$9.4\times\frac{10}{1}=94$(g)になる。したがって，このとき出てくる水てきの重さは，100－94＝６(g)となる。

問６　表１より，温度が25℃のときのほう和水蒸気量は23.1g/m^3なので，このときのしつ度は，$\frac{10}{23.1}\times100=43.29$…より，43.3％と求められる。

問７　空気中１m^3にふくまれる水蒸気の重さが，ほう和水蒸気量より大きくなると，水蒸気の一部が水てきに変わる。ここで，温度が30℃のときのほう和水蒸気量は30.4g/m^3だから，気温が30℃

でしつ度が57％の空気１m^3にふくまれる水蒸気量は，30.4×0.57＝17.328（g）である。よって，表１より，ほう和水蒸気量が17.328gをはじめて下回る温度は20℃のときなので，ウが選べる。

4 地球温暖化，熱の移動についての問題

問１ 2023年の夏は世界の平均気温が観測史上最高を記録する見こみになったことを受け，国連のグテーレス事務総長は「地球温暖化の時代は終わり，地球ふっとう化の時代に入った」と発言した。この年の夏は日本においても各地で猛暑日や真夏日が続き，全国の平均気温が観測史上もっとも高くなった。

問２ 二酸化炭素やメタンのように，熱をたくわえて放出する性質がある気体を温室効果ガスといい，地球温暖化の原因と考えられている。その中でも特に二酸化炭素の増加が現在の地球温暖化の最も大きな原因とされている。

問３ 汗《あせ》をかくと体温が下がるのは，体の表面の汗が蒸発するときにまわりの熱をうばうためである。晴れた日の道路に水をまくと道路の温度が下がるのも同様の現象といえる。

問４ 実験１の結果から，水よりもエタノールのほうが蒸発しやすいとわかる。問３で述べたように，液体は蒸発するときにまわりの熱をうばうので，実験２では，液体の蒸発がさかんな温度計の示度がより低くなると考えられる。よって，実験２の温度計が示す温度は低いものから順に，温度計B，温度計C，温度計Aになる。

問５ 水が持つ熱量の大きさは，（水の重さ）×（水の温度の変化）で計算できる。０℃の水と比べると，実験３で水Aが持つ熱量は，300×20＝6000（カロリー），水Bが持つ熱量は，100×60＝6000（カロリー）だから，水Aと水Bが持つ熱量は合わせて，6000＋6000＝12000（カロリー）になる。よって，水Aと水Bが同じ温度になったときの温度は，12000÷(300+100)＝30（℃）と求められる。

問６ 実験３で水Aと水Bが同じ温度（30℃）で一定になったとき，はじめと比べて，水Aの温度は，30－20＝10（℃）上がり，水Bの温度は，60－30＝30（℃）下がる。したがって，このときの温度変化のグラフはイのようになる。

国 語 ＜総合選抜試験＞（50分）＜満点：100点＞

解 答

一 **問１** A ア B イ C エ **問２** エ **問３** イ **問４** エ **問５** ウ **問６** 風前 **問７** イ 二 **問１** a イ b イ **問２** A エ B ア C イ **問３** イ **問４** ウ **問５** ウ **問６** ア **問７** ウ **問８** エ **問９** 生まれかわり **問10** エ 三 １～４ 下記を参照のこと。 ５ おもゆ ６ さいねん 四 １ ○ ２ ×／助言 ３ ×／供 ４ ×／様式 五 １ 以（心）伝（心） ２ （絶）体（絶）命 ３ （自）業（自）得 ４ 不（即）不（離） ５ 完（全）無（欠） 六 １ 朗（報） ２ 益（虫） ３ 少（数） ４ 縦（断） ５ 複（雑）

●漢字の書き取り

三 １ 待機 ２ 刻限 ３ 衆人 ４ 美辞

解　説

一　出典：高槻成紀《たかつきせいき》『野生動物と共存できるか―保全生態学入門』。クマが出没《しゅつぼつ》したという報道が増加したことを受け，筆者は人間とクマの関係をもう一度考える必要性があると述べている。

問1　**A**　“たやすいこと”を意味する「安易」。よって，“簡単で，たやすい”という意味のア「簡易」が選べる。なお，イ「委細」は“細かくくわしいこと”，ウ「移管」は“管理をほかに移すこと”，エ「故意」は“わざとすること”という意味。　**B**　“役に立たないこと”という意味の「無用」。よって，“ものの機能を生かして用いること”という意味のイ「運用」が選べる。なお，ア「許容」は“許して認めること”，ウ「様相」は“ありさま”，エ「静養」は“回復のために心身をゆったり休めること”の意味。　**C**　“比べる”という意味の「比」なので，“比べるもの”という意味のエ「比類」があてはまる。なお，ア「肥大」は“大きくなる，増すこと”，イ「消費」は“使ってなくすこと”，ウ「可否」は“事のよしあし”の意味である。

問2　続く部分で筆者は，ツキノワグマの出没の報道が多かった要因について，考察している。まず「クマが増えた」という意見について「急に増えるとは考えられない」と否定している。さらに，ドングリの不足によって，クマが里に「農作物などを食べにくること」は「おおいにありそう」だとしながら，その説明だけでは「不十分」だとし，「最近，農山村には人が少なく」なったために「人をあまり恐《おそ》れないクマがいるようになった」状況《じょうきょう》があり，クマが「人里に接近し」，「クマと人との出合いが多くなった」とまとめている。よって，エが正しい。

問3　「めく(めいた)」という語は，ほかの語について“そのような状態，似たようすになること”を示す。よって，イがふさわしい。

問4　続く部分で，日本にいるクマの具体的な問題点があげられている。ツキノワグマについては「人を襲《おそ》ってケガをさせる事故が最大の問題」で「農業《のうぎょう》被害《ひがい》」もある。ヒグマについては「人が殺されること」，「ビートやメロンなどの被害」，「牧場の家畜《かちく》が襲われること」がある。よって，ア，ウは正しい。また，イはぼう線③の前の段落で，よくない態度として述べられている。エは，クマの捕獲《ほかく》については最終段落でふれられているが，「一方的に」とは述べられていないので，あてはまらない。

問5　同じ段落で，世界的には，生息地の「破壊《はかい》」や「狩猟《しゅりょう》のいきすぎ」によってクマは減少していて，保護《ほご》が必要だと説明されている。その後，だからといってクマが人にケガをさせたり殺したりすることをそのままにすることはできない，と続くが，それを，前のことがらに反する内容を述べるときに用いる「しかし」でつなげているので，指す内容はウが正しい。

問6　長い時間でとらえるとツキノワグマの数は減っていて，「絶滅《ぜつめつ》」や非常に少ない状況だと述べられているので，“今にもだめになりそうなこと”をたとえた言葉である「風前の灯火《ともしび》」がふさわしい。

問7　アは，図1，2によれば，ツキノワグマとヒグマの狩猟による捕獲数は減少傾向《けいこう》にあるので，誤り。イは，図1を見ると2002年以降ヒグマの捕獲数は全体として増えていっているので，正しい。ウは，図1を見ると，2000年以降ヒグマの被害防止目的の捕獲数は，増加傾向にあることが読み取れる。また，「森林環境《しんりんかんきょう》が維持《いじ》されている」という理由は読み取ることができない。よって，正しくない。エは，2000年以降狩猟によって捕獲したヒグマとツキノワグマの数は減少傾向にあるので，まちがいである。

二 **出典：水上勉《みずかみつとむ》『ブンナよ，木からおりてこい』**。トノサマがえるのブンナは，高い木の上で冬を越《こ》し，そのさいの経験から，いのちの尊さやつながりに気づく。

問１　**a**　「たらふく」は“たくさん飲み食いするさま”という意味なので，イがふさわしい。
b　「いまわのきわ」は“死にぎわ”という意味なので，イが合う。

問２　**A**　五月の太陽が土をぬくもらせる，つまりあたためているようすがえがかれているので，エ「ぬくぬく」があてはまる。　**B**　土がえるが「よろこんで，話しかけてくる」のに対してブンナが「素直にこたえ」ているということは，ブンナも喜んでいるようすで受け答えをしていることになるので，ア「にこにこ」がふさわしい。　**C**　泣いているようすを表すのはイ「しくしく」である。

問３　ブンナは冬眠《とうみん》から目を覚まし，まわりを確認しようとしているが，ながいあいだ眼《め》をつぶっていたために何も見えない状態である。じっと目をこらすだけで精いっぱいで，場所が分からずあせっているとするイがよい。

問４　樹々《きぎ》の葉の生き生きとしたようすを「せみの羽のよう」だと直接たとえて表現しているので，足がつかれていることを「棒のよう」だとたとえているウが選べる。アは人ではないものを人にたとえる方法，イは「～のように」などの語を使わずにたとえる方法，エの「ようだ」はおしはかる意味で使われている。

問５　ブンナは椎《しい》の木から降りていき，地上で冬眠から覚めた土がえると合流しようとしている。そこで土がえるたちはブンナを見て「信じられない」という気持ちだが，次の段落で，土がえるは「なつかしげに」ブンナが「帰ってきたことをよろこんで」話しかけてきている。「帰ってきた」と考えているということは，土がえるたちから見て，ブンナはどこか自分たちがいる場所とは別の場所に行ってしまった，と考えていたということである。よって，ウが選べる。

問６　「得意に」なるとは，“ほこらしげなようすになる”こと。続く部分に注目する。以前であればブンナは土がえるたちに自分がした冒険《ぼうけん》のじまんをしたい気持ちがあったはずだが，その気持ちがなく，質問に答えながら，「みんなにあいたかった」，「無事でもどれ」てうれしい，と泣きだしている。さらにブンナは，「木のてっぺんで起きたこと，みたこと」，つまり，鳶《とび》のえさになる生き物たちが死んでいったときのことなどを土がえるたちに話している。よって，それらを「かなしい体験」とまとめ，「じまん話をしたい気持ちより」，「喜びや安心感のほうが強い」としたアが正しい。

問７　ブンナは，鳶につれてこられた鼠《ねずみ》が死ぬときに話した願いを聞いて，鼠のからだから出た羽虫をたべて生き延びた経験から，自分たちは「みんななにかの生まれかわりなんだ」と考え，自分は「だれかのおかげで生きてこれた」ということに気づいている。よって，ウがよい。

問８　「大ぜいのいのち」がつながっていることに気づいたブンナは，自分も「大ぜいのいのちのかけはし」になろうと決意し，【Y】の歌を歌っている。ぼう線⑥の前でくり返されている「手をつなげ」は，大ぜいのいのちがつながっていることを意識させる。そのように，いのちが生まれつながってめぐっていく世界が「あらたな世界」だといえるので，エが合う。

問９　問７でみた，「ぼくら，かえるは，みんななにかの生まれかわりなんだ」という言葉に注目する。ぼくらのいのちは，なにかだれかの「生まれかわり」なのである。

問10　冬眠から目覚めたときにいた木の上で，小さな虫，あぶ，ありを食べている。また，問７

でみたように，冬眠をすごす前に羽虫を食べている。

三 漢字の書き取りと読み

1　準備をして機会が来るのを待つこと。　2　定められた時刻。　3　多くの人。　4　美しくかざった言葉。　5　米を多量の水で炊《た》いたときにたまる汁《しる》。　6　一度おさまったことがらがまた勢いを得ること。

四 同音異義語，同訓異字の知識

1「布告」は“広く一般《いっぱん》に知らせること”や“国家の意思を公式に知らせること”を意味するので，正しい。　2「序言」は“前書き”のことであり，意味が通らない。“助けになる言葉”を意味する「助言」に書きかえる。　3　お墓に花をささげる意味にしたいので「供える」に直す。
4「様式」は“長い間に作られてきたやり方”の意味。「用」の漢字が間違《まちが》っている。

五 四字熟語の完成

1「以心伝心」は“口に出さなくても心が通じること”。　2「絶体絶命」は，「絶対」と書かないように注意する。　3「自業自得《じごうじとく》」は，おもに悪い結果をいうときに使う。　4「不即《ふそく》不離《ふり》」の「即」は，ここでは“くっつく”の意味なので，“つかず，離《はな》れずの適度な関係”を表す。
5「完全無欠」は“完全で，不足がないこと”。

六 対義語の完成

1「悲報」は“悲しい知らせ”のことなので，反対は，“うれしい知らせ”という意味の「朗《ろう》報《ほう》」。　2“害をもたらす虫”である「害虫」の反対は，“利益をもたらす虫”を意味する「益虫」になる。　3“数が少ないこと”の意味の「少数」である。「小」としないように注意。
4「横断」は“横切ること”なので，対義語は，“縦に通りぬけること”を意味する「縦断」となる。　5「単純」は“こみいっていないようす”という意味なので，反対は，“こみいっているさま”を意味する「複雑」である。

Memo

Memo

2023 年度 星野学園中学校

【算　数】〈進学第１回試験〉（50分）〈満点：100点〉

1　次の□の中にあてはまる数を求めなさい。

（１）　$8 - 25 \div 75 \times 12 = \square$

（２）　$\frac{1}{6} \div \left(\frac{8}{9} - \frac{1}{2} \times 1\frac{3}{7}\right) = \square$

（３）　$\left\{2.25 - \frac{2}{3} \div \left(1 - \frac{1}{9}\right)\right\} \div \frac{2}{9} = \square$

（４）　$3\frac{1}{9} \times \left(\frac{15}{28} - \square\right) + \frac{4}{5} = 1\frac{2}{15}$

（５）　縮尺 50000 分の 1 の地図上で 4 mm の道のりは，実際には□m です。

（６）　21 と 33 の最小公倍数は□です。

2　次の各問いに答えなさい。

（１）　あるクラスの生徒全員に鉛筆を配りました。１人に３本ずつ配ると14本余り，４本ずつ配ると９本足りなくなりました。このクラスの生徒の人数は何人ですか。

（２）　10％の食塩水320ｇと５％の食塩水を混ぜて７％の食塩水を作ります。５％の食塩水を何ｇ混ぜればよいですか。

（３）　あるクラスの何人かにテストを行ったところ，得点は下の表のようになりました。また，得点の中央値は6.5点でした。このとき，６点をとった人は何人ですか。

点数（点）	3	4	5	6	7	8	9
人数（人）	1	3	2		6	4	2

（４）　下の図のように，おはじきをある規則に従って並べていきます。８段目まで並べたとき，並べたおはじきは全部で何個ですか。

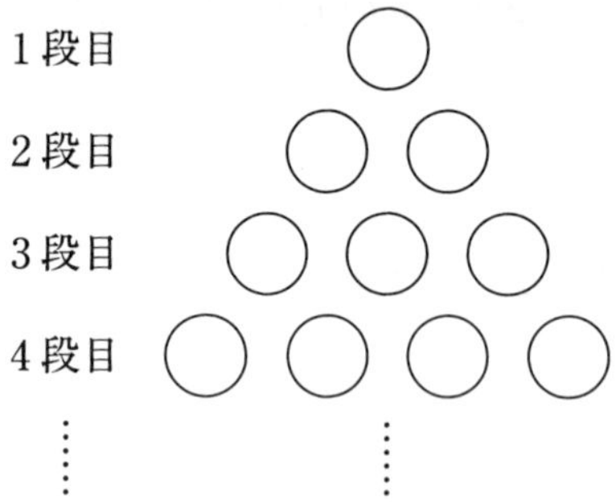

（５）　ある品物に仕入れ値の2.5割の利益を見《み》込《こ》んで定価をつけました。売れなかったため，定価の１割引きにして売ったところ利益は225円でした。このときの仕入れ値は何円ですか。

(6) Aさん，Bさん，Cさんの3人がそれぞれ分速150m，100m，120mの速さで池のまわりを走ります。同じ場所から3人同時に出発し，AさんとBさんは同じ方向に，Cさんは反対方向に進みます。Cさんが途中でAさんとすれちがい，その1分後にBさんとすれちがいました。このとき，この池のまわりは何mありますか。

(7) 325ページある本を読み始めました。1日目は全体の$\frac{1}{5}$を読んで，2日目は何ページか読みました。3日目は残りの$\frac{3}{8}$を読んだところ，本はあと125ページ残っていました。2日目に読んだのは何ページですか。

(8) 秒速25mの普通列車と，秒速40mの急行列車があります。ある橋を渡《わた》りはじめてから渡り終わるまでに普通列車は55秒，急行列車は32秒かかります。また，普通列車と急行列車が出会ってからすれちがい終わるまでに7秒かかります。普通列車の長さは何mですか。

(9) 右の図でAB = AC = CDのとき，㋐の角の大きさは何度ですか。

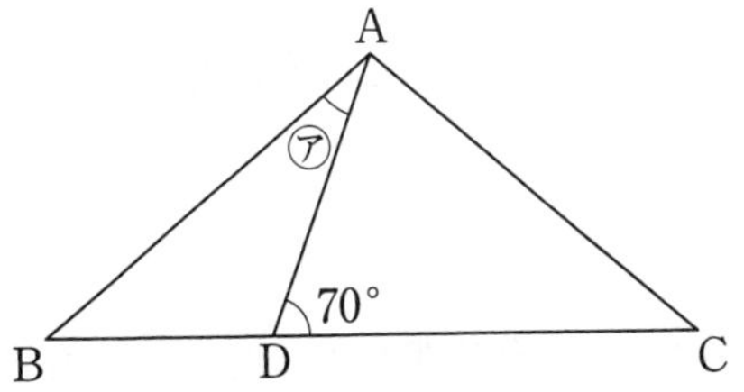

(10) 右の図のような長方形と2つの円があります。この2つの円はたがいにもう1つの円の中心を通ります。このとき，の部分の面積の合計は何cm^2ですか。
ただし，円周率は3.14とします。

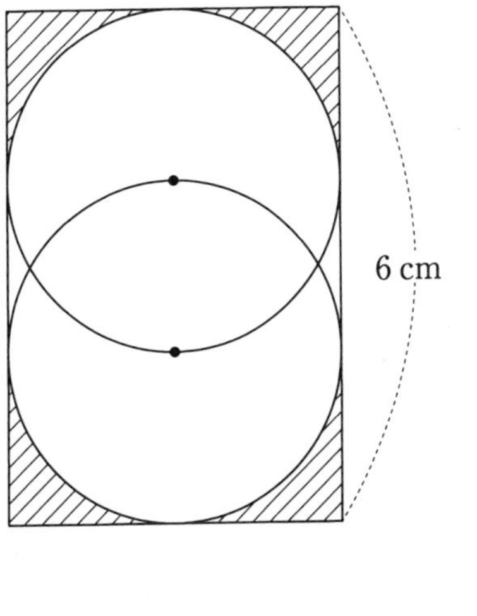

3　Ａさん，Ｂさんが池のある地点の深さをはかるために，それぞれ長さのちがう棒《ぼう》を持っています。棒の長さの差は18 cmです。これらの棒を池の底にまっすぐ立てたところ，Ａさんの棒の長さの$\frac{2}{5}$，Ｂさんの棒の長さの$\frac{1}{4}$がそれぞれ水面より上に出ました。このとき，次の各問いに答えなさい。

（１）　ＡさんとＢさんの棒の長さの比を最も簡単な整数で表しなさい。

（２）　池の水の深さは何cmですか。

4　６人で登山に出かけるために電車に乗ったところ，電車の座席が２人分しかあいていませんでした。このとき，次の各問いに答えなさい。

（１）　あいている座席に座る２人を選ぶとき，選び方は全部で何通りありますか。

（２）　乗車時間が１時間９分であるとき，６人が交代で座り，座る時間が全員同じになるようにすると，１人何分座ることができますか。

5 図１のような水の入っている容器Ａと空の容器Ｂがあります。どちらの容器も円柱です。Ａの水の半分をＢの容器にうつすと，Ｂの容器の水の深さは６cm になります。このとき，次の各問いに答えなさい。

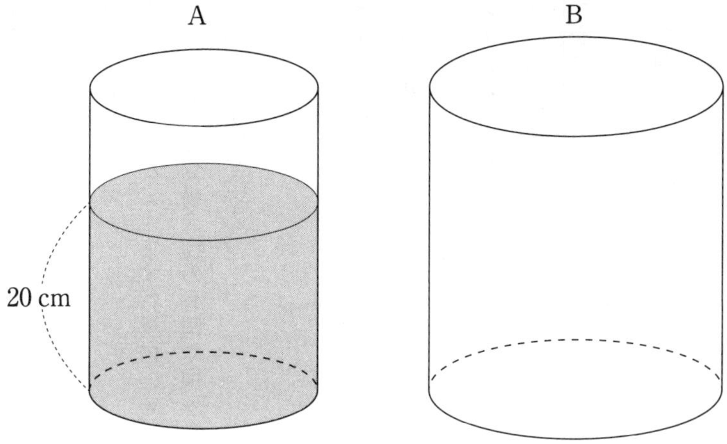

図１

（１） Ａの容器の底面積が 18 cm^2 のとき，Ｂの容器の底面積は何 cm^2 ですか。

（２） 図１の状態から両方の容器の水の深さを同じにするには，Ａの容器の水の量の何％をＢの容器にうつせばよいですか。

ルや家族、恩師との交流を軸《じく》として、たとえや擬音語《ぎおんご》など多彩《たさい》な表現を用いてえがいている。

イ　将棋の魅力《みりょく》にとりつかれた主人公や登場人物の白熱した様子を、主人公とライバルの様子を対比させ、専門用語を盛りこみながら鮮明《せんめい》にえがいている。

ウ　主人公が実力をつけ、良きライバルと出会って将棋に夢中になっていくさまを、白熱した将棋の試合の様子を織り交ぜながら生き生きとえがいている。

エ　敗戦によって主人公がますます将棋にのめりこむさまを、会話を中心とした構成で登場人物の心情や様子を丁寧《ていねい》に表現しながらあざやかにえがいている。

三

次の１～５の――線のカタカナを漢字に直しなさい。送りがながあれば、それをひらがなで書くこと。

１　父に判断を**ユダネル**。

２　紙が**ヤブケル**。

３　兄の会社に**シュウショク**する。

４　あまりの暑さに**ヘイコウ**した。

５　飛行機を**ソウジュウ**する。

四

次の１～５の四字熟語の□に入る**漢字**を書きなさい。

１　一騎《いっき》当□　２　一石□鳥　３　千客□来

４　□里霧中《むちゅう》　５　三寒□温

五

次の１～５の――線の部分を、適切な敬語表現に直しなさい。ただし、【　】内の指示にしたがって書くこと。

１　先生はそのように言いました。　【ひらがな五字で】

２　その本が必要でしたら、あげましょう。　【ひらがな四字で】

３　明日の午後三時ごろ、そちらに行きます。　【ひらがな三字で】

４　それでは、ありがたくもらいます。　【ひらがな四字で】

５　お客様、えんりょなく食べてください。　【ひらがな六字で】

六

次の１～５の俳句の季語が表す季節をそれぞれ**漢字一字**で書きなさい。

１　木枯《こがらし》や鐘《かね》に小石を吹《ふ》きあてる　与謝蕪村《よさぶそん》

２　浴衣《ゆかた》着て水のかなたにひとの家　飯田龍太《いいだりゅうた》

３　里古《ふ》りて柿《かき》の木持たぬ家もなし　松尾芭蕉《まつおばしょう》

４　かたまつ（っ）て薄《うす》き光の菫《すみれ》かな　渡辺水巴《わたなべすいは》

５　雪とけて村一ぱいの子どもかな　小林一茶《こばやしいっさ》

も以上に大きな挨拶になった。

エ　「ぼく」は2週間じっくり将棋の研究を行ってきたため、今日は有賀先生に研究の成果を披露《ひろう》したいと思い、いつもより力のこもった挨拶になった。

問四　――線②「よし、そうこなくちゃな」とありますが、このときの「ぼく」の気持ちとして最もよいものを次から選び、記号で答えなさい。

ア　相手が自分の思ったとおりに動いているので、ひそかに喜んでいる。

イ　「ぼく」が相手に勝てる見こみが立ったので、興奮している。

ウ　相手も本気を出してきたので、うれしくなっている。

エ　相手と対等に将棋を指すことができて、さらに気合いが入っている。

問五　――線③「頭が疲れすぎていて、目がチカチカする。指がふるえて、駒をまっすぐにおけない」とありますが、その理由としてよいものを次から二つ選び、記号で答えなさい。

ア　山沢君に勝てると考えてはやる気持ちを落ちつかせようとしたから。

イ　「ぼく」は、これほど長い時間将棋を指したことがなかったから。

ウ　有賀先生の前で絶対勝ちたいという気持ちが一層強くなったから。

エ　勝つために頭をかなり働かせて、一手一手を考えぬいて指していたから。

オ　山沢君に勝てそうなのになかなか追い詰められないことにいらだちを感じたから。

問六　――線④「有賀先生のことばに、ぼくはうなずいた」とありますが、このときの「ぼく」の気持ちとして最もよいものを次から選び、記号で答えなさい。

ア　あと一歩で山沢君に勝てそうな状況《じょうきょう》ではあったが、時間内に終わることができなかったことに自分の実力のなさを感じたことから、引き分けにするという判定にしぶしぶ同意している。

イ　将棋の流れは「ぼく」に有利な状況となっていたが、「ぼく」が考え切れていなかった最後の局面を山沢君がたやすく読み切っていたことから、引き分けという判定に納得している。

ウ　「ぼく」とは異なり山沢君はいとも簡単に「詰め」の状況まで読み切っていたことから、結局実力の差を見せつけられる形となり少し落ちこんでいる。

エ　決着がつくまで行っていれば山沢君に負けるところだったが、引き分けによって「負け」という状況をさけることができたことにひとまず安心している。

問七　文章中で示された山沢君の人物像として最もよいものを次から選び、記号で答えなさい。

ア　幼いながらも、将棋の実力に裏打ちされた高いプライドを持っている人物。

イ　年のわりに態度が大人びており、他人になかなか心を開かない人物。

ウ　意地っぱりで、他人からほめられても素直に受け取ることができない人物。

エ　将棋に真剣《しんけん》に向き合うあまり、自分の感情を表現するのが苦手な人物。

問八　この文章について説明したものとして最もよいものを次から選び、記号で答えなさい。

ア　将棋を通して人間的に成長していく主人公の様子を、ライバ

奨励会試験に合格するにはアマ四段以上の実力が必要とされる。それに試験では奨励会員との対局で五分以上の星をあげなければならない。合格して奨励会に入っても、四段＝プロになれるのは20パーセント以下だという。

それがどれほど困難なことか、正直なところ、ぼくにはよくわかっていなかった。でも、どれほど苦しい道でも、絶対にやりぬいてみせる。

「このあと、となりの図書館で※棋譜《きふ》をつけるんだ。今日の、引き分けだった対局の」

ぼくが言うと、山沢君の表情がほんの少しやわらかくなった。

「それじゃあ、またね」

三つも年下のライバルに言うと、ぼくはかけ足で図書館にむかった。

（佐川光晴《さがわみつはる》『駒音高く』）

※語注

介護施設での昼食の支度と片付け…「ぼく」の母親はパートで介護施設に勤めている。

横歩取り…将棋の戦法の一つ。

ファルコンズ…「ぼく」がかつて所属していた野球チームの名前。

ベースランニング…野球で塁《るい》から次の塁へ走ること。

航介君のおとうさんと田坂監督…ファルコンズの指導者。

法事…死者を供養《くよう》するために行う仏事。

二面指し…一人が同時に二人と対局すること。

角道…将棋の駒の一種である「角」が動ける範囲《はんい》のこと。

振り飛車…将棋の戦法の一つ。

居飛車…将棋の戦法の一つ。

王手…次に玉（王将）を取ろうとする手のこと。将棋は、最終的に相手の玉を取ったほうが勝ちとなる。また、相手がどんな手を指しても次に玉を取られる状態を「詰み」という。

賛辞…ほめたたえる言葉。

馬引き…将棋の駒の一種である「馬」を自分の陣に持ってくること。

棋譜…対局で指された手順を記録したもの。

問一 本文中の Ⅰ ～ Ⅲ に入る語の組み合わせとして最もよいものを次から選び、記号で答えなさい。

ア Ⅰ なにかしら Ⅱ ますます Ⅲ おぼつかない
イ Ⅰ それなりに Ⅱ ますます Ⅲ おこがましい
ウ Ⅰ なにかしら Ⅱ どんどん Ⅲ おこがましい
エ Ⅰ それなりに Ⅱ どんどん Ⅲ おぼつかない

問二 ══線Ⓐ、Ⓑの意味として最もよいものを次からそれぞれ選び、記号で答えなさい。

Ⓐ ア よく見えるようにしてやる イ 尊敬させてやる
ウ 泣かしてやる エ 思い知らせてやる

Ⓑ ア 心配そうな顔 イ うれしそうな顔
ウ ぽかんとした顔 エ ぎょっとした顔

問三 ――線①「気合いが入りすぎて、いつもより大きな声が出た」とありますが、このときの「ぼく」の様子を説明したものとして最もよいものを次から選び、記号で答えなさい。

ア 「ぼく」は山沢君に勝つために2週間じっくり研究をしてきたので、今日こそは山沢君に勝利しようと気持ちを奮い立たせるため、いつもより大声で挨拶をした。

イ 「ぼく」は、以前野球をやっていたときに指導者から挨拶に対して厳しく指導された影響《えいきょう》があり、他の生徒よりも大きな声の挨拶になった。

ウ 「ぼく」はふだんからはっきりと挨拶をするが、今日は2週間行った研究の成果を発揮しようと意気ごんできたので、いつ

「プロ同士の対局では、時間切れ引き分けなんてない。それは研修会でも、奨励会《しょうれいかい》でも同じで、将棋の対局はかならず決着がつく。でも、ここは、小中学生むけのこども将棋教室だからね。今日の野崎君と山沢君の対局は引き分けとします」

④有賀先生のことばに、ぼくはうなずいた。

「さあ、二人とも礼をして」

「ありがとうございました」

山沢君とぼくは同時に頭をさげた。そして顔をあげたとき、山沢君のうしろにぼくの両親が立っていた。

「えっ、あれっ。ああ、そうか」

ぼくは母が3時前に来る約束になっていたことを思いだしたが、まさか父まで来てくれるとは思ってもみなかった。もうBコースの生徒たちが部屋に入ってきていたので、ぼくは急いで駒を箱にしまった。

「みなさん、ちょっと注目。これから野崎君に認定書を交付します」

ふつうは教室が始まるときにするのだが、有賀先生はぼくの両親に合わせてくれたのだ。

「野崎翔太殿《どの》。あなたを、朝霞こども将棋教室初段に認定します」

みんなの前で賞状をもらうなんて、生まれて初めてだ。そのあと有賀先生の奥《おく》さんが賞状を持ったぼくと有賀先生のツーショット写真を撮《と》ってくれた。両親が入った4人での写真も撮ってくれた。

「野崎さん、ちょっといいですか。翔太君も」

有賀先生に手招きされて、ぼくと両親は廊下《ろうか》に出た。

「もう少し、むこうで話しましょうか」

どんな用件なのかと心配になりながら、ぼくは先生についていった。

「翔太君ですが、成長のスピードが著《いちじる》しいし、とてもまじめです。今日の一局も、じつにすばらしかった」

有賀先生によると、山沢君は小学生低学年の部で埼玉県のベスト4に入るほどの実力者なのだという。来年には研修会に入り、奨励会試験の合格、さらにはプロの棋士になることを目標にしているとのことだった。

「小学5年生の5月でアマチュア初段というのは、正直に言えば、プロを目ざすには遅《おそ》すぎます。しかし野崎君には伸びしろが相当あると思いますので、親御《おやご》さんのほうでも、これまで以上に応援《おうえん》してあげてください」

そう言うと、有賀先生は足早に廊下を戻っていった。

まさか、ここまで認めてもらっているとは思わなかったので、ぼくは呆然《ぼうぜん》としていた。将棋界のことをなにも知らない父と母はⒷキツネにつままれたような顔をしている。二人とも、すぐに仕事に戻らなければならないというので、詳《くわ》しいことは今晩話すことにした。

１０３号室に戻り、カバンを持って出入り口にむかうと、山沢君が立っていた。ぼくより20センチは小さくて、腕《うで》も脚《あし》もまるきり細いのに、負けん気の強そうな顔でこっちを見ている。

「つぎの対局は負けないよ。絶対に勝ってやる」

「うん、また指そう。そして、一緒《いっしょ》に強くなろうよ」

ぼくが言うと、山沢君がメガネの奥の目をつりあげた。

「なに言ってんだよ。将棋では、自分以外はみんな敵なんだ」

小学2年生らしいムキになった態度がおかしかったし、「自分以外はみんな敵だ」と、ぼくだって思っていた。

「たしかに対局中は敵だけど、盤を離《はな》れたら、同じ将棋教室に通うライバルでいいんじゃないかな。ぼくは初段になったばかりだから、三段になろうとしているきみをライバルっていうのは、［Ⅲ］けど」

ぼくの心ははずんでいた。個人競技である将棋にチームメイトはいないが、ライバルはきっといくらでもあらわれる。勝ったり負けたりをくりかえしながら、一緒に強くなっていけばいい。

（よし。Ⓐ目にもの見せてやる）

ぼくは椅子《いす》にすわり、盤《ばん》に駒を並べていった。

「おねがいします」

二人が同時に礼をした。山沢君が対局時計のボタンを押《お》すと、ぼくはすぐに※角道《かくみち》を開けた。山沢君もノータイムで角道を開けた。続いて、ぼくが飛車先《ひしゃさき》の歩を突《つ》くと、山沢君は少し考えてから、同じく飛車先の歩を突いた。どうせまた※振《ふ》り飛車でくると思っていたはずだから、※居飛車《いびしゃ》を選んだぼくに合わせようとしているのだ。

（②よし、そうこなくちゃな）

ぼくは飛車先の歩を突き、山沢君も飛車先の歩を突いた。ぼくが飛車先の歩を伸《の》ばせば、山沢君も飛車先の歩を伸ばす。この流れなら、まずまちがいなく横歩取りになる。あとは、研究の成果と、自分の読みを信じて、一手一手を力強く指すのみ。

序盤から大駒を切り合う激しい展開で、80手を越《こ》えると双方《そうほう》の玉《ぎょく》が露出《ろしゅつ》して、どこからでも※王手がかかるようになった。しかし、どちらにも決め手がない。ぼくも山沢君もとっくに持ち時間はつかいきり、Ⅱ 難しくなっていく局面を一手30秒以内で指し続ける。壁《かべ》の時計に目をやる暇《ひま》などないが、たぶん40分くらい経《た》っているのではないだろうか。持ち時間が10分の将棋は30分あれば終わるから、ぼくはこんなに長い将棋を指したことはなかった。これでは有賀先生との2局目を指す時間がなくなってしまう。

「そのまま、最後まで指しなさい」

有賀先生が言って、そうこなくちゃと、ぼくは気合いが入った。かなり疲《つか》れていたが、絶対に負けるわけにはいかない。山沢君だって、そう思っているはずだ。

（勝ちをあせるな。相手玉を詰《つ》ますことよりも、自玉が詰まされないようにすることを第一に考えろ）

細心の注意を払《はら》って指していくうちに、形勢がぼくに傾《かたむ》いてきた。ただし、③頭が疲れすぎていて、目がチカチカする。指がふるえて、駒をまっすぐにおけない。

「残念だけど、今日はここまでにしよう」

ぼくに手番がまわってきたところで、有賀先生が対局時計を止めた。

「もうすぐ3時だからね」

そう言われて壁の時計を見ると、短針は「3」を指し、長針が「12」にかかっている。40分どころか、1時間半も対局していたのだ。

ぼくは盤面に視線を戻《もど》した。ぼくの玉はすでに相手陣《じん》に入っていて、詰ませられることはない。山沢君も入玉をねらっているが、10手あれば詰ませられそうな気がする。ただし手順がはっきり見えているわけではなかった。

「すごい勝負だったね。ぼくが将棋教室を始めてから一番の熱戦だった」

プロ五段の有賀先生から最高の※賛辞をもらったが、ぼくは詰み筋を懸命《けんめい》に探し続けた。

「※馬引《うまひ》きからの7手詰めだよ」

山沢君が悔《くや》しそうに言って、ぼくの馬を動かした。

「えっ？」

まさか山沢君が話しかけてくるとは思わなかったので、ぼくはうまく返事ができなかった。

「こうして、こうなって」

詰め将棋をするように、山沢君が盤上の駒を動かしていく。

「ほら、これで詰みだよ」

（なるほど、そのとおりだ）

頭のなかで答えながら、ぼくはあらためてメガネをかけた小学2年生の実力に感心していた。

エ　本を選ぶ決め手として、表紙や裏表紙、オビやキャッチコピィなどの表面的な情報を頼るしかないが、沢山の本を読むことで価値のある本を見極める力がついてくる。

二　次の文章を読んで、後の問いに答えなさい。

《ここまでのあらすじ》
「ぼく」は、転校をきっかけに野球をやめ、有賀《ありが》先生のいる将棋《しょうぎ》教室に通い始めて四か月になる。順調に実力をつけてきた「ぼく」だったが、アマチュア二段の実力をもつ年下の山沢《やまさわ》君に負けてしまった。

前回の将棋教室から2週間がたち、ぼくは自転車で公民館にむかった。母は、午後3時前に来てくれることになっていた。※介護施設《かいごしせつ》での昼食の支度《したく》と片付けがあるため、Aコースが始まる午後1時に来るのはどうしても無理だからだ。そのことは、母の携帯《けいたい》電話からのメールで、有賀先生に伝えていた。

この2週間、ぼくはひたすら※横歩取《よこふど》りを研究した。できれば、今日は山沢君とは対戦せずに、別の相手に研究の成果をぶつけてみたい。

ぼくは父と母にも山沢君のことを話していた。二人とも、ぼくが負けた相手が小学2年生だということに驚《おどろ》いていた。

「何回負けたって、いいんだぞ。おとうさんは、翔太《しょうた》が夢中になれるものを見つけたことがうれしいんだから」

「おかあさん、将棋は野球よりも、ずっと大変だと思うの。だって、野球なら、味方の活躍《かつやく》で勝つこともあるけど、将棋には味方がいないじゃない」

二人とも、駒《こま》の動かしかたすらわかっていないのだが、［ I ］的確なアドバイスなのがおもしろかった。

公民館に着いて、こども将棋教室がおこなわれる１０３号室に入ると、ぼくは挨拶《あいさつ》をした。

「こんにちは。お願いします」

①気合いが入りすぎて、いつもより大きな声が出た。

「おっ、いい挨拶だね。みんなも、野崎《のざき》君みたいにしっかり挨拶をしよう」

有賀先生が言ったのに、返事をした生徒はひとりもいなかった。先生も、困ったように頭をかいている。

※ファルコンズだったら、罰《ばつ》として全員で※ベースランニングをさせられるところだ。

（将棋一辺倒《いっぺんとう》じゃなくて、野球もやっててよかったよな）

ぼくは※航介《こうすけ》君のおとうさんと田坂監督《たさかかんとく》に胸のうちで感謝した。

朝霞《あさか》こども将棋教室では、最初の30分はクラス別に講義がおこなわれる。ぼくは初段になったので、今日から山沢君たちと同じ、一番上のクラスだ。ところが、有段者で来ているのはぼくと山沢君だけだった。

「そうなんだ。みんな、かぜをひいたり、※法事だったりでね」

講義のあとは、ぼくと山沢君が対戦し、2局目は有賀先生がぼくたち二人を相手に※二面指しをするという。前にも、先生が3人の生徒と同時に対局するところを見たが、手を読む速さに驚いた。プロが本気になったらどれほど強いのか、ぼくは想像もつかなかった。

「前回と同じ対局になってしまうけど、それでもいいかな？　先手は野崎君で」

「はい」

ぼくは自分を奮い立たせるように答えたが、山沢君はつまらなそうだった。

記号で答えなさい。

ア　自分で本を探すのではなく、インターネット上の情報を頼《たよ》りに本を選ぼうとしている人がとても多いことに対して驚《おどろ》いている。

イ　きかれてもいないのにわざわざインターネット上で本の紹《しょう》介《かい》を行っている人たちに対して、余計なお世話だという皮肉をこめている。

ウ　専門家でもないのにインターネット上に何の根拠《こんきょ》もない本の情報を掲載《けいさい》している人たちに対して、ひどく腹を立てている。

エ　自ら進んでインターネット上で本を推薦したり本のランキングを作成したりしている人に対して、その努力を尊敬している。

問五　――線③「当たり前」とありますが、どのようなことが「当たり前」だというのですか。最もよいものを次から選び、記号で答えなさい。

ア　日々出会う沢山の人の中から、自分の感覚や判断にもとづいて自分に合った人を選び人間関係を築いているように、本も自分の感覚や判断にもとづいて選ぶこと。

イ　出会ったり人に紹介されたりする沢山の人の中から、なんとなく顔見知りになったりして互いの距離を近くしていくように、本も自然な流れで判断して選ぶこと。

ウ　知合いや友達になっていく沢山の人の中から、個人の感覚やフィーリングで利益をもたらす人を判断し、選ぼうとすることと同様に、自分にとって有益な本を選ぶということ。

エ　友達になるとよいからと他人に紹介された人が、必ずしも自分の感覚に合うとは限らないことと同じように、自分が読む本を人に決めてもらわないこと。

問六　[　　]で囲んだ段落の本文中での役割として最もよいものを次から選び、記号で答えなさい。

ア　別の話題にすることで、くり返し述べてきた筆者の主張をいったん落ち着かせている。

イ　直前までに述べてきた筆者の主張にいったん区切りをつけ、新しい話題にしている。

ウ　別の角度から具体的な説明を行うことで、直前に述べた筆者の主張に厚みを持たせている。

エ　筆者の主張とは反対の意見を示すことで、筆者の主張の内容をよりきわ立たせている。

問七　本文中の［④］に入る文として最もよいものを次から選び、記号で答えなさい。

ア　本は、金を出すことによって初めて価値が生まれるものである

イ　本は、中身を読んでみないとその面白さはわからない

ウ　本を買う前に、面白い本かどうかを見極める必要がある

エ　本を読んだだけでは、まだ価値のある本かどうかわからない

問八　本文の内容を説明したものとして正しいものを次から一つ選び、記号で答えなさい。

ア　インターネット上で取り引きされる電子書籍は、紙の書籍より価値が低いものととらえられることが多く、それを受け入れることができないと考えている人はいまだに多い。

イ　普通、友達を選ぶときには、人の意見を聞いたりせずに、自分の感覚や判断だけを頼りに友達を選んでいるものであり、それは学校の先生を選べないことと同様である。

ウ　言葉が話せるようになるくらいに成長した子供であれば、大人が「この本を読みなさい」と読むべき本をあたえてはならず、読む本は自分で選ばせるべきである。

はっきりいって※ギャンブルである。

[Ⅲ]、まったく情報がないわけではない。知っている作家であれば、かなり当たる確率が高くなる。また、あらすじが裏表紙や折返しに書かれているものも多い。※オビには※キャッチコピィがある。なによりも、本のタイトルが、中身を※象徴《しょうちょう》しているはずだ（詐欺《さぎ》的《てき》なものも多数だが）。それらの少ないデータ、信頼性《しんらいせい》の低いデータから、※類推するしかない。

最初は、外れを引くことが多いかもしれないが、自分で選んでいれば、しだいにコツのようなものが身につく。なんとなく面白そうな香《かお》りがしたりするので、それを嗅《か》ぎ分けられるようになる（この表現はいささか※誇張《こちょう》である）。

（森《もり》　博嗣《ひろし》『読書の価値』）

※語注

セレブ…有名人。日本語ではお金持ちの有名人を表すことが多い。

ブログ…個人の日記など、インターネット上で公開される簡易なウェブサイトのこと。

フィーリング…心地。気分。

某…とある（名称《めいしょう》をわざとかくす場合に用いる語）。

知恵袋…インターネット上の、人々が質問したりそれに答えたりする場。

リアル書店…実店舗《じってんぽ》をもち、紙の書籍を売っている書店。ネット書店に対する語。

エッセイ…自由な形式で意見・感想などを述べた文章。随筆《ずいひつ》。

意義…その事がらにふさわしい価値。値うち。

擬似…本物と似ていること。

焦点…ここでは、物事のいちばん重要な点。

ギャンブル…かけ事。

オビ…表紙の下部に巻いてある、本の魅力《みりょく》をうったえる言葉が書かれた紙。

キャッチコピィ…人の注意をひくための広告文、宣伝文。

象徴…はっきりした姿や形がないものを、形があるもので表現すること。

類推…似ているものをもとにして、他のものをおしはかること。

誇張…実際よりも大げさに表現すること。

問一　〰〰線ⓐ〜ⓒのカタカナをそれぞれ漢字に直して書きなさい。

問二　本文中の[Ⅰ]〜[Ⅲ]に入る語として最もよいものをそれぞれ次から選び、記号で答えなさい。（ただし、同じ記号を二度使ってはいけません。）

ア　むしろ　　イ　だから　　ウ　では　　エ　ただ

問三　――線①「つい最近になって確立し普及したものなのである」とありますが、この部分の説明として最もよいものを次から選び、記号で答えなさい。

ア　最近ではデジタル関連技術の発達によって、有名人や知らない人にもすぐに接触《せっしょく》できるのと同様に、本と人との距離《きょり》も短くなった。

イ　印刷技術やデジタル関連技術が発達したことによって電子書籍が広く普及し、人が本を容易に手に取ることができるようになったのはつい最近のことである。

ウ　最近では印刷技術やデジタル関連技術の発達によって、有名な本から大昔の本まで、いつでもどんな場所にいても読むことが可能になった。

エ　紙の書籍にしろ電子書籍にしろ、印刷技術やデジタル関連技術の発達によって人が本を簡単に手に取れるようになったのはごく最近のことである。

問四　――線②「本当に大勢いらっしゃるのだ」とありますが、この表現にこめられた筆者の気持ちとして最もよいものを次から選び、

ったけれど、次の年の先生とは、おしゃべりをするようになったとか。

人と出会って、そういった人間関係を築くかどうかは、個人の感覚というか、※フィーリングである。自分に合った人、自分に有益になりそうな人を選ぶ。面白そうだ、楽しそうだ、いっしょに遊べそうだ、この人なら守ってくれる、この人となら長時間一緒《いっしょ》にいられる、といった小さな判断を、あなたが「自分で」しているということなのである。

［Ⅱ］、これとまったく同じように、あなたが自分で本を選ぶ、というのが最も基本的なやり方だ、と僕《ぼく》は思う。

そんな当たり前のこと、と感じるかもしれないけれど、否《いな》、その③当たり前が、なかなか実現できないのではないだろうか。特に、ネットが発達した現代では、「私が読みたい本を教えて下さい」といった質問が※某《ぼう》※知恵袋《ちえぶくろ》にⓑサンケンされるように、皆《みな》さん、迷える読者になっているのである。

本の選び方として、僕が指摘《してき》したいのはその一点だけ。とにかく、本は自分で選べ。それだけだ。

※リアル書店でも良いし、ネット書店でも良い。とにかく、面白そうな本がないかな、と選ぶ時間が大切だということである。人から聞いたから読むとか、誰かがすすめていたから読むとかではなく、自分の判断で選ぶこと。これがもの凄《すご》く重要なのだ。もう、本書のテーマはこの一点だと思っていただいてもかまわない。

これについては、※エッセイでも書いたことがある。写真の撮《と》り方に類似《るいじ》しているとも書いた。カメラは今はデジタルになって、あとで修整もできるし、誰でも簡単に写真が撮れるようになった。しかし、重要なことは、どこを撮るか、何を撮るか、という「着眼」なのである。ここを撮りなさい、あれをここから撮りなさい、と言われて撮っていたら、もうあなたの写真ではなくなる。あなたは機械になったといっても良い。

これと同様に、人から言われて本を読むのでは、見せられたもの、読まされたものになる。見たもの、読んだものではない、ということなのだ。

本は自分で選べ、というだけのことをくどくどと書いているわけだが、本当にこれが一番大切なことだ、と僕は考えている。

たとえば、子供に対してもそうだ。子供に本を選ばせる方が良い。幼稚園児《ようちえんじ》になるくらいの年齢《ねんれい》なら、つまり、言葉がしゃべれるようになったら、自分で選ばせる。絶対に大人が「これが面白そうだよ」などと言ってはいけない。自分で選ぶことが、本を読むことの大部分の※意義だといって良い。

さて、その次に大事なことは、その本を手に入れるために、自分の金を出すことである。これは、金を自分で稼《かせ》ぐようにならないと無意味かもしれないが、子供のお小遣《こづか》いも※擬似的《ぎじてき》な給料のようなものだから、だいたい、子供の場合も同様である(ただ、幼稚園児では適用外だろう)。

自分で稼いだのなら、金の価値がわかっているはずだ。どれくらいの時間、どの程度の労力でそれが得られるのか、それが「価値」の意味でもある。だから、それと交換《こうかん》して本を手に入れるということは、それだけ自分の持っているものを犠牲《ぎせい》にする行為《こうい》だから、さきほど書いた「自分で選ぶ」という点において真剣《しんけん》さが違ってくる。

本を選ぶことが、読書の大半の価値だと書いたが、金を出して交換しようと決意した瞬間《しゅんかん》が、その※焦点《しょうてん》となる。まさに真剣勝負といってもⓒカゴンではないだろう。

［④］。なのに、それと知らずに、その本を買うなんて、

2023年度 星野学園中学校

【国　語】〈進学第一回試験〉（五〇分）〈満点：一〇〇点〉

注意　一、字数制限のある問題では「、」や「。」や記号等も一字に数えます。
二、問題作成のため、一部本文を改めたところがあります。

[一] 次の文章を読んで、後の問いに答えなさい。

本との出会いは、つまり人との出会いと同じだ、ということをここまで書いてきた。したがって、本の選び方とは、人の選び方とほぼ等しい、と容易に想像ができただろう。

人の場合は、こちらが勝手に選んでも、相手にその気がなければ会うことは難しいが、本は、勝手に選べる。相手は拒否《きょひ》しない。どんな有名人でも、どんな※セレブでも、とっくに死んだ大昔の人でも、どこの誰《だれ》かもわからない人であっても、あなたが選べば、たちまち会える。お手軽といえばお手軽だが、これを実現しているのは、印刷技術やネットなどのデジタル関連技術によるもので、①つい最近になって確立し普及《ふきゅう》したものなのである。

多くの人は、本は昔からあって、ネットはつい最近だ、と反論したいところだろう。しかし、今のような印刷書籍《しょせき》が社会一般《いっぱん》に普及し始めるのは、日本でいえば明治になってからだし、沢山《たくさん》の本が出揃《でそろ》い、値段も手頃《てごろ》になり、書店がどこにでもあって、誰でも買えるようになったのは、戦後からだといっても良いだろう。ほんの数十年まえのことだといえる。電子書籍なんて新しいものはまだ受け入れられない、という人が多いようだけれど、表紙にカラーのイラストがある文庫本だって、ちょっとまえにはなかった。超《ちょう》新しいのだ。大差はない。

というわけで、本選びは、つまり人選びだと思ってⓐノゾめばよろしい、という話になる。[Ⅰ]、具体的に、誰を選べば良いのだろうか？

これは、はっきりいって、格段に難しい問題だ。本をよく読む人、読書が好きな人は、人に本をすすめることが大好きで、「面白《おもしろ》い本ない？」ときいてほしくてしかたがない。もう、手ぐすね引いて待っている感じだ。誰もきいてくれないから、ネットで自分から呟《つぶや》いたり、※ブログに推薦本《すいせんぼん》のコーナーや、面白い本ベスト一〇〇みたいなものを作っている人も、②本当に大勢いらっしゃるのだ。

しかし、ちょっと待ってもらいたい。普通、友達を選ぶときに、誰と友達になったら良いか、と人にきいただろうか？　私が推薦する友達ベストテンみたいなリストを用意している人がいただろうか？　あなたは今の友人と、どうやって友人になったのか、と考えてもらいたい。

それは、きっと、なんでもないきっかけで、たまたま、ちょっと話をしたら、という始まりだったのではないか。その出会いのとき、ちょっと話をしてみたら、なんとなく話が合って、また会うようになった、とか。

人は、常に沢山の人に出会っている。出会っているという感覚はたぶんない。すれ違《ちが》っただけとか、ちょっと頭を下げただけとか、言葉を交わしたとしても、その場限りのことだったりとか、その程度では「出会い」とは普通はいわない。しかし、そういった機会から、なんとなく顔見知りになり、もう少し近づいていく。お互《たが》いに近づこうとするから、自然に知合《しりあ》いや友人になる。

これは、友達だけではない。学校の先生のように、別のところで決定して、強制される出会いもあるけれど、それでも、自分に合うかどうかで、親密さは変わってくる。ある学年の先生とは仲良くなれなか

2023年度

星野学園中学校

▶解　答

※　編集上の都合により，進学第１回試験の解説は省略させていただきました。

算　数　＜進学第１回試験＞（50分）＜満点：100点＞

解　答

1　(1)　4　(2)　$\frac{21}{22}$　(3)　$6\frac{3}{4}$　(4)　$\frac{3}{7}$　(5)　200　(6)　231　2　(1)　23人　(2)　480g　(3)　6人　(4)　36個　(5)　1800円　(6)　1188m　(7)　60ページ　(8)　275m　(9)　30度　(10)　3.44cm²　3　(1)　5：4　(2)　54cm　4　(1)　15通り　(2)　23分　5　(1)　30cm²　(2)　62.5％

国　語　＜進学第１回試験＞（50分）＜満点：100点＞

解　答

一　**問1**　下記を参照のこと。　**問2**　Ⅰ　ウ　Ⅱ　イ　Ⅲ　エ　**問3**　エ　**問4**　イ　**問5**　ア　**問6**　ウ　**問7**　イ　**問8**　ウ　二　**問1**　イ　**問2**　Ⓐ　エ　Ⓑ　ウ　**問3**　ウ　**問4**　ア　**問5**　イ，エ　**問6**　イ　**問7**　ア　**問8**　ウ　三　下記を参照のこと。　四　**1**　千　**2**　二　**3**　万　**4**　五　**5**　四　五　**1**　おっしゃい(おっしゃり)　**2**　さしあげ　**3**　まいり　**4**　いただき　**5**　めしあがって　六　**1**　冬　**2**　夏　**3**　秋　**4**　春　**5**　春

●漢字の書き取り

一　**問1**　ⓐ　臨(めば)　ⓑ　散見　ⓒ　過言　三　**1**　委ねる　**2**　破ける　**3**　就職　**4**　閉口　**5**　操縦

2023年度 星野学園中学校

【算　数】〈理数選抜第２回試験〉（50分）〈満点：100点〉

1　次の各問いに答えなさい。

（１）$\frac{3}{5} \div \frac{9}{10} - \frac{4}{7} \times \frac{1}{6}$　を計算しなさい。

（２）$\left\{5\frac{1}{4} \div 0.75 - \left(0.7 + \frac{4}{5}\right)\right\} \div 2.2$　を計算しなさい。

（３）$1\frac{7}{30} - 0.125 \times \left(\frac{3}{5} - \frac{1}{3}\right) - \left(1.13 - \frac{1}{3} \div \frac{25}{51}\right)$　を計算しなさい。

（４）次の $\square$ にあてはまる数を求めなさい。

$$150 - \left\{17 + \left(5.2 + 3\frac{2}{5} - \square\right) \div 1\frac{1}{5}\right\} \times 6 = 18$$

（５）６で割っても８で割っても２余る３けたの整数のうち，最も大きい数はいくつですか。

（６）赤，白，黒，青，緑，黄，茶の７色から異なる２色を選ぶとき，色の選び方は全部で何通りありますか。

（７）ゆり子さんは，ある本を３日かけて読みました。１日目は，全体の $\frac{5}{12}$ を読み，２日目に残りの $\frac{4}{7}$ を読みました。３日目には，すでに読んだ15ページ分を再び読み，さらに残り全てを読みました。３日目に読んだページ数が全体の $\frac{1}{3}$ であるとき，本は全体で何ページですか。

（８） 次のように，ある規則に従って左から数を並べます。

$\frac{1}{1}, \frac{1}{2}, \frac{2}{1}, \frac{1}{3}, \frac{2}{2}, \frac{3}{1}, \frac{1}{4}, \frac{2}{3}, \frac{3}{2}, \frac{4}{1}, \frac{1}{5}, \frac{2}{4}, \frac{3}{3}, \cdots\cdots$

例えば，左から数えて８番目の数は $\frac{2}{3}$ です。約分したときに１となる数が５回目に出てくるのは，左から数えて何番目ですか。

（９） しんじさんは家から競技場へ行くために，家から競技場近くの駐車場までは車で時速 40 km で進み，駐車場から競技場までは時速３km で歩きました。家から競技場までの道のりは 22.5 km で 43 分かかりました。車で進んだ道のりは何 km ですか。

(10) 右の図の四角形ＡＢＣＤは，辺ＡＤと辺ＢＣが平行である台形です。図のように辺ＢＣ上に㋐の角の大きさが 90° となるように点Ｅをとるとき，台形ＡＢＣＤの面積は何 cm^2 ですか。

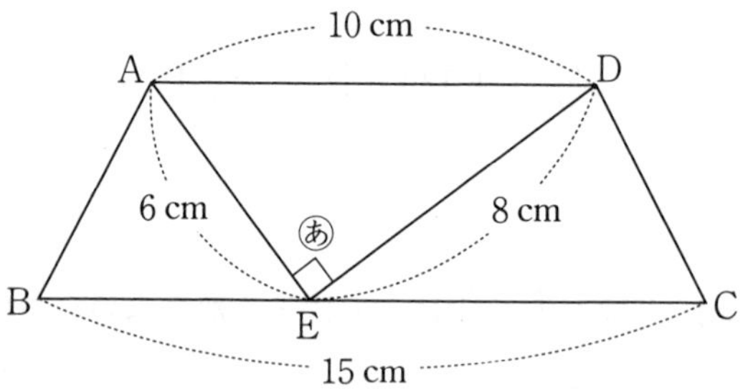

(11) 右の図１は，底面が正方形で高さが 24 cm のふたのない直方体の容器が水平な床に置いてあるところを正面から見たもので，16 cm の深さまで水が入っています。これを底面の１辺を床につけたまま図２のように傾けたところ，64 cm^3 の水がこぼれました。この容器の底面の正方形の面積は何 cm^2 ですか。

図１

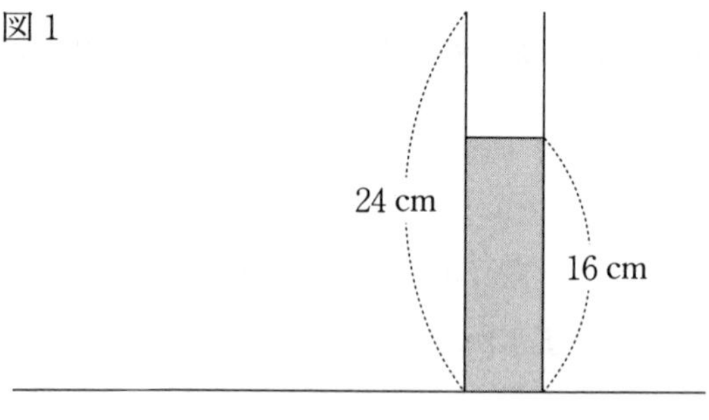

図２

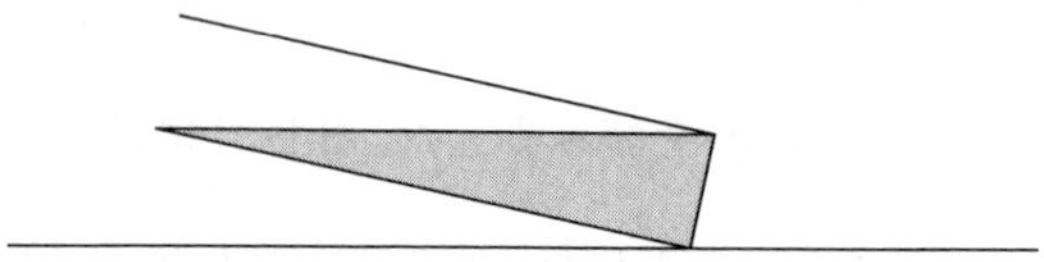

2 あおいさんは両親と兄と弟の５人家族です。父は母より４才年上で，現在，家族の年令の和は116才です。５年後，あおいさんを除いた家族４人の年令の和は124才になります。このとき，次の各問いに答えなさい。

（１） あおいさんの現在の年令は何才ですか。

（２） 10年前に弟は生まれていなかったので，家族の年令の和は68才でした。現在，弟は何才ですか。

（３） 10年前，父の年令は子ども達の年令の和の４倍でした。両親の年令の和と子ども達の年令の和が４：３になるのは，現在から何年後ですか。

3 右の図のように直角三角形ＡＢＣの辺ＢＣ上に点Ｄをとり，点Ａと結びます。このとき，次の各問いに答えなさい。

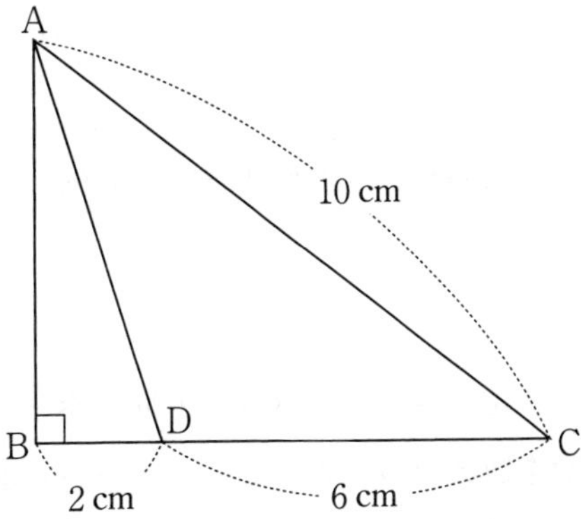

（１） 三角形ＡＤＣの面積は三角形ＡＢＣの面積の何倍ですか。

（２） 右の図のように直角三角形ＢＣＥをかき，辺ＢＥが辺ＡＣ，ＡＤと交わった点をＦ，Ｇとします。
また，辺ＢＣ上にＡＢとＦＨが平行になるように点Ｈをとります。
ＢＨ：ＨＣ＝３：１，ＦＨ＝1.5 cm のとき，
三角形ＥＣＦの面積は何 cm^2 ですか。

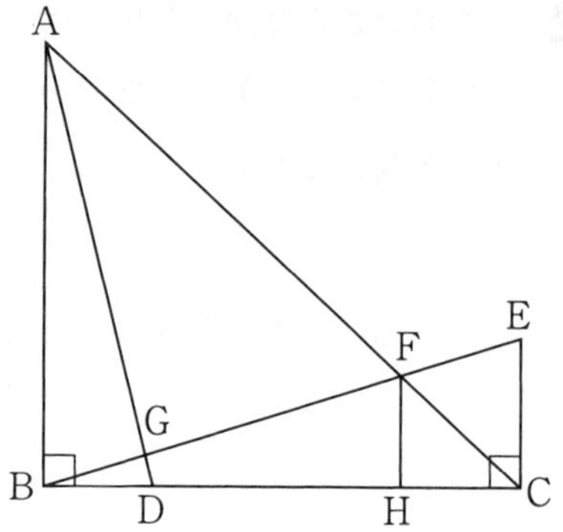

（３） （２）のとき，三角形ＡＢＧの面積は，四角形ＧＤＨＦの面積より何 cm^2 大きいですか。

4 Ａさんが新幹線のホームの長さを測るために，一定の歩幅でホームを歩きました。自分の歩幅を 60 cm と仮定して，歩数を数え計算したところ，ホームの長さは 432 m になりました。このとき，次の各問いに答えなさい。

（注）ホームとはプラットホーム（乗降場）のことである。

（１） Ａさんの歩いた歩数は何歩ですか。

（２） Ａさんに続いて，Ｂさんも同じホームを，Ａさんと同じように歩幅を 60 cm と仮定して，歩数を数え計算したところ，ホームの長さは 486 m になりました。そこで，実際に２人の歩幅を調べたところ，Ａさんの歩幅がＢさんの歩幅よりも７cm 長いことが分かりました。このとき，ホームの正しい長さは何 m ですか。ただし，求め方や途《と》中《ちゅう》計算も解答用紙に書きなさい。

【社　会】〈理数選抜第２回試験〉（理科と合わせて60分）〈満点：50点〉

1　日本には多くの博物館があります。博物館に関連した以下の問いに答えなさい。

問１　福井県にある恐竜《きょうりゅう》博物館は、地質《ちしつ》・古生物《こせいぶつ》学博物館として国内最大級と言われています。［図Ⅰ］はこの博物館の周辺の地形図です。［図Ⅱ］は［図Ⅰ］上のⒶ地点からⒷ地点までの断面を示したものです。［図Ⅱ］を示すⒶとⒷを結んだ線として正しいものはどれですか。［図Ⅰ］上の**ア**～**エ**の中から１つ選び、記号で答えなさい。

［図Ⅰ］

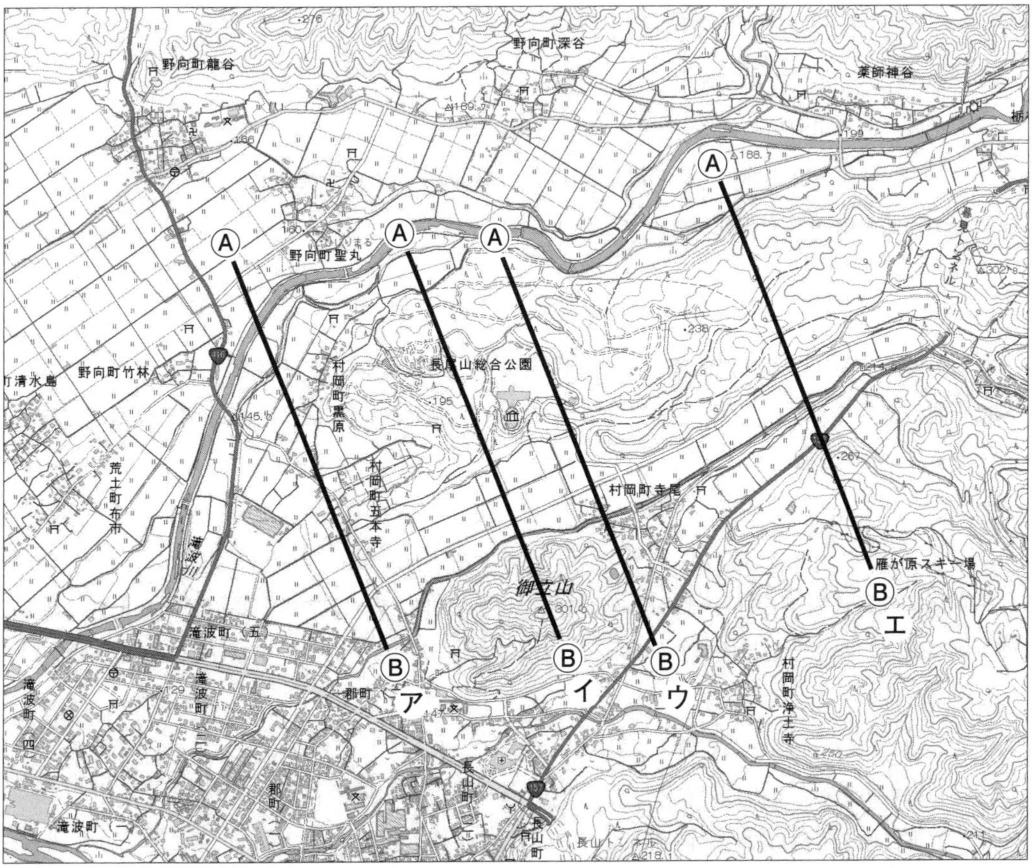

［図Ⅱ］

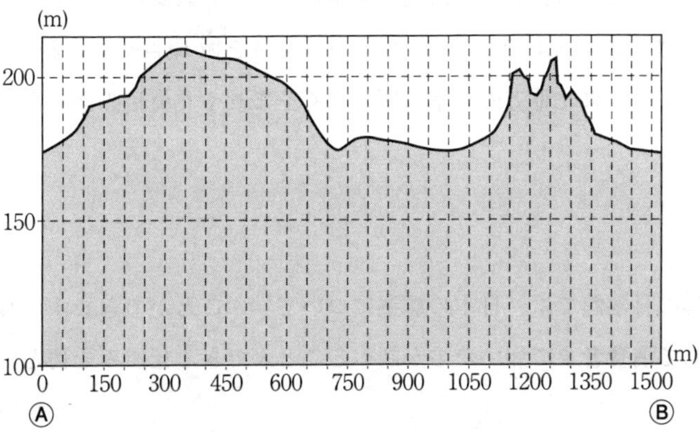

問２　兵庫県にある明石《あかし》市立天文科学館は、日本標準時子午線《ひょうじゅんじしごせん》上にある施設《しせつ》です。この明石市で、2023年１月13日午前10時のとき、標準時子午線が西経75度のニューヨークは何月何日何時になりますか。午前・午後のいずれかを丸《まる》で囲《かこ》み、解答欄《らん》に合うように答えなさい。

問３　岡山県には瀬戸内《せとうち》市立美術館があります。この美術館がある瀬戸内海沿岸にはいくつもの工業都市が点在《てんざい》しています。瀬戸内工業地域に関する説明として正しいものを、次の中から１つ選び、記号で答えなさい。

ア．徳島県の今治《いまばり》では繊維《せんい》産業が盛んである。
イ．倉敷《くらしき》の高梁《たかはし》川河口の砂丘《さきゅう》地帯に掘《ほ》りこみ式の港をつくり、工業用地とした。
ウ．福山《ふくやま》・坂出《さかいで》を結ぶ瀬戸大橋の開通により、四国の工場の数が増加した。
エ．山口県の周南《しゅうなん》に石油化学コンビナートがつくられた。

問４　北海道にある国立アイヌ民族《みんぞく》博物館は「民族共生象徴空間《きょうせいしょうちょうくうかん》」と呼ばれています。この民族共生象徴空間の別名でもあり、もともとアイヌ語で「おおぜいで歌うこと」を意味する言葉は何ですか。カタカナ４字で答えなさい。

問５　東京都にある気象科学館《きしょうかがくかん》には、日本の気象や自然災害について学べる展示があります。日本の自然災害について述べた文としてまちがっているものを、次の中から１つ選び、記号で答えなさい。

ア．二百十日《にひゃくとおか》は、立春《りっしゅん》から数えて210日目の日で、９月１日ごろをさし、このころ台風がよく発生し風水害《ふうすいがい》が起こるといわれる。
イ．雪害《せつがい》に備えるために、北陸《ほくりく》地方などでは消雪《しょうせつ》パイプをもうけている。
ウ．干害《かんがい》の多いところとしては、瀬戸内海《せとないかい》周辺の地域があげられる。
エ．霜害《そうがい》に備えて作物をビニールでおおい、ファンで空気を循環《じゅんかん》させている。
オ．冷害《れいがい》の原因としては、東北地方の日本海側に吹くやませや北海道の南東部で発生する濃霧《のうむ》などがある。

問６　茨城県にある食《しょく》と農《のう》の科学館では、日本の農業について学ぶことができます。食品がいつどこで生産され、どのようにして消費者まで届いたのか調べることができる仕組みを何といいますか。カタカナで答えなさい。

問７　高知県にある桂浜《かつらはま》水族館では、近海《きんかい》の魚たちや漁業について学びを深めるとともに、コツメカワウソに好物《こうぶつ》であるアジなどのエサをやる体験《たいけん》が出来ます。アジやサンマなどをとる際《さい》に用いられる、強い光で魚を呼び寄せて行う漁法として正しいものを、次の中から１つ選び、記号で答えなさい。

ア．棒《ぼう》受けあみ漁　　イ．底引《そこび》きあみ漁　　ウ．定置《ていち》あみ漁　　エ．一本づり漁

問８　愛知県名古屋《なごや》市にある名古屋海洋博物館《かいようはくぶつかん》は、名古屋港の歴史をはじめ、海・港・船などを多岐《たき》にわたって紹介する総合博物館です。これに関して、港別の主要貿易品目（2020年）を示した下のグラフのうち、名古屋港の主要貿易品目を表すものはどれですか。次の中から１つ選び、記号で答えなさい。

ア．

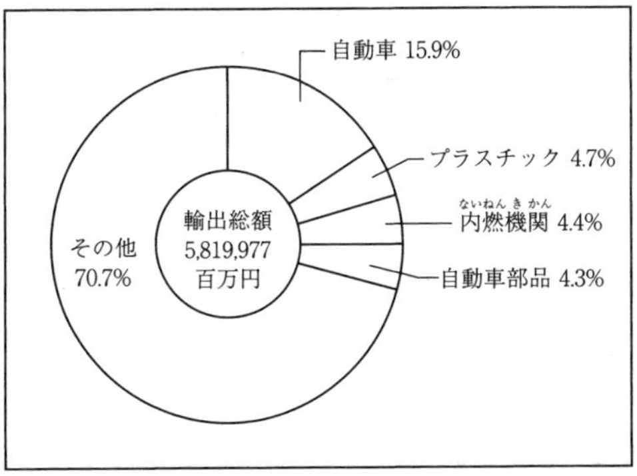

イ．

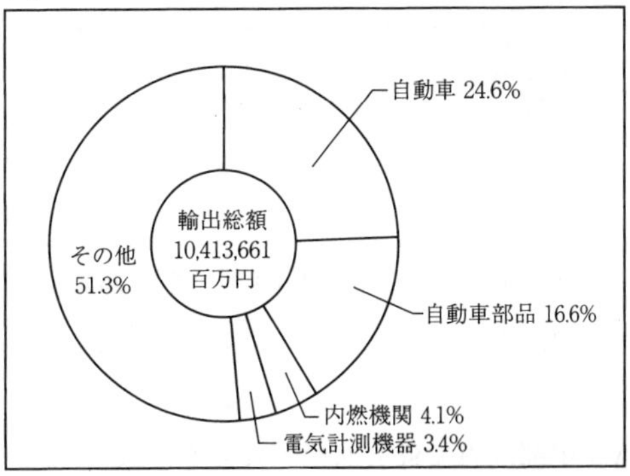

ウ．

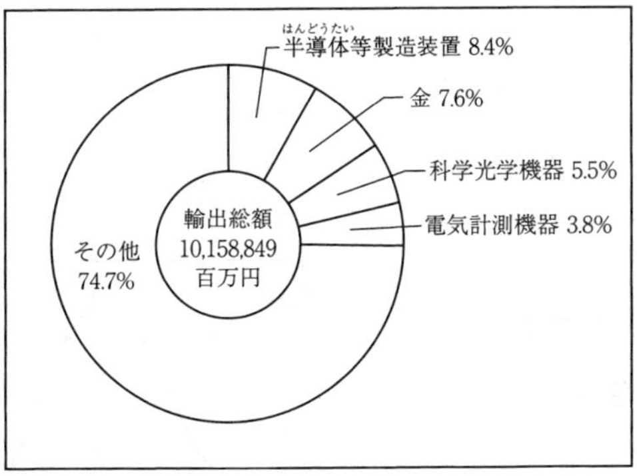

エ．

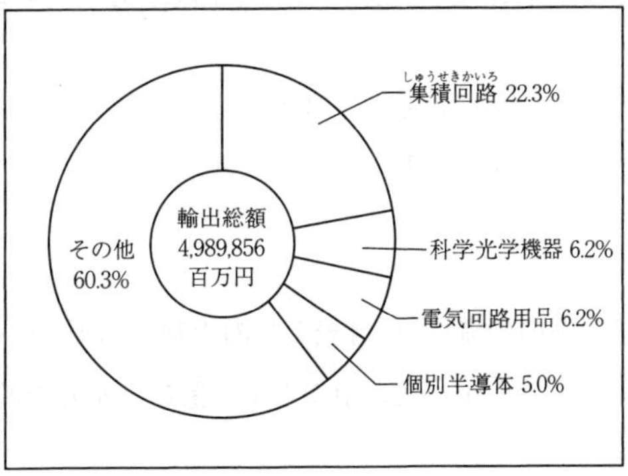

（出典『日本国勢図会2022／23』）

問９　次の［表１］は、博物館数の上位10都道府県を示したものです。これに関して、以下の問いに答えなさい。

［表１］博物館数（2021年度　上位10都道府県）

博物館区分／都道府県	総合博物館	科学博物館	歴史博物館	美術博物館	野外博物館	動物園	植物園	動植物園	水族館	計
東京	10	11	41	45	1	3	—	—	2	113
A	13	4	29	39	1	—	—	—	—	86
北海道	20	6	13	18	3	3	—	—	3	66
神奈川	12	4	9	17	3	3	1	—	2	51
B	3	5	24	10	1	—	—	—	1	44
静岡	—	3	16	16	—	3	—	2	3	43
愛知	2	3	14	18	—	1	—	2	3	43
京都	2	2	18	15	—	1	—	—	—	38
大阪	2	4	17	10	1	1	2	—	1	38
新潟	7	—	11	16	—	—	1	—	2	37
全国	159	100	476	456	18	36	11	7	43	1,306

（出典　政府統計の総合窓口 e-Stat）

（１）　次の各文は、［表１］のＡ・Ｂにあてはまる県についてそれぞれ説明しています。Ａ・Ｂの県名の組み合わせとして正しいものを、下のア～エの中から１つ選び、記号で答えなさい。

Ａ：中部地方で最も面積が大きく、八ヶ岳山《やつがたけさん》ろくの野辺山原《のべやまはら》では高原野菜《こうげんやさい》の栽培がさかんである。
Ｂ：日本有数《ゆうすう》の漁港である銚子《ちょうし》港があり、東京湾アクアラインで神奈川県と結ばれている。

ア．Ａ＝長野　　Ｂ＝千葉　　　イ．Ａ＝岐阜　　Ｂ＝茨城
ウ．Ａ＝長野　　Ｂ＝茨城　　　エ．Ａ＝岐阜　　Ｂ＝千葉

（２）　右の雨温図は、［表１］内の都道府県の中の、どの都市のものですか。次の中から１つ選び、記号で答えなさい。

ア．浜松　　イ．札幌
ウ．新潟　　エ．横浜

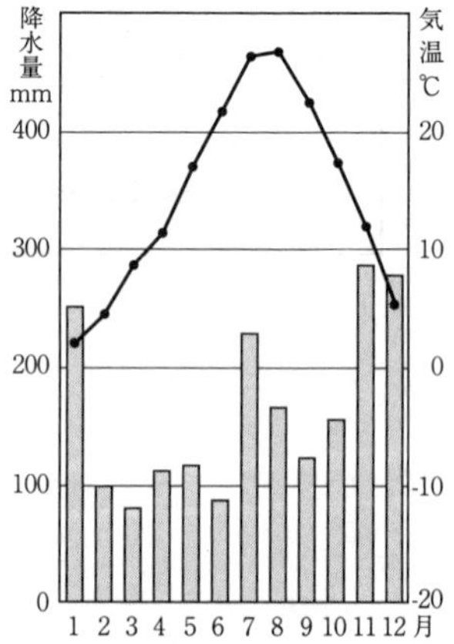

1年の平均気温14.5℃
1年の降水量1952mm

（出典　気象庁ＨＰ）

（３）［表１］にもある通り、博物館数が日本で最も多いのは東京都ですが、最も少ない都道府県の一つが青森県です。次のグラフは、東京都と青森県における年齢別人口を表しています。東京都と青森県の20～24歳の人口が多いのはどちらですか。また、なぜ多いと考えられますか。［グラフⅢ］を参考にしながら、下の語句を全て使って、解答欄に合うように40字以内で記述して説明しなさい。なお、出生率、死亡率の変化は考えなくてよいものとします。

地方　　　流入

［グラフⅠ］　2020年　東京都

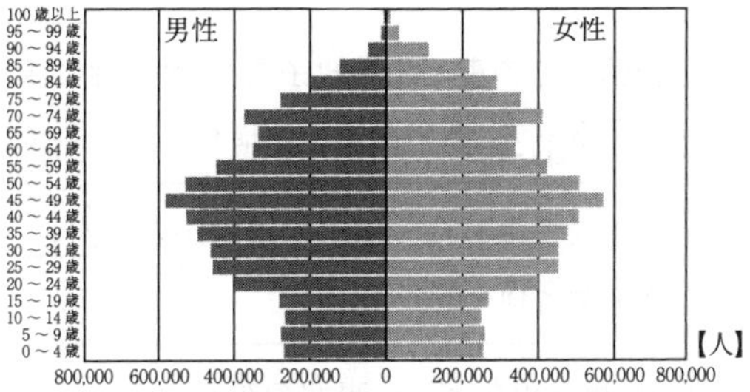

［グラフⅡ］　2020年　青森県

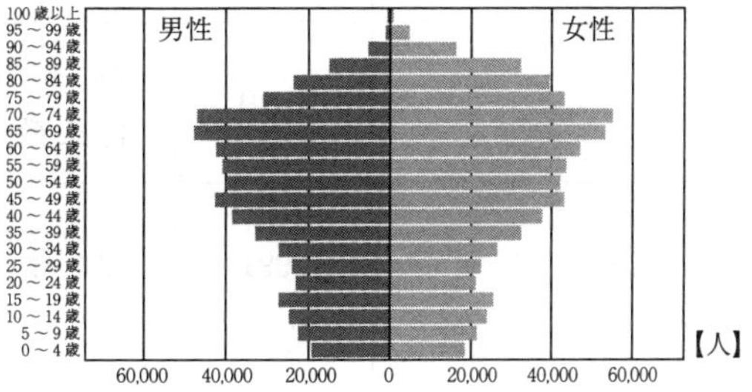

［グラフⅢ］　2019年 都道府県別大学学校数

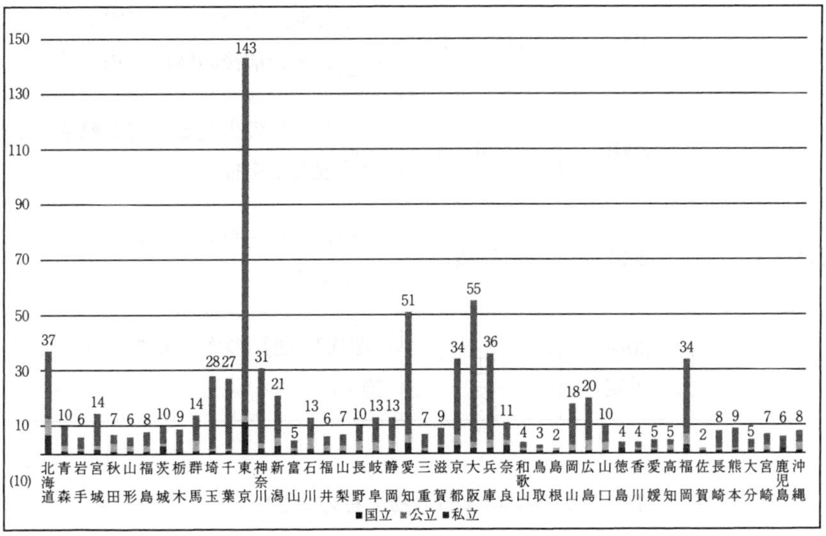

（出典　総務省統計局）

2 昨年「鎌倉殿《かまくらどの》の13人」が話題になったＮＨＫの大河《たいが》ドラマについて、以下の問いに答えなさい。

Ａ 次の表は、過去に放送された、または今後放送される予定の大河ドラマの一部です。この表を見て、以下の問いに答えなさい。

	タイトル	放送年	主人公	備　考
1	風と雲と虹《にじ》と	1976	（　Ⅰ　）	（　Ⅰ　）の乱と藤原純友《ふじわらのすみとも》の乱を描《えが》く。 （　Ⅰ　）は、やがて中央政府に反抗し、関東地方のほとんどを支配下に入れ、「新皇《しんのう》」と称《しょう》した。
2	草燃《も》える	1979	源頼朝《みなもとのよりとも》・ 北条政子《ほうじょうまさこ》	源頼朝とその妻・北条政子の生涯《しょうがい》を軸《じく》に源平《げんぺい》合戦《かっせん》から①承久《じょうきゅう》の乱までを描く。
3	太平記《たいへいき》	1991	足利尊氏《あしかがたかうじ》	足利尊氏を中心に、幕府の滅亡から②南北朝《なんぼくちょう》の内乱《ないらん》期を描く。
4	炎《ほむら》立つ	1993～94	藤原清衡《ふじわらのきよひら》	奥州藤原《おうしゅうふじわら》氏など、③東北の視点《してん》から、平安時代末期《まっき》の東北の100年の歴史を描く。
5	花の乱	1994	日野富子《ひのとみこ》	将軍足利義政《あしかがよしまさ》の妻・日野富子を中心に、④応仁《おうにん》の乱とその前後の時期を描く。
6	（　Ⅱ　）	2001	（　Ⅱ　）	（　Ⅱ　）の生涯と、彼が執権《しっけん》のときに起こった元寇《げんこう》などを描く。
7	鎌倉殿の13人	2022	北条義時《ほうじょうよしとき》	源頼朝に仕えた北条義時を中心とする13人の家《か》臣《しん》を描く。
8	光る君《きみ》へ	2024 (予定)	（　Ⅲ　）	『源氏物語《げんじものがたり》』の作者である（　Ⅲ　）の生涯を描く。

問１ 表中の（　Ⅰ　）～（　Ⅲ　）にあてはまる人物を答えなさい。

問２　表中の①承久の乱、②南北朝の内乱、④応仁の乱それぞれに関係の深い人物やことがらの組み合わせとして正しいものを、次の中から１つ選び、記号で答えなさい。

ア．①六波羅探題《ろくはらたんだい》の設置　②後醍醐《ごだいご》天皇　④細川勝元《ほそかわかつもと》
イ．①後鳥羽上皇《ごとばじょうこう》　②足利義満《よしみつ》　④貧窮問答歌《ひんきゅうもんどうか》の成立
ウ．①後白河《ごしらかわ》上皇　②聖武《しょうむ》天皇　④日宋貿易《にっそうぼうえき》の開始
エ．①正長《しょうちょう》の土一揆《どいっき》の発生　②大海人皇子《おおあまのおうじ》　④浄土教《じょうどきょう》の流行
オ．①白河上皇　②室町幕府の滅亡《めつぼう》　④後三条《ごさんじょう》天皇

問３　③東北について、東北地方にある遺跡《いせき》や歴史的建造物《れきしてきけんぞうぶつ》と時代の組み合わせとして正しいものを、次の中から１つ選び、記号で答えなさい。

ア．三内丸山《さんないまるやま》遺跡―弥生《やよい》時代　イ．中尊寺金色堂《ちゅうそんじこんじきどう》―平安《へいあん》時代
ウ．吉野ケ里《よしのがり》遺跡―縄文《じょうもん》時代　エ．岩宿《いわじゅく》遺跡―旧石器《きゅうせっき》時代
オ．大仙古墳《だいせんこふん》―古墳時代　カ．平等院鳳凰堂《びょうどういんほうおうどう》―飛鳥《あすか》時代

問４　「日出《ひい》づるところの天子《てんし》」というタイトルの大河ドラマを作ることになったと仮定《かてい》します。このドラマの主人公は、６世紀末から７世紀初めにかけて、当時の天皇の補佐役《ほさやく》として活躍《かつやく》した歴史上の人物です。この人物がおこなった国内外の政策として以下の（あ）～（え）の短文の内容の正誤《せいご》を判定した場合、正しい組み合わせを、ア～オから１つ選び、記号で答えなさい。

（あ）豪族《ごうぞく》たちの役人としての上下関係を明確にさせるとともに、家柄《いえがら》ではなく、能力によって役人に取り立てるため冠位十二階《かんいじゅうにかい》を制定した。また、中国の明《みん》と国交を開き、朝貢《ちょうこう》という形式で貿易を開始した。

（い）地方の政治をひきしめるために、国司《こくし》の監督《かんとく》をきびしくする役人を置いたり、東北地方の平定《へいてい》のために、坂上田村麻呂《さかのうえのたむらまろ》を征夷大将軍《せいいたいしょうぐん》に任命して兵を送った。

（う）小野妹子《おののいもこ》らを遣隋使《けんずいし》としてつかわし、隋の政治のしくみや文化などを取り入れようとした。この人物の時代を中心に、飛鳥《あすか》文化と呼ばれる日本で最初の仏教文化がおこった。このころの代表的な寺院に、四天王寺《してんのうじ》や法隆寺《ほうりゅうじ》がある。

（え）仏教の力で国内を安定させようとして、国分寺《こくぶんじ》や大仏をつくらせた。さらに大仏づくりにはげしく反対していた行基《ぎょうき》を都から追放するとともに、協力的な道鏡《どうきょう》を重く用いた。

ア．(あ) 誤　(い) 正　(う) 誤　(え) 正

イ．(あ) 正　(い) 誤　(う) 正　(え) 誤

ウ．(あ) 誤　(い) 誤　(う) 誤　(え) 正

エ．(あ) 正　(い) 正　(う) 正　(え) 誤

オ．(あ) 誤　(い) 誤　(う) 正　(え) 誤

B　ＮＨＫの大河ドラマに関する、以下の問いに答えなさい。

問５　2020年から2021年にかけて放映された「麒麟《きりん》がくる」では、織田信長《おだのぶなが》に仕えた明智光秀《あけちみつひで》を主人公に、物語《ものがたり》が展開《てんかい》されました。次にあげる織田信長についての説明文[Ⅰ]～[Ⅳ]を、古い順に並べたとき、正しいものを、次の中から１つ選び、記号で答えなさい。

[Ⅰ]　徳川家康《とくがわいえやす》と手を結び、大量の鉄砲《てっぽう》を使用し、武田勝頼《たけだかつより》の軍に勝利した。

[Ⅱ]　桶狭間《おけはざま》の戦いで、今川義元《いまがわよしもと》を破《やぶ》った。

[Ⅲ]　琵琶《びわ》湖の南東岸の安土《あづち》山に山城《やまじろ》を築城《ちくじょう》した。

[Ⅳ]　足利義昭《あしかがよしあき》を京都から追放《ついほう》し、室町《むろまち》幕府を滅《ほろ》ぼした。

ア．[Ⅱ]→[Ⅳ]→[Ⅰ]→[Ⅲ]　　イ．[Ⅰ]→[Ⅱ]→[Ⅲ]→[Ⅳ]

ウ．[Ⅱ]→[Ⅰ]→[Ⅳ]→[Ⅲ]　　エ．[Ⅲ]→[Ⅱ]→[Ⅰ]→[Ⅳ]

問６　2000年に放映された「葵《あおい》　徳川三代《とくがわさんだい》」では、徳川家康・徳川秀忠《ひでただ》・徳川家光《いえみつ》による江戸幕府《えどばくふ》の立ち上げの時期が舞台《ぶたい》となりました。この時期、幕府はキリスト教の禁止や鎖国《さこく》へと政策《せいさく》を転換《てんかん》させていきました。幕府が政策を転換した主な理由について述べた文の中で、まちがっているものを、次の中から１つ選び、記号で答えなさい。

ア．西国《さいごく》のキリシタン大名《だいみょう》らが海外との貿易を行うことで、経済力《けいざいりょく》を高めることを恐《おそ》れたため。

イ．幕府が貿易を独占《どくせん》することで、日本独自《どくじ》の産業や文化を発達《はったつ》させようとしたため。

ウ．キリスト教の教えである神の前での平等《びょうどう》が、幕府の支配にとって都合《つごう》が悪かったため。

エ．キリスト教の布教《ふきょう》を通じて、スペインやポルトガルが日本の植民地《しょくみんち》化を図《はか》る恐れがあったため。

問７　1995年に放映された「八代将軍吉宗《よしむね》」は、徳川吉宗を主人公にした大河ドラマでした。徳川吉宗は、キリスト教に関係のない西洋《せいよう》の学問書《がくもんしょ》などの輸入《ゆにゅう》制限《せいげん》を緩《ゆる》める政策をおこないました。これにより、蘭学《らんがく》（洋学）が発達しました。蘭学の発達について述べた文の中で、正しいものを、次の中から１つ選び、記号で答えなさい。

ア．間宮林蔵《まみやりんぞう》が、幕府の命令により全国の海岸《かいがん》線を歩いて測量《そくりょう》し、正確《せいかく》な日本地図を作り上げた。

イ．オランダ商館《しょうかん》の医師として来日したドイツ人のシーボルトが長崎《ながさき》に松下村塾《しょうかそんじゅく》を開き、多くの日本人に医学や洋学を教えた。

ウ．杉田玄白《すぎたげんぱく》と前野良沢《まえのりょうたく》らによってオランダ語の解剖《かいぼう》書が翻訳《ほんやく》され、『解体新書《かいたいしんしょ》』として出版された。

エ．蘭学者の青木昆陽《あおきこんよう》が、飢饉《ききん》のときの食物としてじゃがいもの栽培《さいばい》の研究《けんきゅう》をし、甘藷《かんしょ》先生と呼ばれた。

問８　2013年に放映された大河ドラマ「八重《やえ》の桜《さくら》」には、岩倉使節《いわくらしせつ》団とともに渡米《とべい》した日本初の女子留《りゅう》学生《がくせい》の一人で、女子英学塾《じょしえいがくじゅく》を創立した人物が登場しています。この人物はだれですか。答えなさい。

問９　2010年に放映された大河ドラマ「龍馬伝《りょうまでん》」に登場する陸奥宗光《むつむねみつ》は、後に外務大臣《がいむだいじん》になり、不平等条約《じょうやく》の一部改正に成功しました。陸奥が外務大臣を務めている頃に発生した出来事の名前と、その講和《こうわ》条約の内容として正しいものを、次の中から１つ選び、記号で答えなさい。

ア．出来事…日露《にちろ》戦争
　　内　容…日本は、ロシアの独立を認める。

イ．出来事…日清《にっしん》戦争
　　内　容…遼東《りょうとう》半島・台湾《たいわん》・澎湖《ほうこ》諸島を日本の領土とする。

ウ．出来事…第一次世界大戦《だいいちじせかいたいせん》
　　内　容…中国は、日本に２億両《テール》の賠償金《ばいしょうきん》を支払う。

エ．出来事…盧溝橋《ろこうきょう》事件
　　内　容…中国は、南満州《みなみまんしゅう》などにある鉱山《こうざん》の採掘権《さいくつけん》を、日本人にゆずる。

問10　2015年に放映された大河ドラマ「花《はな》燃《も》ゆ」の主人公の杉文《すぎふみ》は楫取素彦《かとりもとひこ》を支えた人物として知られていますが、楫取のゆかりの地として、富岡製糸場《とみおかせいしじょう》が挙《あ》げられます。この富岡製糸場が操業《そうぎょう》を開始した年と同じ年に日本で起きた出来事として正しいものを、次の中から１つ選び、記号で答えなさい。

ア．大日本帝国憲法《だいにっぽんていこくけんぽう》の発布《はっぷ》
イ．普通選挙法《ふつうせんきょほう》の成立
ウ．学制の公布《こうふ》
エ．ラジオ放送の開始

問11　1986年に放映された「いのち」は、1945年から1985年前後を描いた大河ドラマです。このドラマでは実際に起きた出来事が多く描かれていました。これに関し、1970年代に２度、産油国《さんゆこく》の石油の減産《げんさん》や価格の引き上げによって生じた世界的な経済的混乱を何といいますか。答えなさい。

3　次のＡ～Ｃの文章を読んで、以下の問いに答えなさい。

A

生徒：高齢者《こうれいしゃ》がバスの車内で転倒する事故が多いと聞きました。
先生：そうらしいね。自分の行動が遅《おそ》いと思っている高齢者が、他の乗客の迷惑《めいわく》になったりしないようにあわてて行動するのも一因《いちいん》らしいよ。
生徒：そうなんですか。高齢者が、バスや改札《かいさつ》、レジで「ゆっくり行動する権利」が認められるといいですね。
先生：日本国憲法制定時には想定されていなかったけれど、社会の変化に伴《ともな》って徐々《じょじょ》に認められてきた権利がある。こういう権利は①憲法第13条が根拠条文になることが多い。「ゆっくり行動する権利」も高齢化がもっと進むと認められるかもしれないね。
生徒：本当のことを言うと、私も自動改札の前で高齢者がカバンの中を探しているのをみると、いつもイライラしていました。早くしないと電車が来ちゃうのにって。反省しなければいけないですね。
先生：だれもが生きやすいやさしい社会をつくりたいね。
生徒：権利や人権についてもっとくわしく勉強したいと思います。
先生：②ひとことで権利や人権と言っても内容がみんな違うからね。

問１　下線部①について、以下は憲法第13条の条文です。空欄（　１　）・（　２　）に入る語句を条文通りに答えなさい。

「すべて国民は、個人として尊重《そんちょう》される。生命《せいめい》、自由及び（　１　）に対する国民の権利については、（　２　）に反しない限り、立法《りっぽう》その他の国政《こくせい》の上で、最大の尊重を必要とする。」

問２　下線部②に関連して、勤労権《きんろうけん》、団結《だんけつ》権、教育を受ける権利、学問の自由の４つの権利を、「勤労権・団結権・教育を受ける権利」と「学問の自由」とに分けた場合、何を理由に分けたと考えられますか。最も適切な説明を次の中から１つ選び、記号で答えなさい。

ア.「勤労権・団結権・教育を受ける権利」は身体の自由にかかわる権利であるが、「学問の自由」は精神の自由にかかわる権利であるから。
イ.「勤労権・団結権・教育を受ける権利」は大日本帝国憲法から認められていた権利であるが、「学問の自由」は日本国憲法になって認められた権利であるから。
ウ.「勤労権・団結権・教育を受ける権利」は社会権であるが、「学問の自由」は自由権であるから。
エ.「勤労権・団結権・教育を受ける権利」は法の下の平等にかかわる権利であるが、「学問の自由」は自由権なので法の下の平等にかかわらないから。

B

日本国憲法では、三権分立の考え方に基づき、国会が立法権を、内閣が行政権を、③裁判所が司法権を持つと規定《きてい》されている。そのうち、国会と内閣の関係に関しては、④内閣が、国会の信任のもとに成立し、国会に対して連帯《れんたい》責任を負う議院内閣制が採用されている。

問３　下線部③について、刑事《けいじ》裁判において、検察官《けんさつかん》によって訴えられ裁判にかけられた者は何とよばれますか、漢字３字で答えなさい。

問４　下線部④について、議院内閣制に直接は関連しないしくみとして正しいものを、次の中から１つ選び、記号で答えなさい。

ア．衆議院は、内閣不信任を決議《けつぎ》することができる。
イ．内閣総理大臣は、国会議員の中から国会が指名する。
ウ．国会は、弾劾《だんがい》裁判所を設けることができる。
エ．内閣は、衆議院を解散することができる。

C

> 2022年３月以降、ニューヨーク外国為替《かわせ》市場《しじょう》でドルに対して急激な [a] が進んだ。外国為替市場で、自分が持つ円を売ってドルを買う人が増えれば、市場で円の供給が増えるため [b] になり、逆にドルを売って円を買う人が増えると、市場で円の需要が増えるため [c] になる。
> [a] が進んだ背景《はいけい》には、⑤アメリカの中央銀行にあたるＦＲＢ（連邦《れんぽう》準備制度理事会）が金利を引き上げたのに対して、日本銀行は金利が低いままにしたことがある。ドルで資金を運用《うんよう》した方がより多くの利子を得ることができるため、外国為替市場で円を売ってドルを買う動きにつながった。

問５　空欄 [a] ～ [c] にあてはまる語句の組み合わせとして正しいものを、次の中から１つ選び、記号で答えなさい。

ア．	a：円高	b：円高	c：円安
イ．	a：円高	b：円安	c：円高
ウ．	a：円安	b：円高	c：円安
エ．	a：円安	b：円安	c：円高

問６　下線部⑤について、ＦＲＢ（連邦準備制度理事会）が金利を上げる理由として正しいものを、次の中から１つ選び、記号で答えなさい。

ア．世の中に出回るお金の量を増やして、インフレを抑《おさ》えるため。
イ．世の中に出回るお金の量を減らして、インフレを抑えるため。
ウ．世の中に出回るお金の量を増やして、デフレを抜け出すため。
エ．世の中に出回るお金の量を減らして、デフレを抜け出すため。

【理　科】〈理数選抜第２回試験〉（社会と合わせて60分）〈満点：50点〉

1　空気中にある酸素は、ほかの物質と結びつくとき、光や熱を出す性質があります。これが、ものが燃えるということです。ものが燃える反応について、次の問いに答えなさい。

おもさのちがうスチールウールをそれぞれ空気中で加熱しました。表１は加熱する前後でのスチールウールのおもさを表したものです。

表１

加熱する前のおもさ［g］	1	2	3	4
加熱した後のおもさ［g］	1.4	2.8	X	5.6

問１　スチールウールを空気中で加熱すると、どのように燃えますか。正しいものを次のア～ウから１つ選び、記号で答えなさい。

ア．赤い炎（ほのお）を出して激しく燃える。
イ．赤くなりながら炎を出さずに燃える。
ウ．青白い光を出して激しく燃える。

問２　加熱後のスチールウールの性質として、次の①～③のそれぞれについて正しいものを１つずつ選び、記号で答えなさい。

①　色
　ア．白　　イ．黒　　ウ．銀

②　磁石を近づける
　ア．くっつかない　　イ．くっつく

③　電流を流す
　ア．流れる　　イ．流れない

問３　表１のＸにあてはまる数字を小数第一位まで答えなさい。

水素が２[ｇ]燃えるとき、16[ｇ]の酸素が使われて、18[ｇ]の水が生じます。また、炭素が12[ｇ]燃えるとき、32[ｇ]の酸素が使われて、44[ｇ]の二酸化炭素が生じます。

問４　水素が３[ｇ]燃えるとき、使われる酸素は何[ｇ]ですか。整数で答えなさい。

問５　炭素が３[ｇ]燃えるとき、生じる二酸化炭素は何[ｇ]ですか。整数で答えなさい。

プロパン、メタンという水素と炭素からできている気体があります。これらの気体はよく燃え、燃料として用いられることがあります。プロパンが4.4[ｇ]燃えるとき、13.2[ｇ]の二酸化炭素と、7.2[ｇ]の水が生じます。

問６　プロパンが4.4[ｇ]燃えるときに使われる酸素は何[ｇ]ですか。整数で答えなさい。

問７　プロパンにふくまれる水素と炭素のおもさの比を、もっとも簡単な整数の比で答えなさい。

メタンは、メタンハイドレートという形で、近年、日本の近海の海底にたくさんあることがわかっています。そのつくりは、メタンと水が結びつくことでできた、氷のような構造です。気体のメタンと同じように、火を近づけるとよく燃えるので「燃える氷」と呼ばれています。メタンハイドレートを燃やした場合に生じる二酸化炭素は、石炭や石油を燃やすよりも約30[％]ほど少なく、次世代エネルギー資源として期待されています。メタンが1.6[ｇ]燃えるとき、4.4[ｇ]の二酸化炭素と3.6[ｇ]の水が生じます。一方、メタンハイドレートが12[ｇ]燃えるとき、4.4[ｇ]の二酸化炭素と14[ｇ]の水が生じます。

問８　メタンハイドレート12[ｇ]中にふくまれる水のおもさは何[ｇ]ですか。小数第一位まで答えなさい。

2　アサガオについて、次の問いに答えなさい。ただし、漢字で書けるものは漢字で答えなさい。

問１　アサガオのくきはどのように支柱に巻き付きますか。次のア、イからどちらか選び、記号で答えなさい。

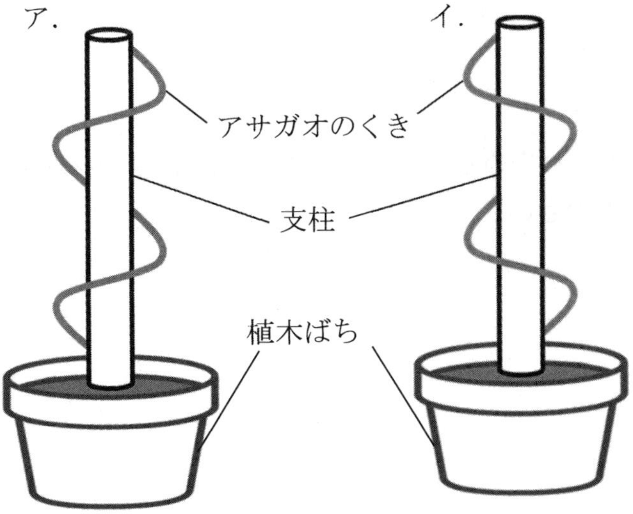

問２　アサガオは、１つの花の中におしべとめしべが両方そろっている両性花です。両性花を次のア～オから２つ選び、記号で答えなさい。

ア．ヘチマ　　イ．イネ　　ウ．マツ　　エ．キュウリ　　オ．サクラ

問３　アサガオの花びらは、図１のように、花びらが分かれておらず、くっついています。このような花を何といいますか。

図１

問４　アサガオのように、花びらが分かれておらず、くっついている植物を次のア～エから１つ選び、記号で答えなさい。

ア．ヘチマ　　イ．サクラ　　ウ．エンドウ　　エ．アブラナ

問５　花びらは、おしべやめしべを守ること以外にも役割があります。その役割を15字以内で説明しなさい。

〈実験１〉次の日に開花しそうなアサガオのつぼみを使い、表１のＡ～Ｆのような状態にして、１週間後に実ができるかを調べました。ただし、表１の中の図はつぼみの断面を示したものです。

表１

A	B	C
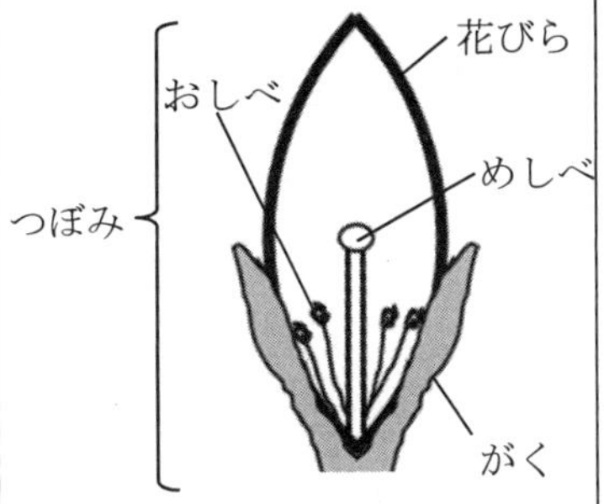	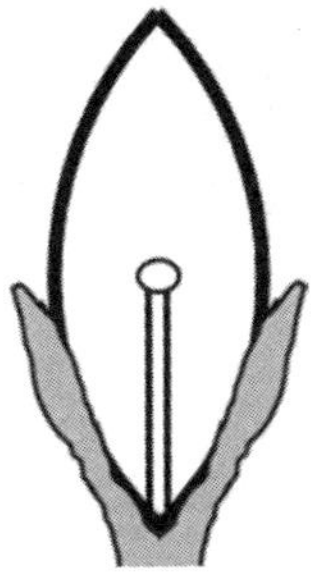	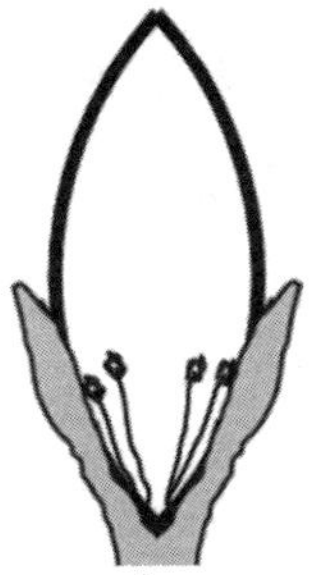
そのままにした。	つぼみの状態で、おしべを取った。	つぼみの状態で、めしべを取った。

D	E	F
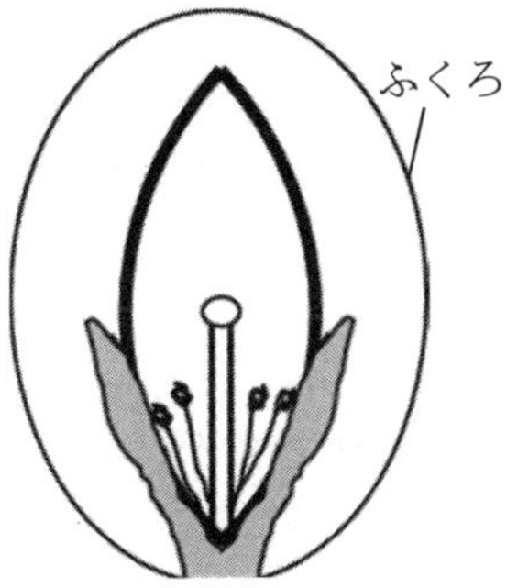	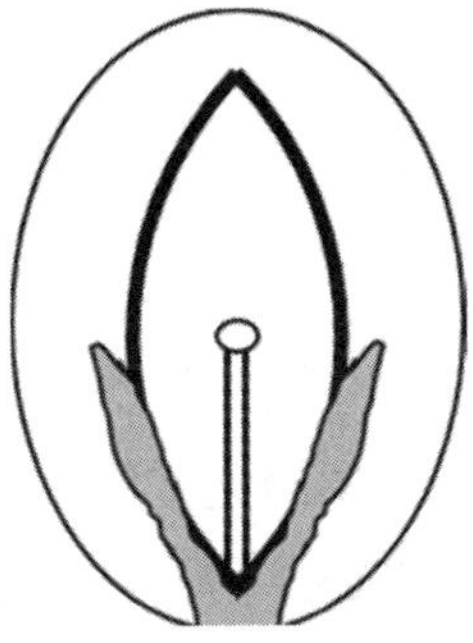	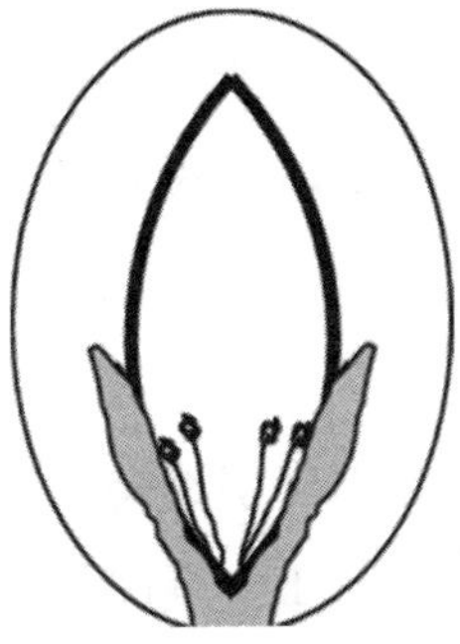
そのままにして、ふくろをかぶせた。	つぼみの状態でおしべを取って、すぐにふくろをかぶせた。	つぼみの状態でめしべを取って、すぐにふくろをかぶせた。

〈結果〉１週間後、Ａ、Ｂ、Ｄには実ができ、Ｃ、Ｅ、Ｆには実ができませんでした。

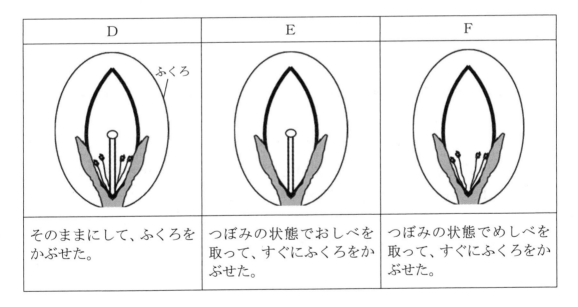

問６　実になるのは、花のどの部分ですか。次のア～エから１つ選び、記号で答えなさい。

ア．おしべの先の部分　　イ．おしべのもとの部分
ウ．めしべの先の部分　　エ．めしべのもとの部分

問７　アサガオが、ほかのアサガオの花からの花粉を受粉して実ができることを確認するには、表１のＡ～Ｆのうち、どれとどれを比べればよいですか。

3　火山について、次の問いに答えなさい。ただし、漢字で書けるものは漢字で答えなさい。

問１　火山の噴火(ふんか)によって地上に降り積もる火山灰のつぶは、次のア～エのうち、どれと同じくらいの大きさですか。もっともふさわしいものを１つ選び、記号で答えなさい。

ア．メダカの卵　　イ．サケの卵　　ウ．ニワトリの卵　　エ．ダチョウの卵

問２　マグマが地表に近いところで急に冷えて固まった岩石はどれですか。次のア～エから１つ選び、記号で答えなさい。

ア．安山岩　　イ．でい岩　　ウ．石灰岩　　エ．花こう岩

問３　火山灰、よう岩、火山ガスがまとまって山のしゃ面を一気に高速で流れおりる現象を何といいますか。

問４　1991年に長崎県で大きな被害(ひがい)をもたらした、問３の現象が発生した山を、次のア～エから１つ選び、記号で答えなさい。

ア．昭和新山(しょうわしんざん)　　イ．浅間山(あさまやま)
ウ．雲仙普賢岳(うんぜんふげんだけ)　　エ．赤城山(あかぎさん)

問５　火山の噴火によって生じた地層を次のア～エから２つ選び、記号で答えなさい。

ア．関東ローム層　　イ．れき岩層　　ウ．ぎょう灰岩層　　エ．石灰岩層

問６　気象庁は全国の火山を対象にして、火山の観測をもとに火山の噴火を予測し、噴火警戒(けいかい)レベルを発表しています。次の（　①　）～（　③　）に入る警戒レベルのキーワードを次のア～ウからそれぞれ選び、記号で答えなさい。

レベル１：活火山であることに留意
レベル２：（　①　）
レベル３：（　②　）
レベル４：（　③　）
レベル５：避難(ひなん)

ア．入山規制　　イ．高れい者等避難　　ウ．火口周辺規制

表１はマグマのねばりけ（強い、中間、弱い）と噴火のようす、火山の形についてまとめたものです。

表１

マグマのねばりけ	噴火のようす	火山の形
強い	①	④
中間	②	⑤
弱い	③	⑥

問７　表１の①〜③に入る噴火のようすを説明した文を次のア〜ウからそれぞれ選び、記号で答えなさい。

ア．激しくばく発的な噴火をする。
イ．よう岩が地表に流れ出るようなおだやかな噴火をする。
ウ．よう岩と火山灰が交互(こうご)に重なるような噴火をする。

問８　表１の④〜⑥に入る火山の形を次のア〜ウからそれぞれ選び、記号で答えなさい。

ア

イ
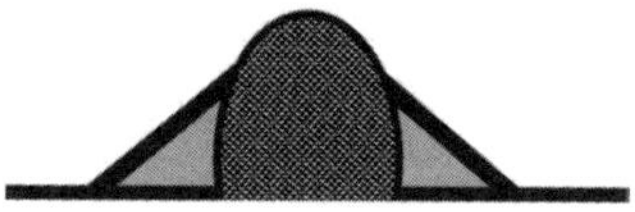

ウ

問９　地面にしみこんだ雨水などが、地下の岩石の割れ目を通って、マグマだまりの近くまで達すると、マグマの熱によって熱せられ、とても温度の高い水や水蒸気となります。地熱による発電は、この水蒸気を使って発電機を動かすことで電気をつくっています。このことから、太陽光による発電と同じように、地熱による発電は化石燃料を利用せず、再生可能エネルギーを利用した発電方法であるといえます。地熱による発電の優れているところを太陽光による発電と比べて、50字以内で説明しなさい。

4 磁石と電磁石の性質について、次の問いに答えなさい。ただし、漢字で書けるものは漢字で答えなさい。

永久磁石（N極、S極が変わらない磁石）を図１のように自由に動くようにつるしました。

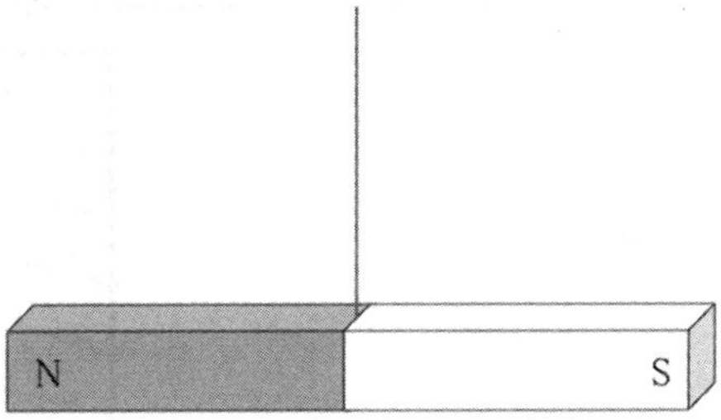

図１

問１　つるした永久磁石のまわりには、ほかの磁石や電流がながれるものはありませんでした。N極は東西南北のどの方角をさして止まりますか。

問２　問１の結果から、地球全体を大きな磁石とみることができます。地球の南極は磁石のN極、S極のどちらといえますか。

問３　つるしていた糸が切れ、地面に落ちたはずみに、永久磁石は図２のように２つに割れてしまいました。このとき、S極はどこですか。ア～カからすべて選び、記号で答えなさい。

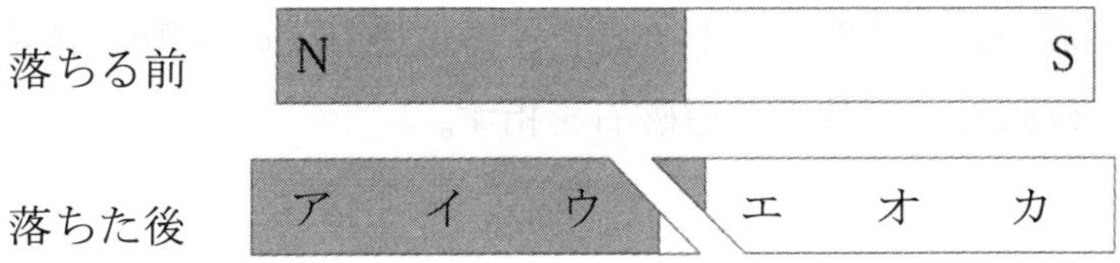

図２

〈実験１〉　電磁石、電池、豆電球、検流計をつないで回路を作りました。２つの方位磁針を図３のようにおくと、方位磁針①のＮ極が電磁石を指しました。

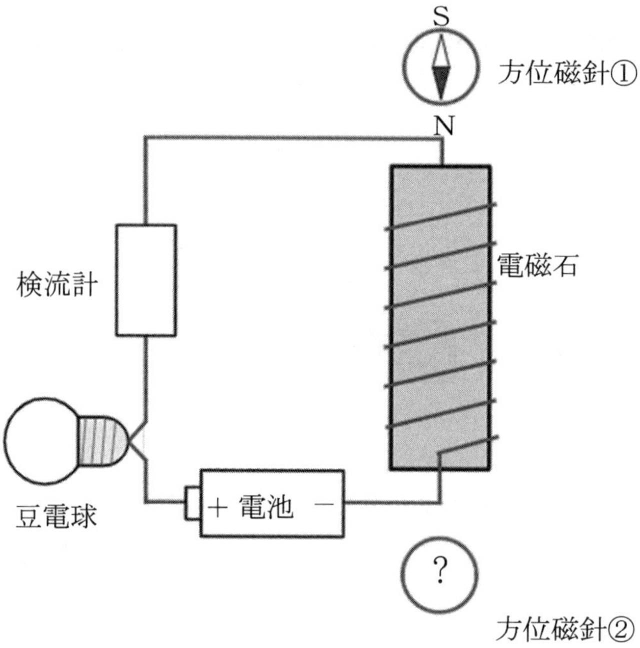

図３

問４　実験１に関連した以下の文章について、正しいものはどれですか。次のア～エからすべて選び、記号で答えなさい。

ア．電磁石のしんは鉄、銅、アルミニウムのどれを使ってもよい。
イ．電池の向きを逆向きにつなぐと、方位磁針①のＳ極が電磁石を指す。
ウ．豆電球と検流計の位置を入れかえると、方位磁針①のＳ極が電磁石を指す。
エ．図３では方位磁針②のＳ極が電磁石を指す。

問５　リニアモーターカーは磁石の力を利用して車体を動かしています。ここでは永久磁石を固定した車体が、レールから外れずに動くときを考えます。レールのまわりにも永久磁石を固定します。車体がＡの方向に進むものはどれですか。次のア～エから１つ選び、記号で答えなさい。ただし、次の図はリニアモーターカーを上から見たようすです。

ア

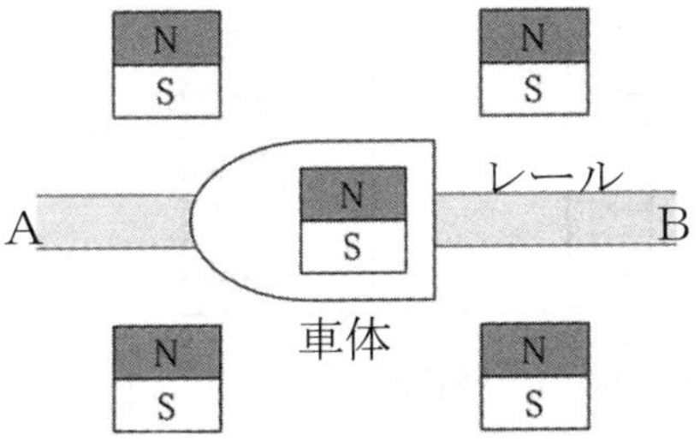

イ

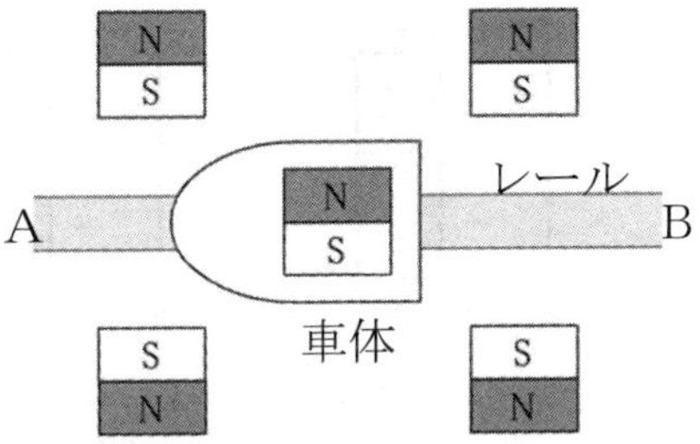

ウ

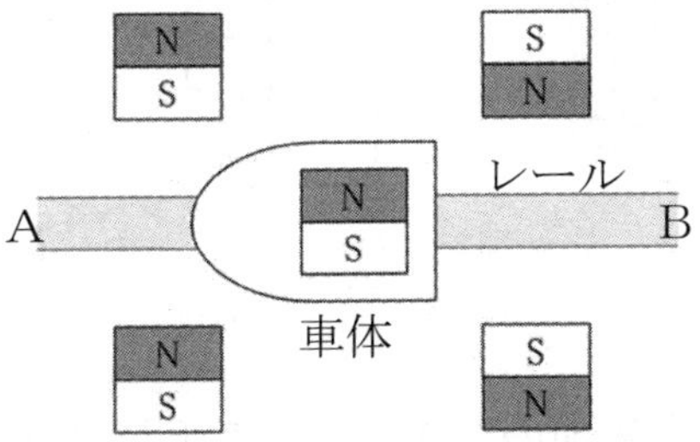

エ

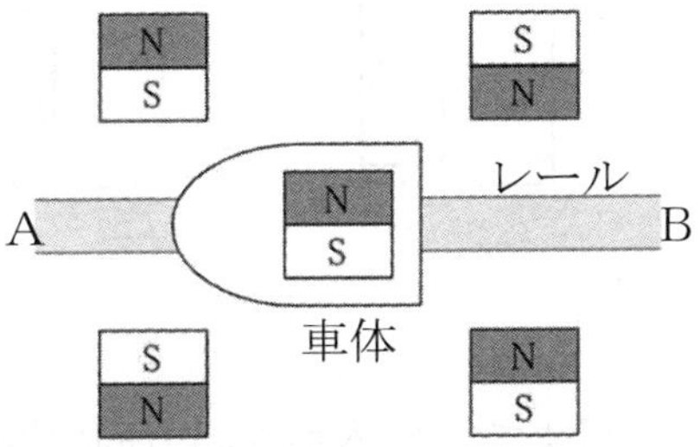

リニアモーターカーが進み続けるためには、車体の永久磁石がレールのまわりの磁石の前を通過するたびに工夫が必要です。レールの両側に電磁石をおく場合を考えます。図４はそのようすを上から見ています。車体には電池がとりつけられ、一体となって動きます。電磁石につながるエナメル線（—●）と電池につながるエナメル線（—○）が重なると、電磁石には電流が流れます。車体はレールの上をなめらかに動きます。

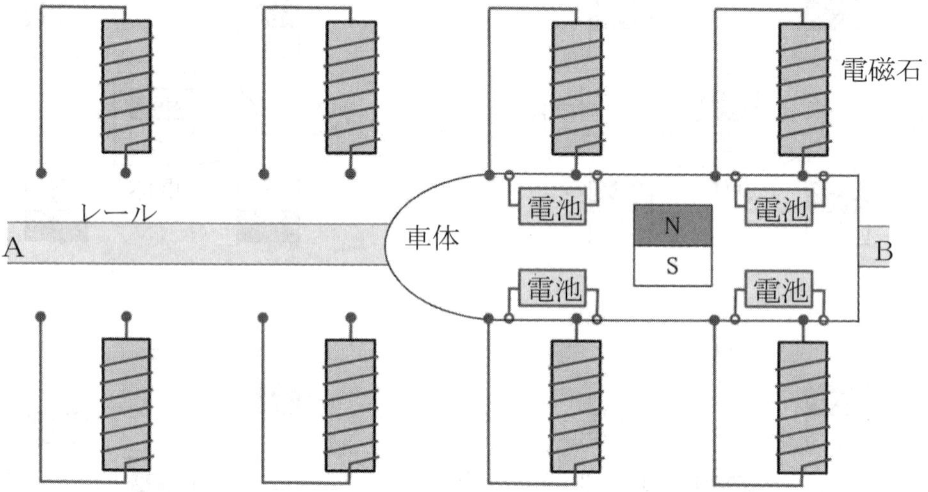

図４

問６　図４で、車体がAの方向に進み続けるような電池のおき方として正しいものはどれですか。実験１の結果を参考にして、次のア～エから１つ選び、記号で答えなさい。

ア

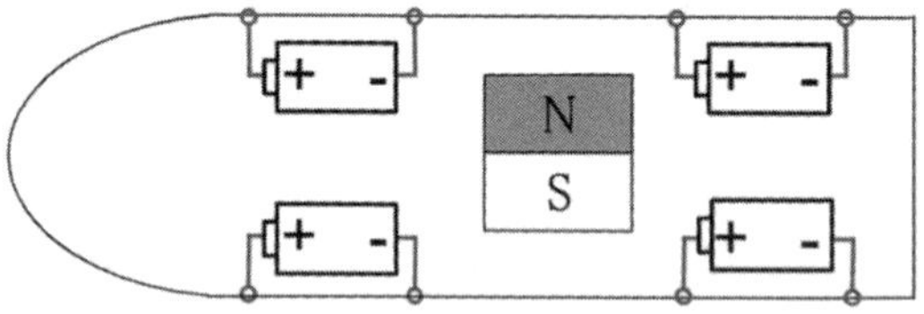

イ

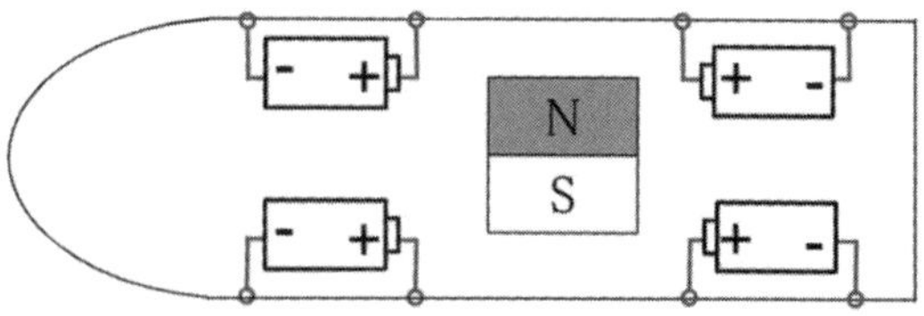

ウ

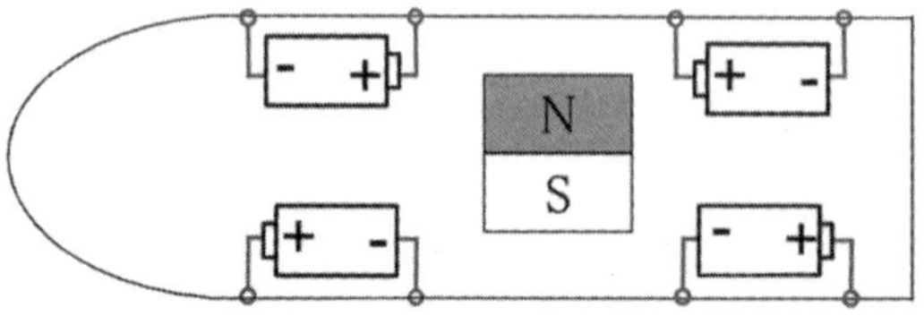

エ

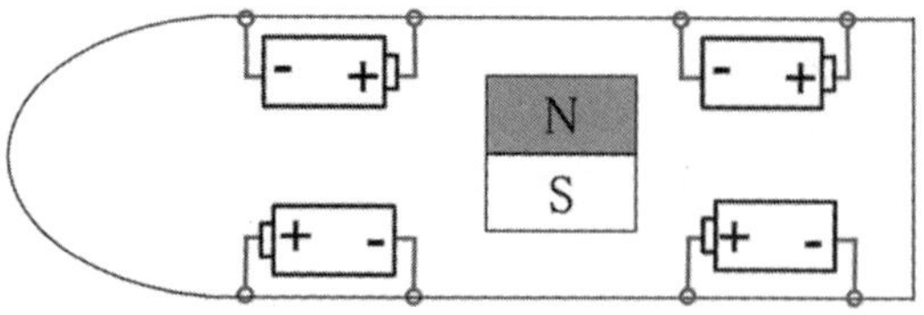

日本で建設が進められているリニア中央新幹線の速さは時速 500[km]となる予定です。リニアモーターカーをより速く移動させる方法について考えます。

問７　レールのまわりにおいた電磁石による力が強くなれば、車体はより速く移動できます。図４と比べたときに電磁石が強くなるような工夫として正しいものはどれですか。次のア～エからすべて選び、記号で答えなさい。

ア

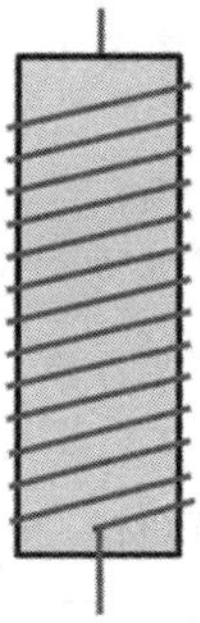

コイルの巻き数を増やす

イ

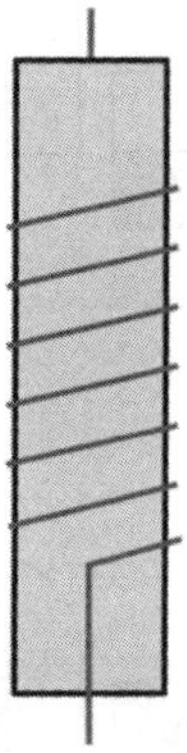

電磁石の鉄しんを長くする

ウ

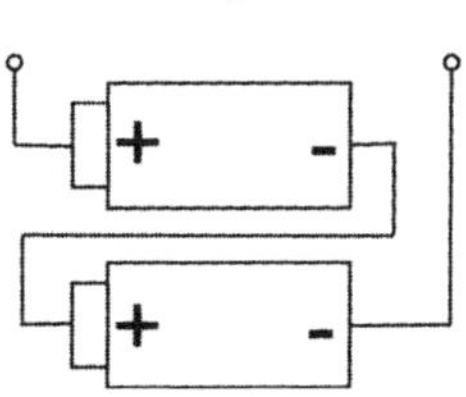

車体で２つの電池を直列につなぐ

エ

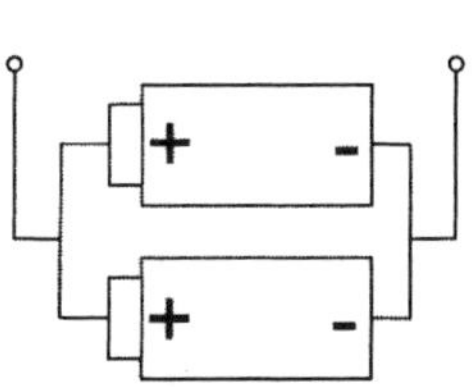

車体で２つの電池を並列につなぐ

問８　リニアモーターカーは車体をうかせて地面と車体の間のまさつをなくすことで速く移動できるようになります。車体の中に永久磁石を固定し、車体の両側にも永久磁石を固定する場合を考えます。車体が上にうくような永久磁石のおき方としてもっとも正しいものはどれですか。次のア～エから１つ選び、記号で答えなさい。ただし、次の図はリニアモーターカーを正面から見たようすです。

ア

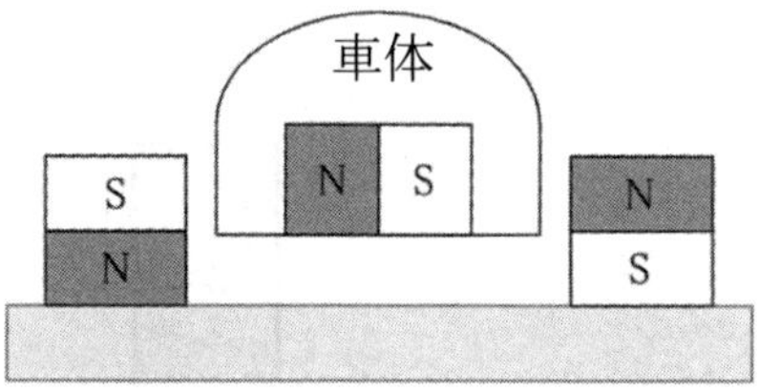

イ

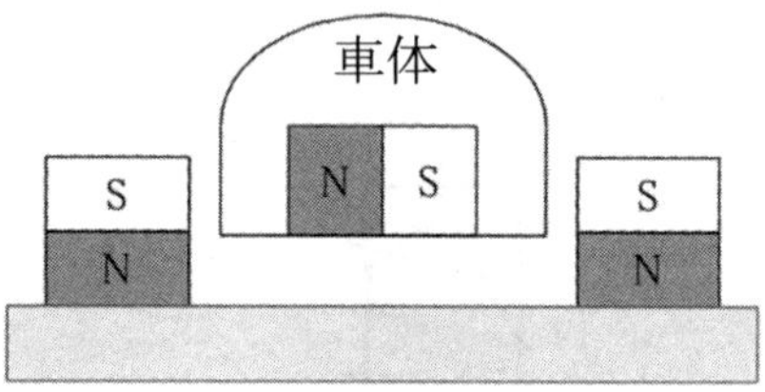

ウ

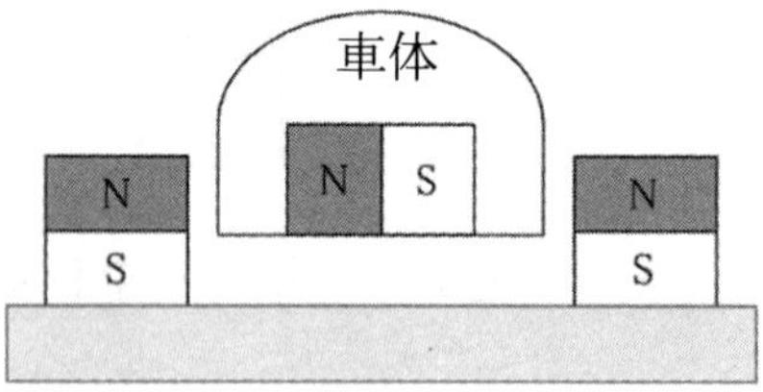

エ

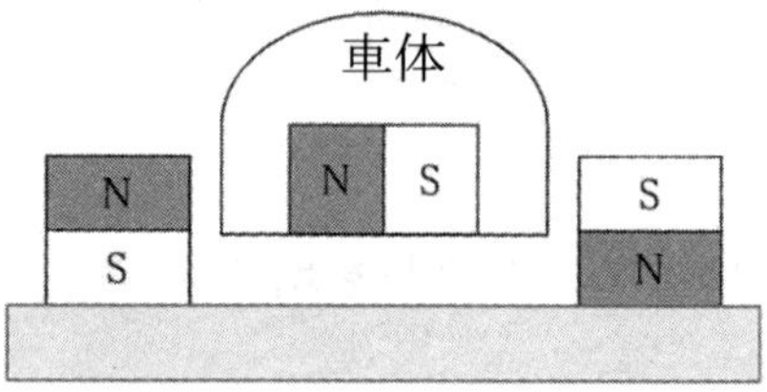

4 目的↔【　】段

5 総合↔【　】析《せき》

五

次の1～5の【　】に漢字一字を入れて、ことわざを完成させなさい。

1 薄《はく》【　】を踏《ふ》む（非常に危険な状態に身を置くこと）

2 【　】を売る（むだ話などをして、なまけること）

3 【　】が折れる（苦労すること）

4 【　】水の陣《じん》（これが最後であると決心して物事に取り組むこと）

5 【　】を押《お》す（まちがいがないかもう一度確かめること）

六

例にならって、次の1～5の□に入る漢字一字を書きなさい。

（例）
告
吉□道
速

＊「吉報」「報告」「報道」「速報」という熟語が成立するので、□の中には「報」が入ります。

1
動
逆□事
実

2
成
発□児
知

3
納
回□束
買

4
完
候□給
増

5
服
伝□知
口

問五　――線③「小さく笑った」とありますが、「宮川」はどのような気持ちから笑ったのですか。最もよいものを次から選び、記号で答えなさい。

ア　自分のことをばかにする気持ち。
イ　楽しくて浮き立つ気持ち。
ウ　他人を軽《かろ》んじてあなどる気持ち。
エ　なげき悲しむ気持ち。

問六　――線④「嘘つけ、と子どものように宮川が言った」とありますが、このときの宮川の様子を説明したものとして最もよいものを次から選び、記号で答えなさい。

ア　自分のしてきたことを後悔するあまり、立花の言葉は自分を気づかったものだと思い込み、素直《すなお》に受け入れることができないでいる。
イ　あくまでも他人であり、生前の母と親密な関係を築いていたわけでもない、立花の言葉は上辺だけのものであると決めつけている。
ウ　長い付き合いとなった立花に対して警戒《けいかい》心が解けており、着飾っていない無邪気《むじゃき》な性格をのぞかせている。
エ　自分自身が母親にしてきた仕打ちを思い出し、立花の気遣いの言葉に対して裏があるのではないかと信じられないでいる。

問七　――線⑤「変だね」とありますが、何を「変だ」と感じているのですか。その説明として最もよいものを次から選び、記号で答えなさい。

ア　平均年齢が高く、みんな経験が豊富であるのに、段取りが悪いこと。
イ　順調とは言えない人生なのに、希望に胸をはずませていること。
ウ　具体的に何をやるかわからないことに、期待と不安を感じていること。
エ　新しい仕事に対しておびえながらも、心ははずんでいること。

問八　――線⑥「今だからこそ見える景色」とありますが、それはどのような「景色」ですか。本文全体をふまえ、説明として最もよいものを次から選び、記号で答えなさい。

ア　誰かと協力することでしか、たどり着くことができない場所にある感動的な景色。
イ　様々な経験を記録することで何とかめぐり合うことのできる、めったにない景色。
ウ　人々との出会いによって見いだすことができる、日常の中にもあるかけがえのない景色。
エ　展望台という特別な場所に行くことでしか、目にすることができない雄大《ゆうだい》な景色。

三　次の１～５の――線のカタカナを漢字で書きなさい。

1　**ノウリツ**のよい仕事のやり方だ。
2　**セキネン**の願いがかなう。
3　式の**ショウタイ**状を送る。
4　もう手**カゲン**はしないぞ。
5　橋の**カイシュウ**工事をする。

四　次の１～５の上と下のことばが対義語（意味が反対の関係になることば）になるように、【　】に入る漢字一字を書きなさい。

1　縦断↔【　】断
2　悲劇↔【　】劇
3　当番↔【　】番

「瀬戸さんには連絡しました。それから※会田さんにも話をしようかと」

「平均年齢《ねんれい》、高い集団だ」

宮川が手すりをつかんで街を見下ろした。

⑤変だね、と声がする。

「リストラされて、女房に B 尽《つ》かされて、日銭稼《ひぜにかせ》いで暮らしているのに、何だろうね、ワクワクしている。学校帰りに秘密基地に集まって、何か作ろうぜって言ってる気分」

見たことがない景色《けしき》、と宮川の声に力がこもった。

「見に行こうじゃない、コウキさん」

宮川の隣に並び、立花も東京を見下ろす。

首都高速の照明灯が一斉《いっせい》にともり、黄昏《たそがれ》のなか、※ネオンサインが瞬《また》き始めた。この場所は今、昼と夜の境目にある。

スカイツリーが見えると宮川が指さした。

「東京タワーもライトアップしましたよ」

「すごいな、ここ。新旧、二つのタワーが見えるんだね」

眼下の宵闇《よいやみ》に浮《う》かび上がるタワーを立花は眺《なが》める。タチバナ・コウキとして東京にいた頃《ころ》、このビルは建設中で、スカイツリーはまだ建っていなかった。

⑥今だからこそ見える景色が、ここにある。

いろいろ遠回りをしてきたけれど——。

（伊吹有喜《いぶきゆき》『今はちょっと、ついてないだけ』）

※語注

なじられ(る)…問いつめられ、責められること。

ナカメシェアハウス…立花と宮川が住んでいる共同住宅。宮川の交渉《こうしょう》によって、立花の写真スタジオとしても使われているが、土地の売却《ばいきゃく》が決まり、立花たちは近いうちに立ちのくことになっている。

瀬戸っち・会田さん…立花の仕事の協力者。

ネオンサイン…赤、緑、青、白などの光を出すネオン管を使用した広告や看板。

問一 A に入る語句として最もよいものを次から選びなさい。

ア 罪滅《ほろ》ぼし　イ お礼参《まい》り　ウ 恩返し　エ 以心伝心

問二 B に入る語句として最もよいものを次から選びなさい。

ア 心情　イ 愛敬《あいきょう》　ウ 心底　エ 愛想《あいそ》

問三 ——線①「ずいぶん失礼なことを言った」とありますが、「宮川」が「失礼なこと」を立花に言ったのはなぜですか。その説明として最もよいものを次から選び、記号で答えなさい。

ア 立花のように自分も母のところへ毎日見舞いに訪れていれば、自分の母の死に立ち会えたのではないかと強く後悔《こうかい》していたため。

イ 母のもとを頻繁《ひんぱん》に訪れていた立花に対し、故郷や家族を捨てたかのような生活をしている自分をなさけなく思ってつらかったため。

ウ 立花とその母の話を電話口でされることによって、母から見舞いに来ていないことを責められていると感じ、立花のことを疎《うと》ましく思っていたため。

エ 母親が、実の息子である自分より立花を褒《ほ》めていることを面白く思えなかったため。

問四 ——線②「おふくろの写真」はどのような写真ですか。その説明として最もよいものを次から選び、記号で答えなさい。

ア 立花の技術によって引き出された自然な笑顔の写真。

イ 息子と会えなくても気にしないおおらかな表情の写真。

ウ 息子の話をするときの幸せそうな様子の写真。

エ 自分の死期を悟《さと》ったような安らかな顔の写真。

「身体が不自由なおふくろ、施設《しせつ》に預けっぱなしで。年始におふくろが風邪《かぜ》をこじらせて死んだとき、俺ね、ハワイで女房《にょうぼう》の両親とゴルフをして、ビールを飲んでた」

軽く鼻をすすって、宮川が言葉を続けた。

「東京に家を建てたって言ってもさ、女房の実家の敷地《しきち》に建ってて。養子じゃないけど、養子みたいなもの」

初めてコウキさんに会ったときは、と宮川が③小さく笑った。

「入院中のおふくろがコウキさんのことをほめるから、むかついててさ。素敵《すてき》な写真家さんのお母《かあ》さんと同室で、その写真家が毎日毎日、ちっちゃなお見舞《みま》いを持って病院に来るんだって、おふくろがコウキさんのことを電話で話すたびに、見舞いに行けない自分を※なじられてるみたいでさ。つらくて……。コウキさんにひどく当たった。いやだね、小さくて」

宮川がうつむくと、風で髪《かみ》がわずかに吹《ふ》き上がった。

「俺は自分だけ東京でいい思いをして。おふくろを故郷に置き去りにしたんだと思ってる。だけど、コウキさんが撮ったおふくろの写真、すごくいい顔でさ。幸せそうなんだ。ずっとあの写真ばっかり見てたから、今の俺のなかで、おふくろはいつもあの顔で笑ってる」

宮川が顔を両手でおおった。

「宮川さんのお母さんは、幸せそうでしたよ」

④嘘《うそ》つけ、と子どものように宮川が言った。

「そんなわけ、ないよ」

「お孫さんの話をいつも楽しそうにしていて、家族の写真をまわりに置いていた。施設で撮影したときも、この町から離《はな》れたくないと言ったら、息子が一生懸命《いっしょうけんめい》、探してこんな良いところを見つけてくれたって。宮川さんの話をするとき、お母様はいい顔をする」

宮川が顔を上げた。

黙《だま》っている横顔に、立花は言葉を続ける。

「写真のあの笑顔を引きだしたのは、宮川さんです。僕はその一瞬《いっしゅん》を記録して伝えただけ」

宮川さん、と立花は呼びかける。

「見たことがない景色は日常の中《なか》にもある。それを記録して伝える喜びを、僕はこの一年かけて知りました。誰《だれ》かと出会って話をして、そこから何かが生まれて。それを記録して、また誰かに伝える。そういう仕事をこれからも続けていきたい。僕と組んでくれませんか」

えっ？　と宮川がこちらを見た。

「※ナカメシェアハウスは消えますが、続けませんか。僕はタレントとしては中途半端《ちゅうとはんぱ》で、写真家としても実績がなく……正直、自分の立ち位置がまだ作れないでいるんですけど、一緒に仕事をしてくれると嬉しいです」

お願いします、と頭を下げたら、「いや、そんな……」と宮川がつぶやいた。

「何言ってるんだよ、コウキさん。そんなの今さら」

再就職が決まったのだろうか。

宮川が立ち上がり、軽くパンツの尻《しり》を手ではたいた。あわてて立花も立ち上がる。

「すみません……。なかなかふんぎりがつかなくて」

何を今さら、と風のなかで宮川が笑った。それから姿勢を正すと、深く頭を下げた。

「こちらこそ、よろしくお願いします」

頭を上げた宮川がポケットからスマートフォンを出した。

「不動産屋に連絡《れんらく》しとかなきゃ……。実はね、気になる物件があってさ。お客さん用の駐車場《ちゅうしゃじょう》もあるところ。あっ、※瀬戸《せと》っちにもメール……」

ウ　偽《いつわ》りのない本心が感じられる直接的な表現。

エ　大人《おとな》らしさが感じられない幼い表現。

問六　――線④「人によって、それぞれ好みが異なっている」とありますが、この意味を示す表現として最もよいものを次から選び、記号で答えなさい。

ア　花より団子

イ　好きこそ物の上手なれ

ウ　蓼《たで》食う虫も好き好き

エ　棚《たな》からぼたもち

問七　【⑤】に入る四字熟語として最もよいものを次から選び、記号で答えなさい。

ア　玉石混交

イ　自画自賛

ウ　八方美人

エ　適材適所

問八　――線⑥「『寸鉄人を刺す』一言でなくてはならない」とありますが、これはどのようなことを言おうとしているのですか。その説明として最もよいものを次から選び、記号で答えなさい。

ア　感動の言葉は古くからよいと思われてきた表現を述べるのではなく、その時代にふさわしいものでなければならないということ。

イ　感動の言葉は単に自分の気持ちを述べるのではなく、相手の胸に響《ひび》くものでなければならないということ。

ウ　感動の言葉は簡潔で明確に述べるのではなく、多様な表現を使った複雑なものでなければならないということ。

エ　感動の言葉はしつこく繰《く》り返し述べるのではなく、短くはっきりとわかりやすいものでなければならないということ。

二

次の文章を読んで、後の問いに答えなさい。

《あらすじ》

立花浩樹《たちばなひろき》は、かつて写真家「タチバナ・コウキ」として有名だったが、借金を背負い、写真家を辞《や》めた。月日がたち、入院中の母親と同じ病室であった女性の依頼《いらい》をきっかけに、立花は写真家としての仕事を再開する。その女性の息子、宮川良和《みやがわよしかず》は失業中であったが、立花の仕事を手伝うようになる。仕事が順調になっていった折、立花と宮川は展望台にのぼった。立花はそこで、「本格的にいっしょに仕事をしたい」と宮川に伝えようとしている。

考えてみれば、と立花は笑う。

「家庭を持ちたいとも、安定した暮らしをしたいとも、僕はそれほど望んだことがなかったんです。だから何もなくていい。これでいいんだ。そう思いました。それがわかったとき、こうして写真の仕事に戻《もど》れて嬉《うれ》しいと思った。……僕は宮川さんにこれまできちんとお礼を言ったことがない。今まで、ありがとうございました」

いやいや、と宮川が軽く手を振《ふ》った。

「そんな……［　A　］っていうの？　俺《おれ》、コウキさんに初めて会ったとき、①ずいぶん失礼なことを言ったからさ」

手すりに背を預けて、宮川の隣《となり》に立花も座《すわ》る。

せっかく展望台に来たのに、そうしていると目に入ってくるのはヘリポートと広い空だけだ。

コウキさん、と宮川の声がした。

「俺ね、技術的なことって、わからないんだよ。でもコウキさんが撮った②おふくろの写真に救われた」

自分は母親を捨てたのだと宮川がつぶやいた。

の世の中にまったく同じものは存在しないという事実は皆《みな》知っている。

【D】、「すべてよい」という表現は※信憑《しんぴょう》性が低いのである。

このことは、お礼の言葉に限らない。④人によって、それぞれ好みが異なっている。すべてが誰にでも好かれるということはない。

だからこそ、人とつきあうときにはさまざまな観点から人を観察し、その人の好みを推測して、その人が気に入るようにと全神経を集中して行動する。それができる人が、人づきあいの上手《じょうず》な人であり、人間関係に秀《ひい》でている人である。

表向きだけ【⑤】的に振る舞う人は、その点に関する真実を把握《はあく》していない人だ。したがって、深い人間的なつきあいはできない「不器用」な人である。

いずれにしても、感謝の気持ちを表明するときは、できるだけ具体的に指摘《してき》し、それに対する自分の感想を、感謝の言葉の後につけ加えるのである。自分の感動を率直に述べる。

もちろん、くどくどといったのでは、※おもねる雰囲気《ふんいき》が醸《かも》し出されるので逆効果である。感動の言葉は簡潔でなくてはならない。自分が感動したことを生き生きとしたかたちで相手に伝える。

急所や要点は一点である。言葉が多いと焦点がぼやけてくる。⑥「寸鉄人を刺《さ》す」一言でなくてはならない。

（山﨑武也《やまさきたけや》『気くばりがうまい人のものの言い方』）

※語注

依然として…特に変わらず。

賞讃…ほめたたえること。

信憑性…信頼度。

おもねる…人に気に入られるように振る舞う。

問一 ══線a・bのカタカナと同じ漢字が使われているものを後からそれぞれ一つずつ選び、記号で答えなさい。

a ソンダイ

ア 先生をとてもソンケイしている。

イ 大きなソンガイをこうむる。

ウ 幼いころは海沿いのギョソンで育った。

エ 祖先からシソンに伝える。

b イッソウ

ア ソウイ工夫《くふう》して取り組もう。

イ カソウ現実の世界を体感できます。

ウ ソウゼイ五百人の集団です。

エ コウソウマンションに住んでいる。

問二 【A】～【D】に入る語の組み合わせとして最もよいものを次から選び、記号で答えなさい。

ア A あるいは B たとえば C また D ところが

イ A しかし B たとえば C さらに D したがって

ウ A あるいは B つまり C また D したがって

エ A しかし B つまり C さらに D ところが

問三 【①】に入る語として最もよいものを次から選び、記号で答えなさい。

ア 自動的　イ 本質的　ウ 対比的　エ 主体的

問四 ――線②「食事をご馳走になったとき、『どうもありがとうございました』だけでは儀礼的な表現でしかない」とありますが、感謝の気持ちを示すときはどうするべきだと筆者は考えていますか。**五十字以内**で説明しなさい。

問五 ――線③「おざなりの表現」の意味として最もよいものを次から選び、記号で答えなさい。

ア その場限りの間に合わせの表現。

イ 相手を見下している印象の悪い表現。

2023年度

星野学園中学校

【国　語】〈理数選抜第二回試験〉（五〇分）〈満点：一〇〇点〉

注意　一、字数制限のある問題では「、」や「。」や記号等も一字に数えます。
　　　二、問題作成のため、一部本文を改めたところがあります。

一　次の文章を読んで、後の問いに答えなさい。

人にものをもらったり世話になったりしたときは、誰《だれ》でも感謝の気持ちを表わす言葉をいう。心をこめて「ありがとう」をいう。もちろん、相手が目上であったり、まったく知らない人であったりするときは、「ございます」をつけ加えて丁寧《ていねい》な言い方にする。

[A]、この常識をわきまえていない人を、ときどき目にする。

[B]、見知らぬ人がビルの入口のドアを開けてくれたりエレベーターのドアが閉まらないように押《お》さえておいてくれたりしたとき、何らの挨拶《あいさつ》もしない人は問題外であるが、単にありがとうというだけの人も、aソンダイな人だと思われても仕方がない。

相当な高齢者《こうれいしゃ》でもない限りは、女王様ではないのであるから、きちんと丁寧に「ございます」までいったほうがよい。

相手が目下であると勝手に判断して振《ふ》る舞《ま》うのは、相手を見下しているという印象を与えて、反感を買う結果にもなる。見知らぬ人に対するときは、相手が身分を隠《かく》している王子様か王女様であると想定したうえで、礼儀《れいぎ》正しい言葉に徹《てっ》したほうが安全だ。

特に、小さなこととはいえ、自分のために何かをしてくれたのであるから、丁重《ていちょう》に礼をいっておかなくてはならない。

自分が相手の立場に置かれたとき、ただ単にありがとうといわれただけであったら抵抗《ていこう》を感じるのではないかと思う場合は、きちんと「ございます」をつけ加えておくべきである。

言葉遣《づか》いが丁寧になればなるほど、心から感謝しているという思いが伝わるはずだ。ただ口先で「【①】」に感謝の言葉をいっただけでは、儀礼《ぎれい》的な意味しか伝わらない。

儀礼は人と人とが接触《せっしょく》するときの最低限の約束事である。人の親切を身にしみて感じたときは、その気持ちを具体的に表現する言葉が必要となってくる。相手がしてくれたことに対して、どの部分が特に印象に残ったかなどについて、相手に率直な気持ちを伝えるのである。

抽象《ちゅうしょう》的なことをいったのでは、儀礼の域に留《とど》まってしまう。一点でもよいから、できるだけ具体的なことをいうのがポイントである。

②食事をご馳走《ちそう》になったとき、「どうもありがとうございました」だけでは儀礼的な表現でしかない。「ごちそうさまでした」をつけ加えると、ちょっとぐらいは感情が入ってくるが、※依然《いぜん》として③おざなりの表現でしかない。

そんなときに、「おいしかった」という一言が発せられたら、料理を楽しんだという事実を示せる。ご馳走した側としても、相手が喜んでくれたという「証言」を得た感じを受ける。

相手のためにしたことに対して、それなりの効果があったことを確《かく》認《にん》した結果になるので、自分としても満足感がある。[C]、相手が特定の料理の名前をあげて、「あれほどにおいしい料理は初めてで、これ以上の幸せはない」などといえば、感動の具体性、つまり感謝の内容の具体性が、イッbソウ高まってくる。

どの料理もすべておいしかったとしても、そのようにいったのでは、儀礼的なにおいがつきまとう。特に印象に残ったり気に入ったりした料理を選び、そこに焦点《しょうてん》を合わせて※賞讃《しょうさん》をするのである。

すべてがまったく同じ程度においしいということはありえない。こ

2023年度

星野学園中学校　▶解説と解答

算　数　＜理数選抜第２回試験＞（50分）＜満点：100点＞

解　答

1 (1) $\frac{4}{7}$　(2) $2\frac{1}{2}$　(3) $\frac{3}{4}$　(4) $2\frac{3}{5}$　(5) 986　(6) 21通り　(7) 180ページ　(8) 41番目　(9) 22km　(10) 60cm^2　(11) 16cm^2　2 (1) 12才　(2) 8才　(3) 16年後　3 (1) $\frac{3}{4}$倍　(2) 2 cm^2　(3) 1.5cm^2　4 (1) 720歩　(2) 453.6m

解　説

1 四則計算，逆算，整数の性質，場合の数，相当算，数列，速さ，つるかめ算，面積，水の深さと体積

(1) $\frac{3}{5}\div\frac{9}{10}-\frac{4}{7}\times\frac{1}{6}=\frac{3}{5}\times\frac{10}{9}-\frac{2}{21}=\frac{2}{3}-\frac{2}{21}=\frac{14}{21}-\frac{2}{21}=\frac{12}{21}=\frac{4}{7}$

(2) $\left\{5\frac{1}{4}\div0.75-\left(0.7+\frac{4}{5}\right)\right\}\div2.2=\left\{\frac{21}{4}\div\frac{3}{4}-\left(\frac{7}{10}+\frac{8}{10}\right)\right\}\div\frac{22}{10}=\left(\frac{21}{4}\times\frac{4}{3}-\frac{15}{10}\right)\div\frac{11}{5}=\left(7-\frac{3}{2}\right)\times\frac{5}{11}=\left(\frac{14}{2}-\frac{3}{2}\right)\times\frac{5}{11}=\frac{11}{2}\times\frac{5}{11}=\frac{5}{2}=2\frac{1}{2}$

(3) $1\frac{7}{30}-0.125\times\left(\frac{3}{5}-\frac{1}{3}\right)-\left(1.13-\frac{1}{3}\div\frac{25}{51}\right)=1\frac{7}{30}-\frac{1}{8}\times\left(\frac{9}{15}-\frac{5}{15}\right)-\left(\frac{113}{100}-\frac{1}{3}\times\frac{51}{25}\right)=1\frac{7}{30}-\frac{1}{8}\times\frac{4}{15}-\left(\frac{113}{100}-\frac{17}{25}\right)=\frac{37}{30}-\frac{1}{30}-\left(\frac{113}{100}-\frac{68}{100}\right)=\frac{36}{30}-\frac{45}{100}=\frac{6}{5}-\frac{9}{20}=\frac{24}{20}-\frac{9}{20}=\frac{15}{20}=\frac{3}{4}$

(4) $150-\left\{17+\left(5.2+3\frac{2}{5}-\square\right)\div1\frac{1}{5}\right\}\times6=18$より，$\left\{17+\left(5\frac{1}{5}+3\frac{2}{5}-\square\right)\div1\frac{1}{5}\right\}\times6=150-18=132$，$17+\left(8\frac{3}{5}-\square\right)\div1\frac{1}{5}=132\div6=22$，$\left(8\frac{3}{5}-\square\right)\div1\frac{1}{5}=22-17=5$，$8\frac{3}{5}-\square=5\times1\frac{1}{5}=5\times\frac{6}{5}=6$　よって，$\square=8\frac{3}{5}-6=2\frac{3}{5}$

(5) 6で割ると2余る数は，6の倍数よりも2大きい数である。同様に，8で割ると2余る数は，8の倍数よりも2大きい数である。よって，この両方に共通する数は，6と8の公倍数よりも2大きい数になる。さらに，6と8の最小公倍数は24だから，6で割っても8で割っても2余る数は24の倍数よりも2大きい数とわかる。このような3けたの整数のうち，最も大きい数は，999÷24＝41余り15より，24×41＋2＝986である。

(6) 7色から異なる2色を選ぶときの選び方は，$\frac{7\times6}{2\times1}=21$（通り）となる。

(7) 右の図1で，1日目に読んだ残りのページ数は全体の，$1-\frac{5}{12}=\frac{7}{12}$なので，2日目に読んだページ数は全体の，$\frac{7}{12}\times\frac{4}{7}=\frac{1}{3}$になる。すると，2日目に読んだ残りのページ数は全体の，$\frac{7}{12}-\frac{1}{3}=\frac{1}{4}$とわかる。3日目はこれよりも15ページ多く読み，全体の$\frac{1}{3}$を読んだから，15ページが全体の，$\frac{1}{3}-\frac{1}{4}=\frac{1}{12}$にあたる。よって，本は全体で，$15\div\frac{1}{12}=180$（ページ）と求められる。

図1

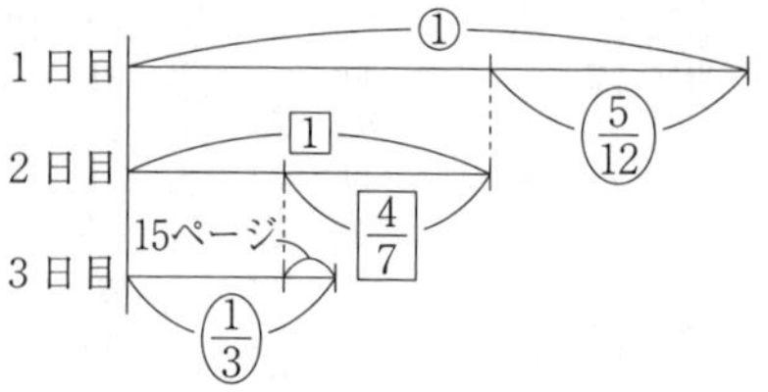

(8) $\left(\frac{1}{1}\right)$, $\left(\frac{1}{2}, \frac{2}{1}\right)$, $\left(\frac{1}{3}, \frac{2}{2}, \frac{3}{1}\right)$, $\left(\frac{1}{4}, \frac{2}{3}, \frac{3}{2}, \frac{4}{1}\right)$, $\left(\frac{1}{5}, \frac{2}{4}, \frac{3}{3}, \frac{4}{2}, \frac{5}{1}\right)$, …をそれぞれ１組，２組，３組，４組，５組，…とすると，約分して１となる数は，１組の$\frac{1}{1}$，３組の$\frac{2}{2}$，５組の$\frac{3}{3}$，７組の$\frac{4}{4}$，９組の$\frac{5}{5}$，…だから，５回目に出てくるのは９組の$\frac{5}{5}$とわかる。１組から８組までに数は全部で，１＋２＋３＋…＋８＝(１＋８)×８÷２＝36(個)あり，９組は，$\left(\frac{1}{9}, \frac{2}{8}, \frac{3}{7}, \frac{4}{6}, \frac{5}{5}, \cdots\right)$となるので，$\frac{5}{5}$は左から数えて，36＋５＝41(番目)となる。

(9) 時速３kmで43分，つまり，43÷60＝$\frac{43}{60}$(時間)歩くと，進んだ道のりは，３×$\frac{43}{60}$＝$\frac{43}{20}$(km)になり，実際よりも，22.5－$\frac{43}{20}$＝$\frac{407}{20}$(km)短くなる。時速３kmで歩く時間を１時間へらし，時速40kmの車で進む時間を１時間ふやすと，進む道のりは，40－３＝37(km)ふえるので，車で進んだ時間は，$\frac{407}{20}$÷37＝$\frac{11}{20}$(時間)とわかる。したがって，車で進んだ道のりは，40×$\frac{11}{20}$＝22(km)と求められる。

(10) 右の図２で，三角形AEDの面積は，８×６÷２＝24(cm^2)である。よって，辺ADを底辺としたときの高さEHは，24×２÷10＝4.8(cm)とわかる。したがって，台形ABCDの面積は，(10＋15)×4.8÷２＝60(cm^2)となる。

図２

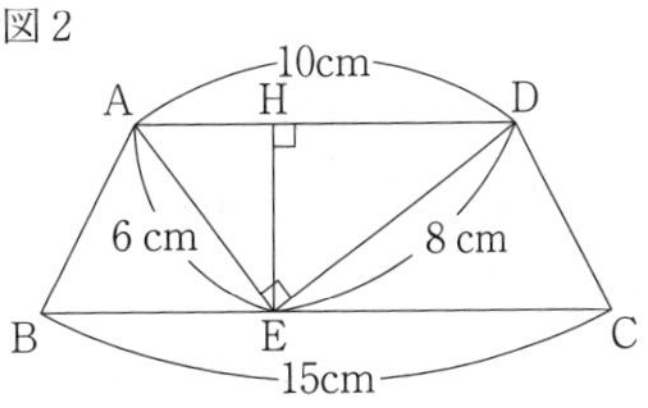

(11) 問題文中の図２より，容器に残った水の量は容器の容積の半分とわかる。また，容器の半分の深さは，24÷２＝12(cm)だから，こぼれた64cm^3の水は，容器の深さの，16－12＝４(cm)分になる。よって，この容器の底面の正方形の面積は，64÷４＝16(cm^2)である。

2 年令算

(1) ５年後の家族５人の年令の和は，116＋５×５＝141(才)なので，あおいさんの５年後の年令は，141－124＝17(才)とわかる。よって，あおいさんの現在の年令は，17－５＝12(才)となる。

(2) 弟を除いた，現在の家族の年令の和は，68＋10×４＝108(才)である。よって，現在の弟の年令は，116－108＝８(才)とわかる。

(3) 10年前の子ども達の年令の和(10年前のあおいさんと兄の年令の和)を①とすると，10年前の父と母の年令はそれぞれ，①×４＝④，(④－４)となるから，①＋④＋(④－４)＝68と表せ，⑨＝68＋４＝72，①＝72÷９＝８(才)となる。すると，現在の子ども達の年令の和は，８＋10×２＋８＝36(才)，両親の年令の和は，116－36＝80(才)になる。よって，両親の年令の和と子ども達の年令の和の比が４：３になるのが現在から$\boxed{1}$年後とすると，(80＋$\boxed{1}$×２)：(36＋$\boxed{1}$×３)＝４：３と表せる。$A:B=C:D$のとき，$B\times C=A\times D$となることを利用すると，(36＋$\boxed{3}$)×４＝(80＋$\boxed{2}$)×３となり，$(A+B)\times C=A\times C+B\times C$より，36×４＋$\boxed{3}$×４＝80×３＋$\boxed{2}$×３，144＋$\boxed{12}$＝240＋$\boxed{6}$，$\boxed{12}$－$\boxed{6}$＝240－144，$\boxed{6}$＝96，$\boxed{1}$＝96÷６＝16と求められる。よって，現在から16年後とわかる。

3 平面図形─面積，相似

(1) 下の図１で，高さが等しい三角形の面積の比は，底辺の長さの比に等しいので，三角形ADCと三角形ABCの面積の比はDC：BCに等しい。DCの長さは６cm，BCの長さは，２＋６＝８(cm)だから，面積の比は，６：８＝３：４になる。よって，三角形ADCの面積は三角形ABCの面積の，$3\div4=\frac{3}{4}$(倍)となる。

図1

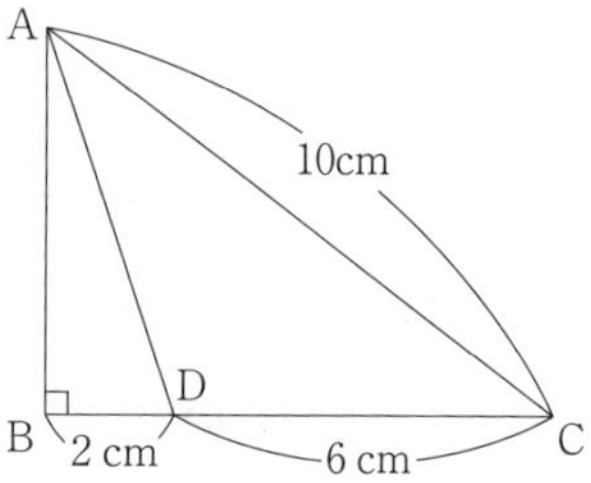

⑵　右下の図2で，三角形BFHと三角形BECは相似で，FH：EC＝BH：BC＝3：(3＋1)＝3：4だから，ECの長さは，$1.5\times\frac{4}{3}=2$(cm)である。よって，三角形BECと三角形BFCの面積はそれぞれ，$8\times2\div2=8$(cm^2)，$8\times1.5\div2=6$(cm^2)なので，三角形ECFの面積は，$8-6=2$(cm^2)と求められる。

⑶　三角形BDGに注目すると，三角形ABGの面積と四角形GDHFの面積の差は，三角形ABDの面積と三角形BFHの面積の差と等しい。三角形ABCと三角形FHCは相似で，AB：FH＝BC：HC＝(3＋1)：1＝4：1だから，ABの長さは，$1.5\times4=6$(cm)となり，三角形ABDの面積は，$2\times6\div2=6$(cm^2)とわかる。また，BHの長さは，$8\times\frac{3}{4}=6$(cm)なので，三角形BFHの面積は，$6\times1.5\div2=4.5$(cm^2)である。よって，三角形ABDの面積は三角形BFHの面積よりも，$6-4.5=1.5$(cm^2)大きいから，三角形ABGの面積は四角形GDHFの面積より1.5cm^{2}大きい。

図2

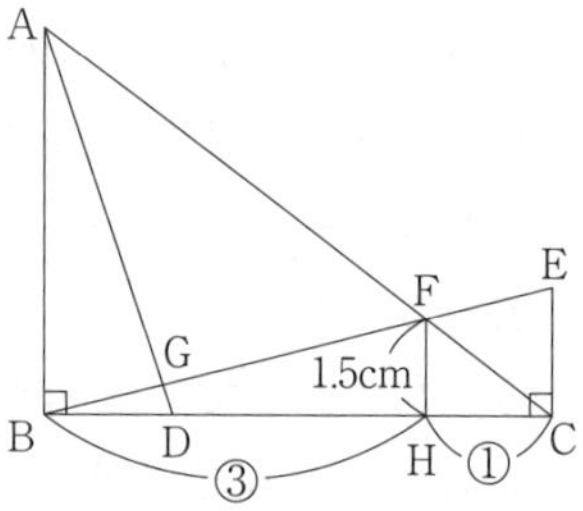

4　差集め算

⑴　432mは43200cmなので，Aさんの歩いた歩数は，43200÷60＝720(歩)である。

⑵　486mは48600cmだから，Bさんの歩いた歩数は，48600÷60＝810(歩)になり，Aさんよりも，810－720＝90(歩)多い。また，Aさんの720歩はBさんの720歩よりも，7×720＝5040(cm)長いので，5040cmがBさんの90歩にあたる。よって，Bさんの歩幅《ほはば》は，5040÷90＝56(cm)となるから，ホームの正しい長さは，56×810＝45360(cm)，つまり，453.6mと求められる。

社　会　＜理数選抜第2回試験＞（理科と合わせて60分）＜満点：50点＞

解　答

1　**問1**　ウ　**問2**　1(月)12(日)午後8(時)　**問3**　エ　**問4**　ウポポイ　**問5**　オ　**問6**　トレーサビリティ　**問7**　ア　**問8**　イ　**問9**　⑴　ア　⑵　ウ　⑶　(20～24歳の人口が多いのは)東京都(である。)／(その理由の1つとして)　(例)　東京都は大学数が多く，この年齢の人口が地方から流入することがあげられる。　**2**　**問1**　Ⅰ　平将門　Ⅱ　北条時宗　Ⅲ　紫式部　**問2**　ア　**問3**　イ　**問4**　オ　**問5**　ア　**問6**　イ　**問7**　ウ　**問8**　津田梅子　**問9**　イ　**問10**　ウ　**問11**　オイルショック(石油危機)　**3**　**問1**　**1**　幸福追求　**2**　公共の福祉　**問2**　ウ　**問3**　被告人　**問4**　ウ　**問5**　エ　**問6**　イ

解　説

1　地形図の読み取りや時差，各地の産業などについての問題

問1　［図Ⅰ］で等高線を確認すると，アはほぼ平坦《へいたん》，イはB地点の手前で標高300mほどの山の頂上付近を通過，エはB地点の手前が登り斜面《しゃめん》であるなど，［図Ⅱ］の断面図とは異なった特徴《とくちょう》が読

み取れる。

問２　兵庫県の明石《あかし》市には日本の標準時子午線である東経135度の経線が通っている。明石市と，西経75度の経線を標準時子午線とするアメリカのニューヨークの経度差は，135＋75＝210(度)となる。経度15度につき１時間の時差が生じるので，210÷15＝14となり，明石市のほうがニューヨークよりも時刻が早い。よって，明石市が2023年１月13日午前10時のとき，ニューヨークの時刻はその14時間前の，１月12日午後８時となる。

問３　ア　タオルを中心とする繊維産業がさかんなことで知られる今治《いまばり》市は，愛媛県にある。　イ　岡山県倉敷《くらしき》市では高梁《たかはし》川の干拓・改修と河口部沿岸の埋《う》め立てによって，工業用地が造成された。　ウ　瀬戸大橋は，岡山県倉敷市児島と香川県坂出《さかいで》市を結んでいる。　エ　瀬戸内工業地域に関する説明として正しい。

問４　2020年，北海道南西部の白老町に，アイヌ文化の復興・発展の拠点《きょてん》となる施設としてウポポイ(民族共生象徴空間)が開業した。ウポポイはアイヌ語で「おおぜいで歌うこと」を意味しており，敷地内には国立アイヌ民族博物館などがある。

問５　オは「日本海側」ではなく「太平洋側」が正しい。やませは寒流の千島海流(親潮)の上を吹《ふ》きわたってくるため冷たく湿っており，気温上昇《じょうしょう》をさまたげたり日照不足を引き起こしたりするため，冷害の原因となる。

問６　生産者や加工業者などが，何を，いつ，どこから入荷し，どこへ出荷したかを記録・保存し，その商品の情報を追跡できるようにした仕組みを，トレーサビリティという。食べ物の安全性への関心の高まりから食品で普及《ふきゅう》し，現在は食品以外でも取り入れられている。

問７　光に集まる魚の性質を利用し，集魚灯で強い光を出して海中に広げたあみに魚群をおびき寄せ，これをとる漁を棒受けあみ漁という。棒受けあみ漁は，サンマやアジ，サバなどをとるさいに用いられる。なお，底引きあみ漁は，海底に広げたあみを船で引っ張りながら魚をとる漁法，定置あみ漁は，海中に設置したあみに入ってきた魚をとる漁法，一本づり漁は，つりざおを海に垂らし，かかった魚をとる漁法。

問８　愛知県にある名古屋港は，輸出総額が全国の港の中で最も多い。輸出品目では，愛知県で自動車工業がさかんなことから，自動車や自動車部品が大きな割合を占《し》めている。なお，アは横浜港(神奈川県)，ウは成田国際空港(千葉県)，エは関西国際空港(大阪府)のグラフ。統計資料は『日本国勢図会』2022／23年版による(以下同じ)。

問９　(1)　長野県は，面積が全国で４番目，中部地方で最も大きい。県東部の八ヶ岳山ろくにある野辺山《のべやま》原では，夏でもすずしい高原の気候を生かした高原野菜の栽培がさかんで，はくさいやレタスなどがつくられている。また，千葉県北東部にある銚子《ちょうし》港は，水揚《みずあ》げ量が全国の漁港の中で最も多い。木更津《きさらづ》市は，東京湾の上と海底を走る東京湾アクアラインで，対岸の神奈川県川崎市と結ばれている。　(2)　新潟県新潟市は，北西の季節風の影響《えいきょう》で冬の降水量が多い日本海側の気候に属している。雨温図は，2021年の新潟市のものである。なお，浜松市(静岡県)は太平洋側の気候，札幌市(北海道)は北海道の気候，横浜市(神奈川県)は太平洋側の気候に属している。　(3)　［グラフⅠ］と［グラフⅡ］で20～24歳の部分を見ると，青森県よりも東京都のほうがこの年齢の人口が多いとわかる。また，一般的に，大学生は18～22歳にあたり，［グラフⅢ］によると，東京都の大学学校数は全国で飛びぬけて多い。つまり，大学進学を機に東京都に流入する人口が多く，その後，東京都にとどまって就職する人もいることから，この年齢の人口が多くなっているのだと判断できる。

2 各時代の歴史的なことがらについての問題

問１　Ⅰ　平将門《まさかど》は，一族の領地をめぐる争いから935年におじの平国香《くにか》を倒すと，939年には常陸《ひたち》(茨城県)，下野《しもつけ》(栃木県)，上野《こうずけ》(群馬県)の国を攻《せ》め落とすなどして関東一帯を支配下におき，みずから「新皇」と称した。しかし，940年に国香の子の貞盛《さだもり》と藤原秀郷《ひでさと》らによって討《う》たれた。　Ⅱ　北条時宗は鎌倉幕府の第８代執権《しっけん》で，1274年の文永の役と1281年の弘安の役という二度の元寇《げんこう》(元軍の襲来《しゅうらい》)に対応し，武士をよく指揮してこれを撃退《げきたい》することに成功した。　Ⅲ　平安時代中期，一条天皇のきさきの彰子《しょうし》(藤原道長の娘)に仕えた紫式部は，この時代に広まったかな文字を使って，長編小説『源氏物語』を著した。

問２　①　1221年，後鳥羽《ごとば》上皇は政治の実権を鎌倉幕府から朝廷の手に取りもどそうとして，承《じょう》久《きゅう》の乱を起こした。しかし，上皇の軍は幕府の軍に敗れ，上皇は隠岐《おき》(島根県)に流された。このあと，幕府は朝廷や西国の武士を監視《かんし》するため，京都に六波羅《ろくはら》探題を置いた。　②　後醍醐《ごだいご》天皇にそむいた足利尊氏が1336年に京都で光明《こうみょう》天皇を立てると，後醍醐天皇は奈良の吉野に逃《のが》れて皇位を主張した。こうして，京都の北朝と吉野の南朝の間で南北朝の内乱が始まったが，1392年，室町幕府の第３代将軍足利義満がこれを合一した。　④　1467年，室町幕府の第８代将軍足利義政のあとつぎをめぐる争いに有力守護大名の争いが結びつき，応仁の乱が起こった。戦いは，細川勝元が支援する東軍と，山名持豊《もちとよ》(宗全《そうぜん》)が支援する西軍の間で，1477年まで続けられた。

問３　平安時代後半の1124年，浄土教をあつく信仰した奥州藤原氏の初代清衡《きよひら》は，根拠地とした平泉(岩手県)に，阿弥陀《あみだ》堂として中尊寺金色堂を建てた。なお，三内丸山遺跡は青森県にある縄文時代の遺跡，吉野ヶ里遺跡は佐賀県にある弥生時代の遺跡，岩宿遺跡は群馬県にある旧石器時代の遺跡。大仙古墳は古墳時代につくられた最大の前方後円墳で，大阪府堺市にある。平等院は，平安時代に藤原頼通《よりみち》が京都宇治の別荘を寺院としたもので，鳳凰《ほうおう》堂はその阿弥陀堂である。

問４　「６世紀末から７世紀初めにかけて，当時の天皇の補佐役として活躍《かつやく》した歴史上の人物」は聖徳太子(厩戸《うまやと》王)のことで，「当時の天皇」にあたる推古天皇を，補佐役の摂政《せっしょう》という地位で助けた。(う)が聖徳太子の政治を正しく説明しており，このとき小野妹子が隋に持参した国書の中に，「日出《い》づるところの天子」という言葉が見られる。なお，(あ)について，「中国の明と国交を開き，朝貢《ちょうこう》という形式で貿易を開始した」という記述は，足利義満にあてはまる。(い)は，平安時代初めに行われた桓武天皇の政治について説明している。(え)について，奈良時代，聖武天皇は国分寺や大仏をつくるよう命じ，大仏づくりのさいには行基に協力を求めた。道鏡は奈良時代末の僧で，称徳天皇に重く用いられたが，政治に混乱を引き起こして追放された。

問５　Ⅰ(長篠《ながしの》の戦い)は1575年，Ⅱは1560年，Ⅲは1576年，Ⅳは1573年のできごとなので，古い順にⅡ→Ⅳ→Ⅰ→Ⅲとなる。

問６　江戸幕府が外国との貿易を厳しく制限し，その利益を独占しようとした理由として，「日本独自の産業や文化を発達させようとした」ということは考えにくい。

問７　ア　「間宮林蔵」ではなく「伊能忠敬《ただたか》」が正しい。間宮林蔵は19世紀初めに樺太《からふと》(サハリン)とその周辺を調査し，樺太が島であることを明らかにした。　イ　「松下村塾《しょうかそんじゅく》」ではなく「鳴《なる》滝《たき》塾」が正しい。松下村塾は萩(山口県)につくられた私塾で，吉田松陰《しょういん》が営んだことや，伊藤博文・山県有朋《やまがたありとも》など倒幕や明治維新で活躍した人物が学んだことで知られる。　ウ　蘭学《らんがく》の発達について述べた文として，正しい。　エ　「じゃがいも」ではなく「さつまいも」が正しい。

問８　1871年，津田梅子は最初の女子留学生として，岩倉使節団とともにアメリカにわたった。帰国後は日本の女性教育向上をめざして活動し，1900年に女子英学塾(のちの津田塾大学)を創立した。

問９　ア　日露戦争は1904～05年のできごとで，外務大臣小村寿太郎《じゅたろう》が講和条約としてポーツマス条約を結んだ。このとき日本は，南満州(中国東北部)にあった鉱山の権益を獲得《かくとく》するなどしたが，ロシアは独立国であり，その独立を認めるという内容はふくまれていない。　イ　1894年，日清戦争が始まる直前に，外務大臣陸奥宗光《むつむねみつ》はイギリスとの交渉《こうしょう》で領事裁判権の撤廃《てっぱい》に成功し，不平等条約の一部改正を成しとげた。翌95年，陸奥宗光は日清戦争の講和会議に出席して下関条約を結び，日本は清(中国)から２億両《テール》の賠償《ばいしょう》金や遼東《りょうとう》半島・台湾・澎湖《ほうこ》諸島を譲《ゆず》り受けた(遼東半島は三国干渉を受けて清に返還)。　ウ　第一次世界大戦は1914～18年のできごとで，1919年に講和条約としてベルサイユ条約が結ばれた。このときの日本の首席全権は西園寺公望であった。　エ　盧溝橋《ろこうきょう》事件は1937年のできごとで，これをきっかけとして日中戦争が始まった。このときの外務大臣は，広田弘毅《こうき》であった。

問10　富岡製糸場は，1872年に操業を開始した。この年には学制が公布され，全国規模で学校をつくることなどが理念として示された。なお，アは1889年，イとエは1925年のできごと。

問11　1973年に第四次中東戦争が起こると，アラブの産油国が石油の禁輸・減産や価格の大幅《おおはば》な引き上げを行った。これにより，日本をふくむ先進工業国は第一次オイルショック(石油危機)とよばれる経済的な混乱におちいった。1979年には，イラン革命の影響でふたたび石油の価格が上がり，第二次オイルショックが起こった。

３　基本的人権，三権分立，外国為替《かわせ》市場などについての問題

問１　１，２　日本国憲法第13条は個人の尊重についての条文で，「すべて国民は，個人として尊重される。生命，自由及《およ》び幸福追求に対する国民の権利については，公共の福祉に反しない限り，立法その他の国政の上で，最大の尊重を必要とする」としている。公共の福祉は「社会全体の利益」といった意味の言葉で，主張する権利がぶつかって調整する必要が生じたとき，人権を制限するための根拠とされることがある。

問２　日本国憲法では，平等権，自由権(精神の自由・身体の自由・経済活動の自由)，社会権，参政権，請求権などが，基本的人権として保障されている。勤労権，団結権，教育を受ける権利は社会権に，学問の自由は自由権のうちの精神の自由に分類される。

問３　刑事裁判は，検察官が犯罪を行ったと疑われる人(被疑者)を裁判所に起訴《きそ》することで始まり，起訴された被疑者は被告人とよばれるようになる。

問４　議院内閣制は，国会と内閣を関係づける仕組みだが，弾劾《だんがい》裁判所は，不適切な言動のあった裁判官を裁くため国会内に設置されるもので，国会と裁判所を関係づける仕組みである。

問５　「市場で円の供給が増える」と，市場に出回る円が多くなって，円の価値が下がる。これが円安で，１ドル＝100円だった為替相場が１ドル＝120円になるような変化をいう。2022年には円安が進み，１ドル＝150円台を記録した。一方，「市場で円の需要《じゅよう》が増える」と，市場に出回る円が少なくなるため，円の価値が上がる。これを円高という。

問６　市場に出回る貨幣《かへい》が多くなると，貨幣の価値が下がるとともに物価が上昇するというインフレ(インフレーション)が引き起こされる。このとき一般的に，中央銀行は金利を引き上げてお金を借りにくくし，市場に出回る貨幣を減らすことでインフレを抑《おさ》えようとする。なお，インフレと逆の状況《じょうきょう》がデフレ(デフレーション)である。

理　科　＜理数選抜第２回試験＞（社会と合わせて60分）＜満点：50点＞

解　答

[1] **問1**　イ　**問2**　①　イ　②　アまたはイ　③　イ　**問3**　4.2　**問4**　24g　**問5**　11g　**問6**　16g　**問7**　2：9　**問8**　10.4g　[2] **問1**　ア　**問2**　イ，オ　**問3**　合弁花　**問4**　ア　**問5**　（例）　虫や鳥を引き寄せるため。　**問6**　エ　**問7**　BとE　[3] **問1**　ア　**問2**　ア　**問3**　火砕流　**問4**　ウ　**問5**　ア，ウ　**問6**　①　ウ　②　ア　③　イ　**問7**　①　ア　②　ウ　③　イ　**問8**　④　イ　⑤　ア　⑥　ウ　**問9**　（例）　太陽光による発電は夜や悪天候では発電できないが，地熱による発電は天気や時間に関係なく発電できる。　[4] **問1**　北　**問2**　N極　**問3**　ウ，カ　**問4**　イ，エ　**問5**　ウ　**問6**　ウ　**問7**　ア，ウ　**問8**　ア

解　説

[1] ものが燃える反応についての問題

問1　鉄を細く糸状にしたものをスチールウールという。鉄は空気中で加熱すると赤くなって燃えるが，燃える気体を出さないため炎《ほのお》は出ない。

問2　①　加熱前のスチールウールは光沢《たく》のある銀色をしているが，加熱後は鉄に酸素が結びついて黒色の酸化鉄になる。　②　鉄は磁石に引きつけられる性質があるため，加熱前のスチールウールは磁石にくっつく。加熱すると鉄は酸化鉄になるが，酸化鉄にはいくつかの種類があり，磁石にくっつくものとくっつかないものがある。　③　金属である鉄には電流が流れるため，加熱前のスチールウールには電流が流れるが，十分に加熱した後のスチールウールには電流が流れない。

問3　表１で，加熱する前のおもさを，２÷１＝２(倍)にすると，加熱した後のおもさは，2.8÷1.4＝２(倍)になっていて，加熱する前のおもさと加熱後のおもさは比例している。よって，加熱する前のおもさを１gの３倍である３gにした場合，加熱した後のおもさは，1.4×３＝4.2(g)になる。

問4　水素２gが燃えるときに16gの酸素が使われるので，３gの水素が燃えるときに使われる酸素は，$16\times\frac{3}{2}$＝24(g)と求められる。

問5　炭素12gが燃えるときには，32gの酸素が使われて，44gの二酸化炭素が生じるため，３gの炭素が燃えるときに生じる二酸化炭素は，$44\times\frac{3}{12}$＝11(g)である。

問6　プロパンは水素と炭素からできていて，燃えるとこれらに酸素が結びついて二酸化炭素と水ができるため，燃やす前のプロパンのおもさと燃えた後にできた二酸化炭素と水の合計のおもさの差は燃えるときに結びついた酸素，つまり，燃えるときに使われた酸素のおもさになる。したがって，プロパンが4.4g燃えるときに使われる酸素は，13.2＋7.2－4.4＝16(g)と求められる。

問7　7.2gの水は水素，$2\times\frac{7.2}{18}$＝0.8(g)が燃えるとできて，13.2gの二酸化炭素は炭素，$12\times\frac{13.2}{44}$

＝3.6(g)が燃えるとできるので，プロパン4.4gにふくまれる水素は0.8g，炭素は3.6gとわかる。よって，プロパンにふくまれる水素と炭素のおもさの比は，0.8：3.6＝２：９である。

問８　メタンを1.6g燃やしたときも，水とメタンが結びついたメタンハイドレート12gを燃やしたときも生じる二酸化炭素は4.4gである。つまり，メタンハイドレートにふくまれるメタンは1.6gであり，12gのメタンハイドレートにふくまれる水は，12－1.6＝10.4(g)になる。

2　アサガオについての問題

問１　アサガオのくきは，上から見たときに時計の針と反対向きに支柱に巻きついてのびていく。

問２　イネとサクラは両性花である。一方，ヘチマとマツ，キュウリはおしべとめしべのうちおしべだけあるお花とめしべだけあるめ花がさく。このように，１つの花におしべとめしべがそろっていない花は単性花とよばれる。

問３　アサガオのように花びらが分かれておらず，くっついている花を合弁花といい，花びらが１枚１枚はなれているものを離《り》弁花という。

問４　合弁花にはアサガオのほかに，ヘチマやツツジ，タンポポなどがある。なお，サクラ，エンドウ，アブラナはいずれも離弁花である。

問５　花びらには，花粉を運んでもらうために，目立つ色や形で虫や鳥を引き寄せる役割がある。

問６　おしべの花粉がめしべの先にある柱頭について受粉すると，めしべのもとにある子房《ぼう》の部分が果実となり，子房の中のはいしゅが種子となる。

問７　Ｅのアサガオはおしべを取った後にふくろをかぶせているので，他のアサガオの花からの花粉が運ばれてきて受粉することはない。一方，Ｅとふくろ以外の条件が同じであるＢのアサガオは，他のアサガオの花からの花粉が運ばれてきて受粉することができる。この２つを比べることで，アサガオが，他のアサガオからの花粉を受粉して実ができることを確認することができる。

3　火山についての問題

問１　火山の噴《ふん》出物のうち，つぶの大きさが２mm以下のものを火山灰という。卵の大きさは，メダカが約１～1.5mm，サケが約５～７mm，ニワトリが約６cm，ダチョウが約15～18cmなので，火山灰と同じくらいの大きさのものとして，アが選べる。

問２　マグマが地表近くで急激に冷やされて固まってできた岩石を火山岩という。安山岩はりゅうもん岩やげんぶ岩とともに火山岩に分類される。

問３　火山からふき出された非常に高温の火山ガスや，火山灰，よう岩などが一団となって山のしゃ面を高速で流れおりる現象を火砕《さい》流という。

問４　1990年に噴火した雲仙《うんぜん》普《ふ》賢岳《げんだけ》(長崎県)では，その翌年に40名以上の死者・行方不明者を出す大規模な火砕流が発生した。

問５　関東ローム層は，富士山や箱根山などが噴火したときに噴出した火山灰が降り積もってできた層といわれている。ぎょう灰岩層は，火山の噴火によりふき出された火山灰などが降り積もり，それが押《お》し固められてできたぎょう灰岩の層である。なお，れき岩層はつぶの大きさが２mm以上のれきがたい積してできた岩石の層，石灰岩層はサンゴのような石灰質のからだを持つ生物の死がいが積み重なり，長い年月をへて押し固められてできた岩石の層である。

問６　噴火警戒《かい》レベルは５段階に示されており，警戒レベル２は火口周辺規制で，火口周辺への立ち入り規制などが行われ，レベル３は入山規制で，登山禁止などが行われ，レベル４は高れい者等避《ひ》難で，警戒が必要な危険地域から高れい者は避難する必要がある。

問７　マグマのねばりけが強いと，よう岩が火口をふさぐことが多く，ばく発的な噴火を起こしやすい。一方，マグマのねばりけが弱いと，地上に出たよう岩が火口から四方へ流れ出るおだやかな噴火となる。マグマのねばりけがこれらの中間くらいである場合，火山灰とよう岩の層が交互《ご》に積み重なるような噴火をする。

問８　マグマのねばりけが強いと，ドームのようにもり上がった形の山となる。一方，マグマのねばりけが弱いと，たてをふせたような広がった形の山ができる。マグマのねばりけが中間の場合は，火山灰などとよう岩の層がかわるがわる積み重なり，円すい形に近い山となる。

問９　太陽光発電は太陽の光を利用しているので夜や悪天候では発電できないが，地熱発電は天気や時間に関係なく発電でき，太陽光発電に比べて発電量が安定しているといえる。

４ 磁石と電磁石についての問題

問１　永久磁石を糸でつるし自由に動くようにすると，Ｎ極は北の方角をさして止まる。

問２　磁石は異なる極どうしが引き合うため，つるした棒磁石のＳ極がさす方向にある地球の南極は磁石のＮ極にあたると考えられ，地球は北極にＳ極，南極にＮ極がある大きな磁石とみることができる。

問３　１個の磁石にはＮ極とＳ極があり，磁石が小さく割れても，それぞれの磁石のはしにはＮ極とＳ極ができる。図２の落ちた後の磁石では，アとエはＮ極，ウとカがＳ極になる。

問４　図３で，方位磁針①のＮ極が電磁石を指しているから，電磁石の上側がＳ極，下側がＮ極である。そのため，方位磁針②はＳ極が電磁石を指す。また，電池の向きを逆向きにすると，電流の流れる向きは逆になり，電磁石にできる極が逆になるので，方位磁針①はＳ極が電磁石を指し，方位磁針②はＮ極が電磁石を指すことになる。なお，電磁石はコイルに磁石の性質を強くするために鉄のしんを入れたもののことをいい，コイルに銅やアルミニウムのしんを入れてもコイルの磁石の強さに変化はない。また，豆電球と検流計の位置を入れかえても電流の流れる向きは変わらないので，電磁石にできる極は変わらない。

問５　磁石のＮ極とＳ極は引き合い，Ｎ極とＮ極，Ｓ極とＳ極は反発し合う。ウのようにすると，車体に固定した永久磁石のＮ極とＳ極がそれぞれＡ側にある２つの磁石と引き合い，Ｂ側にある２つの磁石と反発し合うため，車体はＡの方向に進む。

問６　車体に固定した永久磁石のまわり（右上，右下，左上，左下）にある４つの電磁石の極が，問５のウの車体のまわりにある永久磁石の極と同じ向きになるようにすると，車体がＡの方向に進む。実験１を参考にすると，右上の電磁石のリニアモーターカー側をN極にするためには，図３のように電池をおけばよい。さらに，右下，左上，左下の電磁石のリニアモーターカー側をそれぞれＳ極，Ｓ極，Ｎ極にするためには，ウのように電池をおけばよい。なお，電磁石は右手の４本の指をコイルに流れる電流の向きに合わせてにぎるようにしたとき，親指のある側にＮ極ができる。これを利用して，電池の向きを考えてもよい。

問７　電磁石を強くするには，コイルの巻き数を増やしたり，電池を直列につないで流れる電流を強くしたりするとよい。

問８　車体が地面につかないようにうかせるためには，車体に固定した磁石の極と車体の両側にある磁石の上側にある極がたがいに引き合うようにし，車体の両側にある磁石の下側にある極と反発し合うようにする必要がある。

※　編集部注…学校より，1の問２の②に不備があったため，この問題については受験生全員を正解にしたとの発表がありました。

国　語　＜理数選抜第２回試験＞（50分）＜満点：100点＞

解　答

一　問1　a　ア　b　エ　問2　イ　問3　ア　問4　（例）感謝の気持ちを具体的に表現する言葉を使用し，自分の感想を率直に述べるべきだと考えている。　問5　ア　問6　ウ　問7　ウ　問8　エ　二　問1　ア　問2　エ　問3　ウ　問4　ウ　問5　ア　問6　ア　問7　イ　問8　ウ　三　下記を参照のこと。　四　1　横　2　喜　3　非　4　手　5　分　五　1　氷　2　油　3　骨　4　背　5　念　六　1　行　2　育　3　収　4　補　5　承

●漢字の書き取り

三　1　能率　2　積年　3　招待　4　加減　5　改修

解　説

一　**出典は山崎武也《やまさきたけや》の『気くばりがうまい人のものの言い方』による。**感謝の気持ちを表すときは，感謝の言葉の後に，感動したことを具体的かつ簡潔につけ加えるべきだと述べられている。

問1　a　「尊大」は，いばっていてえらそうなようす。アの「尊敬」が同じ漢字である。なお，イは「損害」，ウは「漁村」，エは「子孫」と書く。　b　「一層」は，ますます。エの「高層」が同じ漢字。なお，アは「創意」，イは「仮想」，ウは「総勢」と書く。

問2　A　ものをもらったり世話になったりすれば「ありがとう」と言い，相手が目上や知らない人である場合は「ございます」をこれにつけ加えて言うと前にある。後には，この常識をわきまえない人もいると続く。よって，前のことがらを受けて，それに反する内容を述べるときに用いる「しかし」が入る。　B　Aでみたように，常識をわきまえない人がいると前にある。後には，見知らぬ人に小さな親切を受ける例が続き，ありがとうと言うだけなのは尊大な態度だと述べられている。よって，具体的な例をあげるときに使う「たとえば」がよい。　C　ごちそうした相手が「おいしかった」と言ってくれたら，ごちそうした側も満足感が持てると前にある。特においしかった料理の名前をあげれば，感謝の内容の具体性がいっそう高まると後に続く。よって，前のことがらに別のことをつけ加えるときに使う「さらに」が合う。　D　前には，全く同じものは存在しないので，すべてが同じ程度においしいことはありえないとある。後には，「すべてよい」という表現の信頼度は低いと続く。よって，前のことがらを受けて，順当に次のことが起こるさまを表す「したがって」がふさわしい。

問3　空らん①をふくむ文は，「心から感謝している」という思いを伝えるには，言葉遣《ことばづか》いを「丁《てい》寧《ねい》に」する必要があるが，「口先」で感謝を述べただけでは「儀礼的《ぎれいてき》な」意味しか伝わらないという内容である。よって，心がこもっていない，表面的という意味に近い語が入るので，「自動的」

が適する。

問４　直前の二段落で説明されていた内容に注目する。「儀礼」とは「最低限の約束事」だが，そこに留《とど》まるのではなく，相手に感謝する気持ちを「率直」に伝えることが必要だと述べられている。そして，どの部分が印象に残ったかなどを「具体的」に言葉で表現することがポイントなのである。

問５　「おざなり」は，“その時だけの間に合わせ”という意味なので，アがよい。

問６　“人によって好みはさまざまだ”という意味の表現は，「蓼《たで》食う虫も好き好き」である。なお，「花より団子」は，見た目より中身を取ること。「好きこそ物の上手なれ」は，“好きなものは上達するのも早い”という意味。「棚からぼたもち」は，思いがけない幸運に出会うこと。

問７　直前の段落には，人づきあいの上手な人は，さまざまな観点から人を観察して好みを推測し，それに合わせようとするとある。それに対し，空らん⑤をふくむ文では，表向きだけよく振《ふ》る舞《ま》っている人はそのことをわかっていないと述べられている。よって，だれからもよく思われようと愛《あい》想《そ》よく振る舞う人のことをいう「八方美人」が合う。なお「玉石混交（混淆《こんこう》）」は，良いものと悪いものがまざり合っていること。「自画自賛」は，自分の行為や自身を自分でほめること。「適材適所」は，その人の適性や能力に応じて，それにふさわしい地位や仕事につかせること。

問８　「寸鉄人を刺《さ》す」とは，短くするどい言葉で相手の急所をつくことのたとえ。ここでは，感動したら，簡潔で要点をとらえた言葉で相手に伝えよと筆者は述べているので，エがあてはまる。

二　**出典は伊吹有喜《いぶきゆき》の『今はちょっと，ついてないだけ』による。**写真家の立花《たちばな》は，思わぬきっかけで仕事を手伝ってもらうことになった宮川《みやがわ》に，本格的にいっしょに仕事をしたいと伝える。

問１　仕事を手伝ったことに対する礼を立花に言われた宮川は，初対面のときに「ずいぶん失礼なことを言ったから」と返している。立花を手伝ったのは，「罪滅《つみほろ》ぼし」だとするのがよい。「罪滅ぼし」は，良い行いをして，過去にした悪行をつぐなうこと。

問２　「愛《あい》想《そ》を尽《つ》かす」は，“見かぎる，あきれて好意をなくす”という意味。

問３　立花に「ずいぶん失礼なことを言った」，初めて会ったときのことを，宮川は後で回想している。宮川の母が，立花とその母の話を電話でするたび，見舞《みま》いに行かないことを責められているように感じ，立花に当たってしまったというのだから，ウがあてはまる。

問４　宮川はこの後で，自分の母の写真を「すごくいい顔」で「幸せそう」だと評している。宮川の母の写真を撮《と》ったとき，宮川の母は息子の宮川さんの話をしていたと立花は語り，その話をするときの「お母様はいい顔をする」のだと言っている。したがって，ウがよい。

問５　このとき，宮川は，初めてコウキに会ったときは八つ当たりしてしまったと告白し，そんな自分を「いやだね，小さくて」と言っている。自分のことをさげすんで笑ったのだから，アが合う。

問６　宮川が「嘘《うそ》」だと思ったのは，立花が言った「宮川さんのお母さんは，幸せそうでしたよ」という言葉である。宮川は，自分は母親を「故郷に置き去りにした」と後悔《こうかい》していたため，立花は自分を気づかってそう言っただけだと考えたのだから，アが選べる。

問７　宮川は，リストラされ，妻に愛想を尽かされ，その日暮らしの自分の生活を「順調とは言えない人生」だと感じているが，それにもかかわらずこれからの仕事にわくわくしていることを「変だね」と言っているのだから，イがふさわしい。

問８　直前で，立花は「いろいろ遠回りをしてきた」と，これまでのことを思い起こしている。一時は借金を背負い，写真家をやめたこともあったが，今また本格的に宮川たちと仕事をしようと決め，いろいろな人と出会うことで見えた景色もあると感じているのだから，ウがよい。

三 漢字の書き取り

1　ある時間内での仕事の進み具合。　**2**　長い年月。　**3**　客として招き，もてなすこと。　**4**「手加減」は，相手にとってちょうどよい具合にすること。　**5**　手を入れて直すこと。

四 対義語の知識

1　縦の方向に断ち切ることをいう「縦断」の対義語は，横の方向に断ち切ることをいう「横断」である。　**2**　悲しい物語の劇を意味する「悲劇」の対義語は，おもしろおかしい劇をいう「喜劇」になる。　**3**　特定の仕事の番にあたることをいう「当番」の対義語は，仕事の番にあたっていないことをいう「非番」である。　**4**　実現したいとめざすことがらを意味する「目的」の対義語は，目的をはたすための方法を意味する「手段」になる。　**5**　ばらばらのものをまとめあげることをいう「総合」の対義語は，あるものごとを細かく分けていくことをいう「分析《ぶんせき》」になる。

五 ことわざの完成

1「薄氷《はくひょう》を踏《ふ》む」と似た意味の言葉には，「一触即発《いっしょくそくはつ》」などがある。　**2**「油を売る」と近い意味の言葉には，「道草を食う」などがある。　**3**「骨が折れる」と似た意味の四字熟語には「四苦八苦」などがある。　**4**「背水の陣《じん》」に近い意味の言葉には，「後がない」「絶体絶命」などがある。　**5**「念を押《お》す」に似た意味の言葉には「だめ押しする」などがある。

六 漢字のパズル

1「行」を入れると，上から時計回りに「逆行」「行動」「行事」「実行」という熟語ができる。

2「育」を入れると，上から時計回りに「発育」「育成」「育児」「知育」という熟語ができる。

3「収」を入れると，上から時計回りに「回収」「収納」「収束」「買収」という熟語ができる。

4「補」を入れると，上から時計回りに「候補」「補完」「補給」「増補」という熟語ができる。

5「承」を入れると，上から時計回りに「伝承」「承服」「承知」「口承」という熟語ができる。

Dr.福井の
入試に勝つ！脳とからだのウルトラ科学

記憶に残る“ウロ覚え勉強法”とは？

人間の脳には，ミスしたところが記憶に残りやすい性質がある。順調にいっているときの記憶はあまり残らないが，まちがえて「しまった！」と思うと，その部分がよく記憶されるんだ（これは，脳のヘントウタイという部分の働きによる）。その証拠に，おそらくキミたちも「あの問題を解けたから点数がよかった」ことよりも，「あの問題をまちがえたから点数が悪かった」ことのほうをよく覚えているんじゃないかな？

この脳のしくみを利用したのが“ウロ覚え勉強法”だ。もっと細かく紹介すると，テキストの内容を一生懸命覚え，知識を万全にしてから問題に取り組むのではなく，テキストにざっと目を通した程度（つまりウロ覚えの状態）で問題に取りかかる。もちろんかなりまちがえると思うが，それを気にすることはない。まちがえた部分はよく記憶に残るのだから……。言いかえると，まちがえながら知識量を増やしていくのが“ウロ覚え勉強法”なのである。

ここで，ポイントが２つある。１つは，ヘントウタイを働かせて記憶力を上げるために，まちがえたときは「あ～っ！」とわざとらしく驚くこと。オーバーすぎるかな……と思うぐらいでちょうどよい。

もう１つのポイントは，まちがえたところをそのままにせず，ここできちんと見直すこと（残念ながら，驚くだけでは覚えられない）。問題の解説を読んで理解するのはもちろんだが，必ずテキストから見直すようにする。そうすれば，記憶力が上がったところで足りない知識をしっかり身につけられるし，さらにその部分がどのように出題されるかもわかってくる。頭の中の知識を実戦で役立てられるようにするわけだ。

Dr.福井（福《ふく》井《い》一成《かずしげ》）…医学博士。開成中・高から東大・文Ⅱに入学後，再受験して翌年東大・理Ⅲに合格。同大医学部卒。さまざまな勉強法や脳科学に関する著書多数。

Memo

Memo

2022年度　星野学園中学校

〔電　話〕　049(223)2888
〔所在地〕　〒350－0824　埼玉県川越市石原町２－71－11
〔交　通〕　JR埼京線・東武東上線―川越駅よりスクールバス

【算　数】〈進学第１回試験〉（50分）〈満点：100点〉

1　次の□の中にあてはまる数を求めなさい。

（１）　$5 - 16 \div 48 \times 9 = \square$

（２）　$(2 - 0.56) \div 1\frac{1}{5} = \square$

（３）　$3\frac{23}{24} \div \left(6 - \frac{3}{8}\right) - \left(3\frac{1}{3} - \frac{1}{6}\right) \times \frac{2}{9} = \square$

（４）　$8 \times 12 + \square \times 2 + 2\frac{1}{2} = 100$

（５）　８で割ると５余る数で200に一番近い数は□です。

（６）　家から駅まで直線距離《きょり》で10 km離《はな》れています。25000分の１の縮尺の地図上では□cm離れています。

2 次の各問いに答えなさい。

（１） ノートを何人かの生徒で分けるのに，１人７冊ずつ分けると３冊余り，８冊ずつ分けると５冊不足します。ノートは何冊ありますか。

（２） 長さ 155 m の列車Ａが，秒速 30 m の速さで進む長さ 135 m の列車Ｂに追いついてから追いこすまでに 58 秒かかりました。列車Ａの速さは秒速何 m ですか。

（３） 15％の食塩水 200 g に水を入れて，10％の食塩水を作るつもりでしたが，まちがえて水のかわりに６％の食塩水を入れてしまいました。何％の食塩水になりましたか。

（４） 下の表はあるクラスの 10 点満点の漢字テストの結果です。中央値は何点ですか。

点数(点)	3	4	5	6	7	8	9	10
人数(人)	2	4	5	3	4	8	6	4

（５） 右の図の㋐の角の大きさは何度ですか。

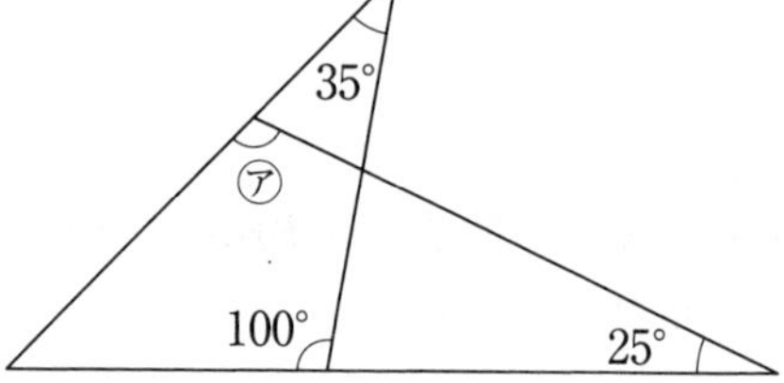

（６） 右の図は，立方体の展開図です。

この展開図を組み立てたとき，Ａと重なる点をＢ～Ｎから選びなさい。

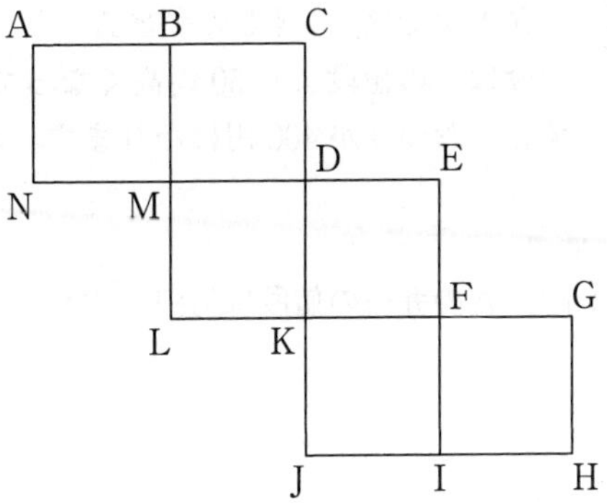

（７） 右の図のような長方形 ABCD の辺 AD，CD 上に点 E，F があり，点 E は辺 AD の真ん中の点で，点 F は辺 CD を 2：5 に分ける点です。

三角形 CEF の面積が 2 cm^2 のとき，三角形 BED の面積は何 cm^2 ですか。

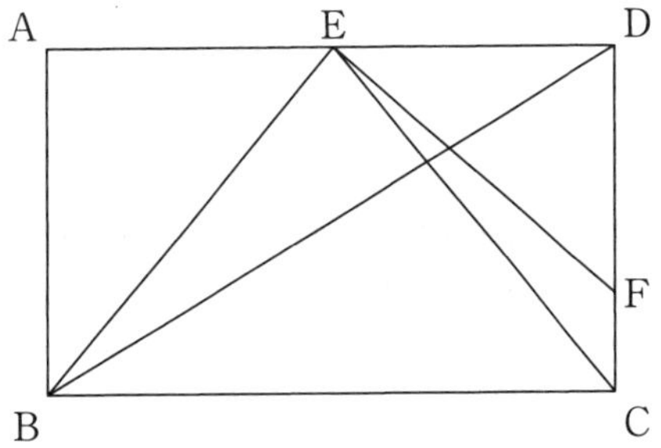

（８） ある規則に従って，次のように左から数字が並んでいます。

1，1，2，1，2，3，1，2，3，4，1，2，3，4，5，……

このとき，左から 50 番目の数字は何ですか。

（９） 箱の中に，くじ全体の本数の 40 ％が当たりとなるように，当たりくじとはずれくじの 2 種類を入れました。このくじを 15 人が１本ずつ引いたら，当たりくじを引いた人が４人，はずれくじを引いた人が 11 人でした。その結果，箱の中の当たりくじとはずれくじの本数が同じになりました。当たりくじは箱の中にあと何本残っていますか。

(10)

作業

コインを投げて，表が出たらさいころを１回投げる。
裏が出たらさいころを２回投げる。

この作業を２回繰り返すとき，さいころの目の和が４になるのは全部で何通りありますか。

3　弁当屋では，３種類の弁当Ａ，Ｂ，Ｃが売られています。Ｂの値段はＡの値段の２倍で，Ｃの値段はＡの値段より 50 円高くなっています。Ａを３個，Ｂを２個，Ｃを４個買って，5000 円出すと，おつりが 400 円になります。このとき，次の各問いに答えなさい。

（１）　Ａの弁当の値段は何円ですか。

（２）　Ｂの弁当が何円か値引きされました。Ａを３個，ＢとＣをそれぞれ４個買うと，ちょうど 5000 円になりました。Ｂの弁当は元の値段から何％値引きされましたか。

4　円，四角形，三角形を組み合わせた下のような図があります。赤・青・黄色の３色すべて，またはそのうち２色を使ってア～エの部分をぬりわけます。ただし，となり合う部分は同じ色にならないようにします。このとき，次の各問いに答えなさい。

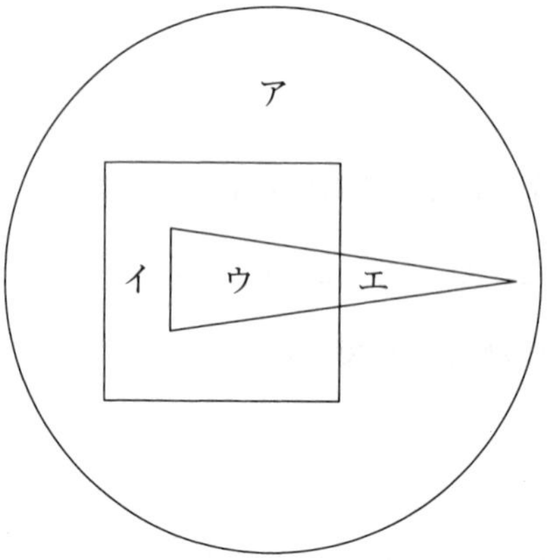

（１）　アの部分に赤色をぬるとき，色のぬり方は全部で何通りありますか。

（２）　色のぬり方は全部で何通りありますか。

5 四角柱の水そうと直方体の容器があります。この水そうに直方体の容器の１杯《ぱい》分の水を入れました。その後，水そうにおもりを入れると，水の高さが１cm 上がりました。図１はそのときの様子をあらわしています。さらに，$45\ \mathrm{cm}^3$ の水を入れると水そうは満杯《まんぱい》になりました。このとき，次の各問いに答えなさい。ただし，水そうと直方体の容器の厚さは考えないものとします。

四角柱の水そう　　　　　　直方体の容器

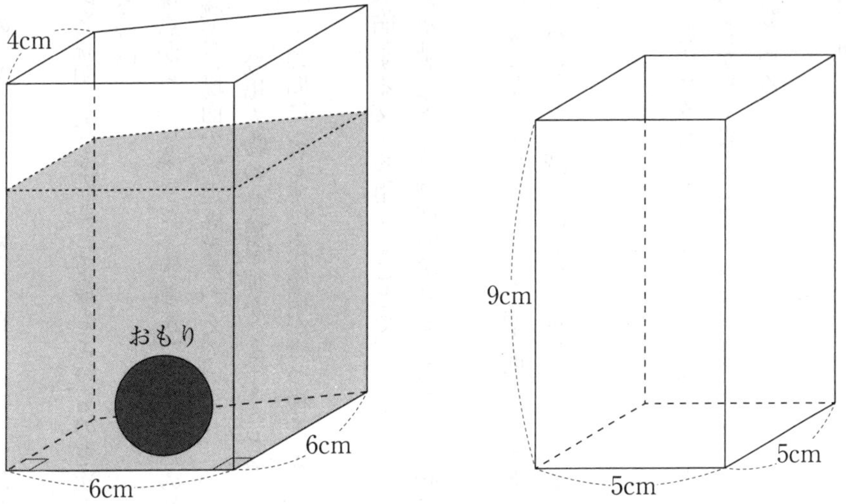

図１

（１） 水そうの高さは何 cm ですか。

（２） 水そうが満杯の状態から，おもりを直方体の容器に移し，さらに水そうに入っている半分の量の水を容器に移しました。次に，水そうにふたをして，右の図の斜線《しゃせん》部分が底面になるようにします。このとき，水そうと容器のそれぞれに入っている水の高さを最も簡単な整数の比で表しなさい。ただし，おもりは水中に完全にしずむものとします。

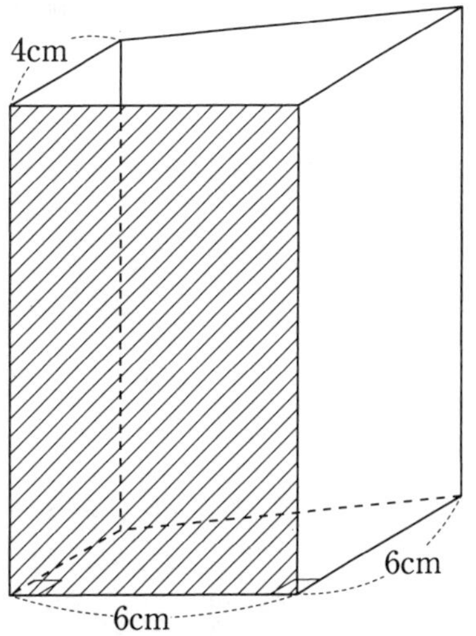

四角柱の水そう

をはらっているということ。

ウ　「ぼく」がニケのことを大切に考えているように、「仁菜」もニケを大切にしているということ。

エ　「ぼく」がニケのことを家族だと考え、責任を持って飼おうとしているということ。

問七　この文章の特徴《とくちょう》を説明したものとして最もよいものを次から選び、記号で答えなさい。

ア　「雅さん」の視点から「仁菜」と「雅さん」のけんかの様子を示すことで、読者に場面の緊迫感《きんぱくかん》をあたえている。

イ　会話を中心とし、登場人物の心情を細かく示すことで、「仁菜」と「雅さん」との間に少しずつ家族愛が育つ様子をえがいている。

ウ　情景の様子を説明する文を多用することで、「ぼく」「仁菜」「雅さん」の三人が話している場面の深刻さを引き立たせている。

エ　「ぼく」「仁菜」「雅さん」がいる現在の話の間に、「雅さん」の過去の話を入れることで、読者にも現実感を持たせるようにしている。

三

次の１～５の――線のカタカナを漢字に直しなさい。送りがながあれば、それをひらがなで書くこと。

1　**ギャクテン**勝利をおさめる。

2　**サツタバ**を数える。

3　訪問先でお茶を**イタダク**。

4　国語**ジテン**で調べる。

5　**ヒミツ**のプレゼントを用意する。

四

次の１～５の漢字の部首名を、ひらがなで書きなさい。

1　待　2　郡　3　然　4　発　5　神

五

次の１～５の熟語の組み立ての説明として最もよいものを、それぞれ後から選び、記号で答えなさい。

1　県営　2　公私　3　採血　4　勤務　5　風力

ア　意味が似ている漢字を並べたもの

イ　意味が反対の漢字を並べたもの

ウ　上が主語、下が述語の関係にあるもの

エ　上の漢字が下の漢字をくわしく説明しているもの

オ　上の漢字が動作を示し、下の漢字がその対象を示しているもの

六

次の１～５のことわざや慣用句、四字熟語の空らんにあてはまる**漢数字**を、それぞれ答えなさい。

1　（　）つ子の魂《たましい》百まで

2　（　）里の道も一歩から

3　（　）の足を踏《ふ》む

4　（　）里霧中《むちゅう》

5　三寒（　）温

イ　Ⅰ　案の定　Ⅱ　息をのみ　Ⅲ　なしくずしで

ウ　Ⅰ　唐突に　Ⅱ　息をのみ　Ⅲ　もくろみ通りに

エ　Ⅰ　案の定　Ⅱ　息をつき　Ⅲ　なしくずしで

問二　――線①「にらみつけていた目つきがふとゆらぐ」とありますが、このときの「仁菜」の様子を説明したものとして最もよいものを次から選び、記号で答えなさい。

ア　「雅さん」が伝えようとしている話が自分の考えていたものとは違うものであることに気づき、「雅さん」の話を聞こうとする態度に傾《かたむ》いてきている。

イ　「雅さん」の話が事前に考えていたことと全く異なることにとまどうとともに、「雅さん」の話を「ぼく」に聞かせてよいかどうか考えようとしている。

ウ　「雅さん」が言った「赤ちゃん」という言葉にショックを受けるとともに、自分がそのことにまで考えが至らなかったことを反省している。

エ　「雅さん」の過去の話におどろくとともに、そんな経験をしている「雅さん」に対して反発していたことを後悔《こうかい》する態度に傾いてきている。

問三　――線②「宙ぶらりん」とありますが、ここでの意味として最もよいものを次から選び、記号で答えなさい。

ア　体の力がぬけた様子　イ　落ち着かない様子

ウ　中途半端《ちゅうとはんぱ》な様子　エ　気分が悪い様子

問四　――線③「責任を持って生き物を飼う」とありますが、この「責任」が表していることとしてよいものを次から**二つ**選び、記号で答えなさい。

ア　病気になるなどペットに何かあったときに、対応できるお金を持っていること。

イ　ペットを単なるペットだと考えるのではなく、家族として考えること。

ウ　ペットを飼うと決めた人が、だれにも頼らずに面倒をみるようにすること。

エ　ペットが亡くなる何年も先のことまで考えて、世話をし続けること。

オ　飼っているペットの様子を、細心の注意をはらって見ること。

問五　――線④「リビングのテーブルの前から一歩も動こうとしない仁菜」とありますが、このときの「仁菜」の気持ちとして最もよいものを次から選び、記号で答えなさい。

ア　生き物の命は大切だという「雅さん」の話を聞いて、思いがけず母親が生き物に対して深い愛情を持った人だったことを知り、感動している。

イ　「雅さん」の体験談を聞き、生き物を飼うということの責任の重さを理解しつつも、猫を飼いたい気持ちが一層強まっている。

ウ　生き物を飼うことに対する「雅さん」の思いの深さと、それに対してかんたんに生き物を飼おうとした自分のあまさを知り、衝撃《しょうげき》を受けている。

エ　「雅さん」の話に対して反論をしたかったのに、何も言えず最後まで素直《すなお》に聞いてしまった自分の未熟さが、くやしくてたまらない。

問六　――線⑤「それ」とありますが、「それ」が指すこととして最もよいものを次から選び、記号で答えなさい。

ア　「ぼく」が「仁菜」とはちがい、自分の家族のようにニケのことを考えているということ。

イ　ニケという名前が表しているように、「ぼく」がニケに注意

ってもしっかり責任を持って面倒を見ようと思ってるよ、ママは」

　クッキーは長いことペットショップの狭《せま》い空間で暮らしていたせいで骨が弱かったのか、家に来て数日で、自分で飛び乗ったソファから飛び降りて骨折したそうだ。

　前に母さんが、骨折の治療《ちりょう》に相当お金がかかったらしい、と話していたのを思い出す。手術のために、ちょっと遠い大きな病院までわざわざ行ったそうだ。そのおかげで、いまでは問題なく飛んだり跳《は》ねたり走ったりしている。

「かわいそうだからといっても、なんでもかんでもはお世話できないの。だからあの子猫のこともダメって言ったの。クウちゃんのお世話もちゃんとできない仁菜に、③責任を持って生き物を飼うことはできないと思って」

　仁菜がぐっと口を横一文字に引き結ぶ。

「生き物を飼うってね、小さいときや飼い始めのものめずらしいときだけかわいがるんじゃダメなのよ。その子を一生責任持って育てられる自信がなければ、いたずらに手を出しちゃダメ。ママはそう思うな」

　仁菜はなにも言い返せなかった。もちろんぼくも。そこで話し合いは終わった。

「ごめんね玄太《げんた》くん、わざわざ来てくれたのに」

　④リビングのテーブルの前から一歩も動こうとしない仁菜の代わりに、雅さんが玄関まで送ってくれた。

「いえ、あの、すいません」

「こちらこそ、この前はごめんね。子猫ちゃん見て、いろいろ思い出してついかっとなっちゃって。※真季《まき》にも今度ちゃんと話しておくね」

「ニケです、子猫の名前……最初、三毛猫じゃなくて二毛猫だと思ったから、ニケ。洗ったら、三色だったんですけど」

　返事をする代わりに、言った。ニケはもう、ニケなんだ。どこにでもいる子猫じゃなくて、うちの猫、ニケ。⑤それを雅さんにわかってほしかった。

「それ、もしかして仁菜がつけた？」

　ぼくがうなずくと、雅さんはちょっとうれしそうに微笑《ほほえ》んだ。

「ニナとニケなんて、姉妹《しまい》みたいね」

　独《ひと》り言《ごと》みたいに小さい声で、雅さんはそうつぶやいた。

「しょっちゅううちに来ては、熱心にニケの世話してました。……責任、感じてたんだと思うけど」

「そっか。……こんなこと、玄太くんに頼むのもなんだけど、ニケちゃん、責任持ってかわいがってあげてね」

　ぼくはうなずいた。最初は［Ⅲ］飼うことになってしまったけど、でもいまではニケはもう立派な家族の一員だから。ぼくのかわいい妹だ。

　ニケにはできる限りのことをしてあげよう、と思っていた。ニケが大人になっても、ずっとニケの面倒を見続ける。きっとそれが、「責任」ってやつなんだろう。

　ぼくは来た道を、とぼとぼと歩いて帰った。

（片川優子《かたかわゆうこ》『ぼくとニケ』）

※語注

陽向…「ぼく」の弟。

クッキー…仁菜の家で飼っている犬。「クウちゃん」はクッキーのあだ名。

真季…「ぼく」の母親。雅さんとは友だちである。

問一　本文中の［Ⅰ］～［Ⅲ］に入る語の組み合わせとして最もよいものを次から選び、記号で答えなさい。

ア　Ⅰ　唐突《とうとつ》に　Ⅱ　息をつき　Ⅲ　もくろみ通りに

仁菜がはっと［ Ⅱ ］、①にらみつけていた目つきがふとゆらぐ。

「小さくて、でもお母さんそっくりで、すごくかわいかった。だからみんな大事に育てた。そうすると不思議と、周りの人も捨て猫を見つけるとうちの前に置いていくようになって、かわいそうだからお世話をしているうちに、気がつけばうちの猫は十匹《じっぴき》を超《こ》えてた」

「十匹！」

今度はぼくが抑《おさ》えきれずに声をあげてしまった。

十匹なんて、想像ができない。ニケ一匹にだって家族じゅうが振《ふ》り回されているっていうのに！

「そのうちに、最初に拾ってきた子が、どんどんやせてきたの。気がついたときには半分くらいの体重になってて、そこで初めて病院に連れていったら、腎臓《じんぞう》が悪くなってた」

腎臓病は、猫によくある病気なのだと、雅さんは説明してくれた。

「腎臓は、一度悪くなるともう治らないんだって。点滴《てんてき》をしに毎日病院に来てくださいって言われた。そしたら、病院の帰り道、おばあちゃんに言われたの。うちには毎日この子を病院に連れていくだけのお金がないって」

「じゃあ……じゃあどうなっちゃったのその猫ちゃん！」

仁菜はいてても立ってもいられない、といったようすで雅さんに聞いた。

「最初の一週間は、病院からもらったお薬を飲ませて、それだけ」

三か月後、その猫は亡《な》くなったのだと雅さんは淡々《たんたん》と話してくれた。

さすがに仁菜も、口をはさまず、静かに雅さんの話を聞いていた。見たことのない、雅さんが拾った白黒の猫のことを考える。

「それでね、ふと気づいたの。あと十匹以上いるって」

もし残りの猫たちが具合が悪くなったとしても、救ってあげることはできない。そう考えた雅さんは、中学生ながら猫たちのもらい手探しを始めたのだという。

ぼくは、雅さんの気持ちがわかるような、わからないような、②宙ぶらりんの気持ちのまま雅さんの話を聞いていた。

確かに病気になったとき、なにもしてあげられないのはつらい。でも大好きな猫たちと元気なままお別れするのもつらいんじゃないかな。

「高校生になってバイトができるようになったら、全部猫のためにお金を使ったわ。病院に行ってちゃんと不妊《ふにん》手術をしてもらって、病気になっても治してあげられるようにお金もためて。でも結局、大学に入って家を出て、ひとり暮らしをして実家にもめったに帰らない間に、最後の子もおしっこが詰《つ》まる病気で亡くなってしまった。そのとき決めたの、もう責任が取れない命を飼うのはやめようって」

今度は、家で遊んでいるはずのニケのことを考えた。仁菜が家に連れてきて、飼うことになった子猫。

考えてみれば、ニケはこの後もずっと生きるんだ。ぼくや仁菜が中学生になって、高校生になって、それより大きくなっても、ニケは生きている。幸い父さんも母さんもニケにメロメロだから、面倒《めんどう》を見てくれなくなるってことは考えにくいけど、でもそんな先のことまで、考えたことがなかった。

スピスピと、静かに※クッキーが鼻を鳴らした。

「クウちゃんは、どうなの」

仁菜が、長い長い沈黙を破った。いつの間にか目じりの赤みも取れ、少しずつ落ち着いたように見える。

クッキーは、大きくなっても買い手が見つからず、ペットショップで売れ残っていたのだそうだ。毛があまり生えそろわず、ちょっとみすぼらしかったらしい。仁菜がそんなクッキーを見つけて、飼いたいと泣いて騒《さわ》いだという話も聞いたことがある。

「仁菜がどう思っているかはわからないけど、クウちゃんはなにがあ

考えているから。

二　次の文章を読んで、後の問いに答えなさい。

《ここまでのあらすじ》

小学五年生の「ぼく」は、子猫《こねこ》を拾ったが自分の家で飼えない幼なじみの仁菜《にな》に代わって、子猫を飼うことになった。仁菜の家では、母親の雅《まさ》さんが猫を飼うことに猛反対《もうはんたい》している。ある日、「ぼく」は雅さんを説得するために仁菜の家を訪れたが、仁菜は「ぼく」の家に子猫を見に行ってはダメと言った雅さんに反発してしまう。

「聞きなさい、仁菜。今日は、どうしてママが行っちゃダメって言ったか、ちゃんと話すから」

「どうせママが猫嫌《ぎら》いだからなんでしょ？　そんなの聞いたって無駄《むだ》だよ！」

仁菜はいまにも泣きだしそうな顔で、雅さんから顔を背《そむ》けている。

「……ママは猫が嫌いなわけじゃないわよ」

沈黙《ちんもく》を破ったのは、雅さんだった。

仁菜は静かにぎろっと雅さんをにらむ。大人の言うことなんて信じるもんか、といった顔つきだった。

ぼくはいままで、母さんにも父さんにも、そんなに怒《いか》りを感じたことはない。そりゃあ、大好きなアニメが始まった瞬間《しゅんかん》に※陽向《ひなた》が大声で泣きだして、テレビの音が全然聞こえなくなってしまうようなときは陽向にイラッとするし、どつきたくもなるけど、でもこんなに激しい怒りじゃなかった。仁菜の燃え盛《さか》るような怒りは、どこからわいて出てくるんだろう。

「ウソばっかり！」

Ｉ、仁菜は雅さんの言葉をはねつけた。話を聞かずに席を立とうとする。

仁菜たちの親子げんかに巻きこまれてしまったぼくは、正直とっても気まずかった。テーブルの隅《すみ》っこでだまりこみ、なるべくじゃましないように小さくなるしかない。

うちだって、しょっちゅう陽向がいたずらをしたり言うことを聞かなかったりして、母さんがどなりつけている。ぼくだって、陽向ほどじゃないけれどたまに怒《おこ》られることもある。

でもそれって、こんな感じじゃない。こんなふうに、真っ向から母親に立ち向かっていくなんていうけんかにはならない。

だからなおさら、ぼくにはどうしていいかわからなかった。

「ママも昔ね、仁菜と同じように猫を拾ってきたことがあるの」

雅さんは静かに話し始めた。雅さんがなにを考えているのかはよくわからない。仁菜はそんな雅さんを、ぐりぐりの髪《かみ》の毛の下からギラギラと光る目でにらみつけている。かんたんには納得《なっとく》しないぞ、という強い意志を感じる。

「仁菜よりももうちょっと小さいときだったかな。ママの妹、楓《かえで》おばさんといっしょに遊んでるときに見つけて、餌付《えづ》けしたらなついちゃって、どうしても放っておけなくて、連れて帰ってふたりで泣いて頼《たの》んで飼わせてもらったの。白黒の、きれいな猫だった」

白黒の猫。ぼくはまたドッグフードで手なずけようとした野良猫を思い出した。もしかしたら雅さんは、あの猫を見ながら昔を思い出していたのかな。

「そのころは猫の飼い方なんてわからないし、病院に連れていくという発想もなかった。天気がいい日は外に出たがったから、適当に外にも出してた。そしたらある日、子どもを産んだの」

「赤ちゃん……」

イ　新聞は、社会全体としてどのようなことが多くの人々の関心を集めているか、社会にとって影響のあるニュースとは何かを判断する役割をはたしている。

ウ　新聞は、だれにとってそのニュースが重要か、社会全体にとって影響度の大きいニュースは何かということを伝える役割をはたしている。

エ　新聞は、集めたニュースを重要度に応じて格付けし、紙面にわかりやすくのせることで、社会の人々にどの情報が正確かを伝える役割をはたしている。

問四　――線③「多様な価値観」とありますが、多様な価値観を得ることを難しくするインターネット利用者の態度の説明として最もよいものを次から選び、記号で答えなさい。

ア　インターネットにある情報を、正しい情報だと信じこんでしまう態度。

イ　インターネットにのせる情報を、本当に正しいものかを確かめない態度。

ウ　インターネットに書かれた、他の人の意見を信じようとしない態度。

エ　インターネット上から、自分の調べたい情報だけを得ようとする態度。

問五　――線④「新聞には、ニュースを提供するという役割と同時に、『歴史を記録して後世に残す』という大切な役割があります」とありますが、新聞が残した記録をあとで利用する場合の注意点は何ですか。それを説明した次の文の空らん［①］・［②］に入る表現を、［①］は**五字**で、［②］は**十字**でそれぞれ本文中からぬき出して答えなさい。

新聞にのっている情報は［　①　］があるなかで書かれたものであるため、部分的な記事を読むのではなく、ある程度の期間の記事を調べることによって［　②　］を心がけるべきである。

問六　――線⑤「落とし穴」とありますが、その落とし穴に落ちる一因にはどのようなことがありますか。それが具体的に述べられた部分を文中から**三十三字**で探し、**最初と最後の五字**をぬき出して答えなさい。

問七　文中の［　］で囲まれた四つの文は、文の順番が正しく並んでいません。四つの文の順番として最も正しいものを次から選び、記号で答えなさい。

ア　A→B→D→C　　イ　B→A→C→D

ウ　D→C→B→A　　エ　D→C→A→B

問八　――線⑥「ネット上にある情報をなぞるだけなら、記者という職業は必要ありません」とありますが、そのように筆者が考えるのはなぜですか。その理由として最もよいものを次から選び、記号で答えなさい。

ア　ネット上の情報は記者が行う取材のきっかけにはなるが、ネット上にはなくリアルワールドにある情報を集めて発信することこそが、記者の役割と考えているから。

イ　ネット上の情報はリアルワールドと向き合って得られた情報であるとはいえず、リアルワールドで取材して得た情報だけが価値ある情報であると考えているから。

ウ　記者の役割はネットを利用できない人々の代わりに情報を発信したり収集したりすることであって、ネット上の情報を記者が利用してはいけないと考えているから。

エ　ネット上の情報がリアルワールドにおいて事実かどうかを確かめ、それをネット利用者に伝えることこそが、記者の役割と

すことはできません。仮想空間にある情報から、取り出すしかないのです。

インターネットが普及しはじめたころ、私は後輩《こうはい》の記者にこう言いました。

「ネット上の情報は、取材のきっかけになるでしょう。でも、記者の仕事は、ネット上にない情報を発信することではありませんか」

いまでも、その考えには変わりありません。

⑥ネット上にある情報をなぞるだけなら、記者という職業は必要ありません。

もちろん、ネット上の情報を活用し、より深く分析《ぶんせき》をして真相に迫《せま》るという手法もあるでしょう。しかし、リアルワールドに還《かえ》って事実かどうかを自分で確かめ、より深い考察を加えないかぎり、そうした手法も二次情報の加工にすぎません。

情報収集とは、ネット上の仮想空間にはないリアルワールドと向き合い、そこからじかに情報を受け取ることを意味します。

私は、※ジャーナリストという職業の役割は、情報を発信しない、発信できない人々に代わって、その人々が言いたいことを伝えることだと思っています。そのためには、仮想空間から、リアルワールドに向かって一歩踏《ふ》み出さねばなりません。

（外岡秀俊《そとおかひでとし》『発信力の育てかた』）

※語注

「プル」のメディア…利用者が自分から行動を起こさないと、情報を入手できないメディアのこと。

ピンポイント…極《きわ》めて限られたところにねらいを定めること。

縮刷版…元の印刷物を縮小して印刷したもの。

グーグル…インターネットの代表的な検索エンジンの一つ。

検索エンジン…インターネット上の情報を検索するためのシステムのこと。

ジャーナリスト…新聞記者のように、新聞、雑誌、インターネット、テレビなどのメディアを通じて、情報の提供や解説、批評を行う人。

問一　本文中の Ⅰ ～ Ⅲ に入る語として最もよいものをそれぞれ次から選び、記号で答えなさい。

ア　たとえば　　イ　ところで　　ウ　つまり　　エ　ですから

問二　――線①「新聞も、このところ元気がありません」とありますが、このように言えるのはなぜですか。その理由として最もよいものを次から選び、記号で答えなさい。

ア　現在では、新聞よりもインターネットの方が情報量が多いことが知られており、インターネットの情報の方が価値ある情報だと人々が認識しているから。

イ　現在では、あらゆるメディアの中で新聞の情報の速報性が低いことが人々に知られており、新聞を利用しようとする人が減ってきているから。

ウ　現在では、掲載《けいさい》されている情報量は新聞よりインターネットの方が多い上、インターネットは新聞より情報をいち早く発信できるようになっているから。

エ　現在では、情報を集めて発信する力は新聞よりインターネットの方が強いと考えられるようになっており、新聞の役割はないと思われがちだから。

問三　――線②「ニュース・バリュー」とありますが、新聞のニュース・バリューに関する役割の説明として最もよいものを次から選び、記号で答えなさい。

ア　新聞は、どんなニュースが人々にとって好ましいものであるか、社会全体にとってどんなニュースの影響力が大きいのかを判断する役割をはたしている。

二つ目は「③多様な価値観」です。

インターネットは、「こちらから情報を取りにいく」「こちらから発信する」という点では強力な※「プル」のメディアですが、裏を返していえば、「自分に興味のある情報しか探さない」「自分と同じ意見や価値観の人々としか交わらない」という傾向《けいこう》に陥《おちい》ることもあります。違った価値観や意見をぶつけ合い、説得や納得《なっとく》のうえで、より高い次元の解決策を探すという言論の役割は、ネット社会になれば、より大切になるでしょう。

三つ目は「記録性」です。

アメリカの新聞「ニューヨーク・タイムズ」は、もっとも信頼《しんらい》されているメディアの一つです。そのニューヨーク・タイムズは、毎日一面の左上に「印刷に値《あたい》するすべてのニュース」という標語を掲《かか》げています。社会にとって大切なニュースをすべて提供する、という高い理想です。

④新聞には、ニュースを提供するという役割と同時に、「歴史を記録して後世に残す」という大切な役割があります。歴史書が、長期にわたって出来事を記録する「年代記」であるとするなら、新聞は、「現在の瞬間」を記録する「日誌」なのです。

もちろん、それぞれの記事は、時間の制約があるなかで取材した「断片《だんぺん》」にすぎません。その後の続報で、前のニュースを修正・訂正《ていせい》したり、新たな事実が判明したり、まったく違う展開をしたりすることも、しばしばです。

［Ⅱ］、あるニュースを調べるときには、※ピンポイントで一つの記事を検索《けんさく》するのではなく、一連の報道を「流れ」としてつかみ、全体像をとらえることが大切になります。データベースで一本の記事を検索するだけでなく、図書館にある新聞の※縮刷版などで、少なくとも一か月、できれば数か月分の記事を調べるようにしましょう。

新聞は、それぞれの時代を「縮図」として記録しています。昔の縮刷版をめくれば、当時の広告やファッション、流行語や話題の人物なども、記録されています。それぞれの時代の「空気」を読み取ることも、ニュースの時代背景を理解するうえで、とても役にたつでしょう。

「いつでも、どこでも」ぼうだいな情報を集められるインターネットほど、便利な道具はなかったかもしれません。私も、その恩恵《おんけい》にあずかっている一人です。

ただ、前にも書いたように、利便性には⑤落とし穴がつきものです。

［Ⅲ］、※グーグルで、あなたの名前、あるいは親しい友だちの名前を検索してみましょう。あなたが有名な俳優か、スポーツなどの地方大会で個人入賞していなければ、ふつうはヒットしないと思います。

ネットをめぐる誤解の一つは、ネット上の仮想空間を、リアルワールド、つまり現実世界と思いこむことです。

考えてもみてください。

A　貧しい人々や、情報弱者の発信は、ネットの世界から、はじかれてしまうのです。

B　つまり、ネット上の仮想空間は、どれも無限に見えても、リアルワールドの、ほんの一部にすぎないのです。

C　ネットを使わない、使えないお年寄りや、読み書きのできない人も、少なくありません。

D　世界には、ネットに接続できる環境《かんきょう》、つまり電気やパソコン、携帯電話、携帯端末《たんまつ》などの機器をもっていない人々が、たくさんいます。

※検索エンジンがどれほどすぐれていても、「ないもの」を引き出

二〇二二年度 星野学園中学校

【国語】〈進学第一回試験〉（五〇分）〈満点：一〇〇点〉

注意　一、字数制限のある問題では「、」や「。」や記号等も一字に数えます。

二、問題作成のため、一部本文を改めたところがあります。

一　次の文章を読んで、後の問いに答えなさい。

二十世紀に力があった日本の①新聞も、このところ元気がありません。

九〇年代には、テレビ局に、持ち歩きができて安いデジタル撮影機《さつえいき》が普及《ふきゅう》し、衛星回線を通じて、世界各地から中継《ちゅうけい》できるようになりました。速報性や情報量では、新聞を圧倒《あっとう》するようになったのです。

さらに二十一世紀に入ると、インターネットを通じたニュースや映像が、瞬時《しゅんじ》に世界を駆《か》けめぐるようになりました。どんな事件や事故でも、その場にいる人が携帯《けいたい》電話で撮影した映像や音声が、第一報になる時代です。速報性という点では、新聞はもう「古いメディア」になったといってよいでしょう。

では、もう新聞の役割は終わった？

私はそうは思いません。ニュース・バリューの判断、多様な価値観、記録性の三点で、デジタル社会にも大きな役割をはたす。私はそう考えています。

「②ニュース・バリュー」とはニュースの「価値」、[I]重要性を指す言葉です。たとえばあなたが好きなアイドルが今日、何をしたのか。あなたにとってはもっとも重要であっても、友だちにとっては無価値かもしれません。先生が大好きな野球チームの今夜の試合結果も、あなたにとっては無価値かもしれない。どの情報も「ニュース」ですが、人によって重要度はまったく違《ちが》います。

では、社会全体にとって、何が重要なニュースといえるのか。それを格付けするのが、「ニュース・バリュー」の判断です。

新聞は、朝夕の締《し》め切り時刻までに集めたニュースを、その重要度に応じて格付けし、大切なものは一面や社会面に大きく扱《あつか》い、一目で見てわかるようにレイアウト（割付《わりつけ》）をしています。その基準は、

ニュース・バリュー＝人々の関心度×人々への影響度《えいきょうど》

ということができます。より多くの人が関心を持ち、影響度が大きいニュースに価値がある、という基準といってよいでしょう。アイドルや芸能人への関心がどんなに高くても、影響度がなければ、価値は下がります。人々があまり関心を持っていなくても、影響度の大きなニュースには価値があります。

ちなみに、米国の心理学者は「うわさ」の広がる量について、

うわさの広がる量＝重要度×あいまいさ

という方式を提唱しました。関心が高いほど、情報があいまいであるほど、うわさは広がりやすいことを示しています。ニュースになるためには、「正確さ」が何より大切なことを示しています。

さて、「ニュース・バリュー」を判断するためには、「ある一定の時間」という制約が必要です。たとえばこの「半日」、この「一日」で、何が重要かを判断するわけです。

インターネット上のニュースは、新聞やテレビのサイトもふくめて、次々に更新《こうしん》されます。重要なニュースであっても、他のニュースと並《へい》列《れつ》で扱われ、消えてしまいます。時間の制約がないため、かえって重要度の判断がぼやけてしまうのです。

新聞が紙から電子に移っても、この「一定時間のうちに何がニュースとして重要か」という判断の役割は、変わりありません。

2022年度 星野学園中学校 ▶解　答

※　編集上の都合により，進学第１回試験の解説は省略させていただきました。

算　数　＜進学第１回試験＞（50分）＜満点：100点＞

解　答

1 (1)　2　(2)　1.2　(3)　0　(4)　$\frac{3}{4}$　(5)　197　(6)　40　2 (1)　59冊　(2)　秒速35m　(3)　12%　(4)　7.5点　(5)　110度　(6)　I　(7)　7 cm^2　(8)　5　(9)　10本　(10)　10通り　3 (1)　400円　(2)　37.5%　4 (1)　6通り　(2)　18通り　5 (1)　10cm　(2)　15：44

国　語　＜進学第１回試験＞（50分）＜満点：100点＞

解　答

一 問1　Ⅰ　ウ　Ⅱ　エ　Ⅲ　ア　問2　ウ　問3　イ　問4　エ　問5　①　時間の制約　②　全体像をとらえること　問6　ネット上の～いこむこと　問7　エ　問8　ア　二 問1　イ　問2　ア　問3　ウ　問4　ア，エ　問5　ウ　問6　エ　問7　エ　三 下記を参照のこと。　四 1　ぎょうにんべん　2　おおざと　3　れんが(れっか)　4　はつがしら　5　しめすへん　五 1　ウ　2　イ　3　オ　4　ア　5　エ　六 1　三　2　千　3　二　4　五　5　四

●漢字の書き取り

三 1　逆転　2　札束　3　頂く　4　辞典　5　秘密

Dr.福井の

入試に勝つ! 脳とからだのウルトラ科学

睡眠時間や休み時間も勉強!?

　みんなは寝不足になっていないかな？　もしそうなら大変だ。睡眠時間が少ないと，体にも悪いし，脳にも悪い。なぜなら，眠っている間に，脳は海馬《かいば》という部分に記憶をくっつけているんだから。つまり，自分が眠っている間も頭は勉強しているわけだ。それに，成長ホルモン（体内に出される背をのばす薬みたいなもの）も眠っている間に出されている。昔から言われている「寝る子は育つ」は，医学的にも正しいことなんだ。

　寝不足だと，勉強の成果も上がらないし，体も大きくなりにくく，いいことがない。だから，睡眠時間はちゃんと確保するように心がけよう。ただし，だからといって寝すぎるのもダメ。アメリカの学者タウブによると，10時間以上も眠ると，逆に能力や集中力がダウンしたという研究報告があるんだ。

　睡眠時間と同じくらい大切なのが，休み時間だ。適度に休憩するのが勉強をはかどらせるコツといえる。何時間もぶっ続けで勉強するよりも，50分勉強して10分休むことをくり返すようにしたほうがよい。休み時間は，散歩や体操などをして体を動かそう。かたまった体をほぐして，つかれた脳を休ませるためだ。マンガを読んだりテレビを見たりするのは，頭を休めたことにならないから要注意！

　頭の疲れに関連して，勉強の順序にもふれておこう。算数の応用問題や理科の計算問題，国語の読解問題などを勉強するときには，脳のおもに前頭葉という部分を使う。それに対して，国語の知識問題（漢字や語句など）や社会などの勉強では，おもに海馬《かいば》という部分を使う。したがって，それらを交互に勉強すると，1日中勉強しても疲れにくい。

Dr.福井（福《ふく》井《い》一成《かずしげ》）…医学博士。開成中・高から東大・文Ⅱに入学後，再受験して翌年東大・理Ⅲに合格。同大医学部卒。さまざまな勉強法や脳科学に関する著書多数。

2022年度　星野学園中学校

〔電　話〕　049(223)2888
〔所在地〕　〒350－0824　埼玉県川越市石原町２－71－11
〔交　通〕　JR埼京線・東武東上線　川越駅よりスクールバス

【算　数】〈理数選抜第２回試験〉（50分）〈満点：100点〉

1　次の各問いに答えなさい。

（１）　$1\frac{3}{7} \div 3 \times 4.2$　を計算しなさい。

（２）　$3 \times 3 - \{2 \times 2 \div 3 \times (3 + 24) - (11 - 4) \times 4\}$　を計算しなさい。

（３）　$2 \div 6 \div \frac{4}{15} - 1.8 \times \left\{\frac{4}{9} + 0.25 \times \left(\frac{2}{3} - 0.4\right)\right\} \div 4.6$　を計算しなさい。

（４）　次の $\boxed{}$ にあてはまる数を求めなさい。

$$\frac{5}{6} \times 1\frac{1}{3} - \frac{5}{3} \div \left(\boxed{} - 1\frac{1}{7}\right) = \frac{1}{3}$$

（５）　5 km 離《はな》れたところへ行くのに，はじめは時速 8 km で走り，途中から時速 3 km で歩くと，50 分かかります。時速 8 km で走った道のりは何 km ですか。

（６）　ある製品を毎日同じ数だけ作る工場Ａと工場Ｂがあります。製品を 4200 個作るのに工場Ａではちょうど 21 日かかり，工場Ｂではちょうど 28 日かかります。工場Ａと工場Ｂが同時に製品を作りはじめるとき，製品の合計が 6000 個以上になるのは何日目からですか。

（７）　バニラ，チョコレート，ストロベリー，マンゴー，まっ茶の５種類のアイスクリームがあります。この中から３種類選ぶとき，アイスクリームの選び方は全部で何通りありますか。

（８） Ａさん，Ｂさん，Ｃさんの３人で2022年２月５日(土)に，2022年３月16日から３月31日までの間で，３人の予定が空いている日に１泊《ぱく》２日で旅行をしようと相談しています。３人の予定を確認すると下のようになりました。

Ａさん：「22日以降は空いています。」

Ｂさん：「21日から24日以外は空いています。」

Ｃさん：「23日から28日まで空いています。でも，日曜日は空いていません。」

３人が旅行に出発できる日は，３月何日ですか。ただし，2022年は，２月28日の次の日は３月１日です。

（９） ある中学校の昨年の１年生の生徒数は155人でした。今年は昨年に比べると，男子は4%増加し，女子は5%増加して，全体では７人増加しました。昨年の女子の生徒数は何人ですか。

（10） 右の図で三角形ＡＢＣは正三角形，四角形ＡＣＤＥは正方形です。点Ｂと点Ｄを直線で結ぶとき，㋐の角の大きさは何度ですか。

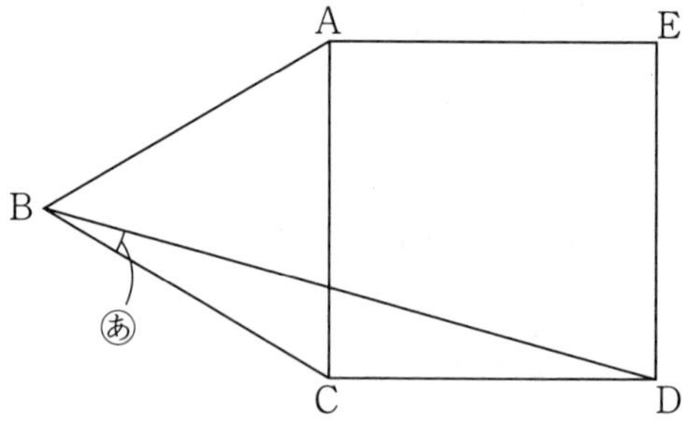

（11） 右の図の展開図は長方形と正方形と台形でできています。この展開図を組み立ててできる立体の体積は何 cm^3 ですか。

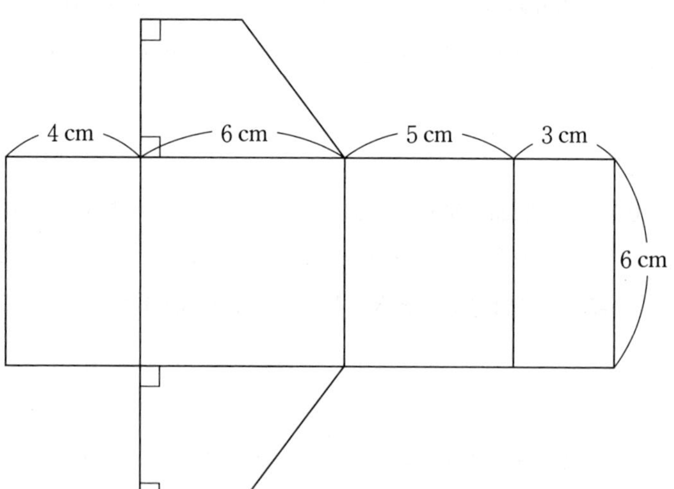

2 図１のような１辺の長さが１cm の正三角形の色紙を何枚か用意しました。この色紙を台紙にはっていき，大きな正三角形を作ります。例えば，１辺３cm の大きな正三角形は図２のようになります。このとき，次の各問いに答えなさい。

図１

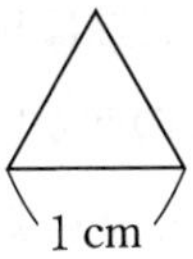

図２

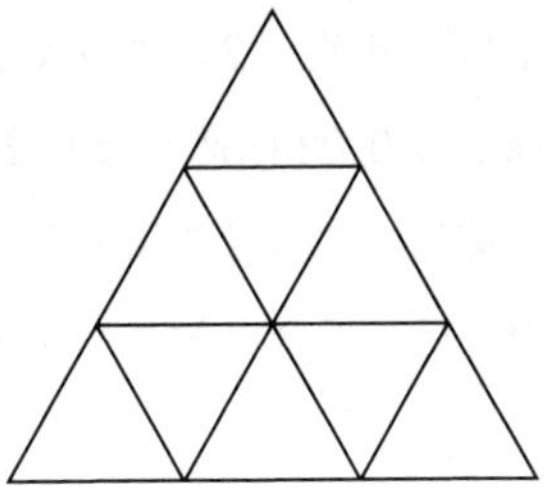

（１） 25 枚の色紙を使ったときにできる大きな正三角形の１辺の長さは何 cm ですか。

（２） 大きな正三角形の１辺の長さが 10 cm であったとき，色紙を何枚使いましたか。

（３） 大きな正三角形を作ろうとしたところ，全てを使って大きな正三角形を作るには色紙が 13 枚足りませんでした。用意した色紙で一番大きな正三角形を作ったところ，色紙は 18 枚余りました。用意した色紙は何枚ですか。

3 Ａさんが線路沿《ぞ》いの道を時速 6 km で歩いていると，７分ごとに下りの電車に追いこされ，５分ごとに上りの電車に出会います。上りと下りの電車は両方とも同じ一定の時間をおいて次々に出発し，同じ一定の速さで走っています。次の各問いに答えなさい。

（１） Ａさんが歩きはじめてから１分後に下りの電車にはじめて追いこされました。Ａさんが歩きはじめてから 35 分間で下りの電車には何回追いこされますか。

（２） 電車の走る速さは時速何 km ですか。

（３） 電車が出発し，次の電車が出発するまでの時間は何分何秒ですか。

4 陸上競技大会で100 m走の予選上位６名で決勝を行うことになりました。次の文章を読み，次の各問いに答えなさい。

100 m走では，秒速0.1 mの風速につき，記録が0.01秒変わります。例えば，秒速0.2 mの追い風があるとき，実際の記録は無風のときの記録より0.02秒速くなります。また，秒速0.5 mの向かい風があるとき，実際の記録は無風のときの記録より0.05秒遅くなります。
次の表は，予選の結果をまとめたものです。

選手	A	B	C	D	E	F
記録　(秒)	9.90	9.84	9.96	9.83	9.83	9.98
風速(秒速)	追0.9	追0.9	向0.1	追0.9	追0.9	向0.1

（追い風の風速を「追」で，向かい風の風速を「向」で示しています。）

（１） A選手の無風での記録は何秒と考えられますか。

（２） 次の表は，予選と決勝のスタート反応時間（スタート合図から体が反応するまでの時間）をまとめたものです。例えばA選手は，決勝では予選の記録より0.05秒速くなります。秒速0.1 mの追い風の時に決勝を行ったとき，予選の記録，風速，スタート反応時間から考えられるすべての選手の決勝の順位と，１位になると考えられる記録は何秒ですか。ただし，求め方や途中《とちゅう》計算も解答用紙に書きなさい。

選手	A	B	C	D	E	F
予選（秒）	0.19	0.28	0.23	0.14	0.13	0.24
決勝（秒）	0.14	0.16	0.13	0.21	0.17	0.15

【社　会】〈理数選抜第２回試験〉（理科と合わせて60分）〈満点：50点〉

1　都道府県《とどうふけん》の図Ⅰ～Ⅴを参照しながら次の文章を読み、以下の問いに答えなさい。(図の方位、縮尺《しゅくしゃく》は同じではありません。また、島は除《のぞ》いています。)

Ⅰ

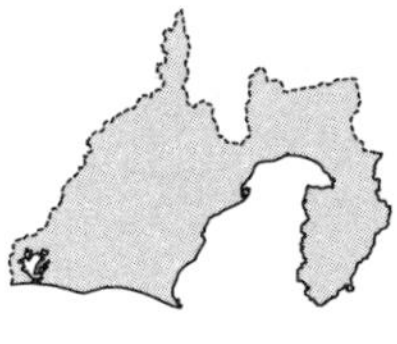

Ⅱ

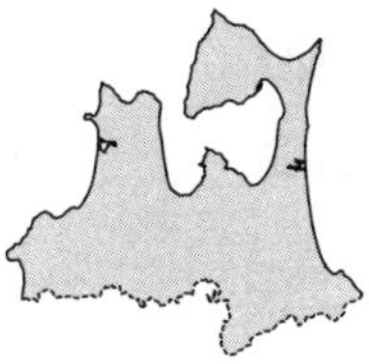

Ⅲ

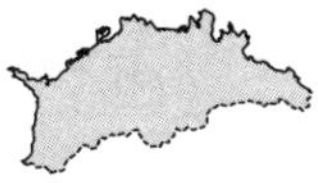

Ⅳ

Ⅴ

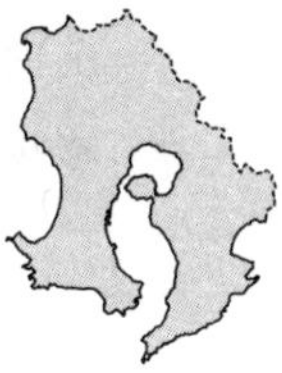

小さな箱にさまざまな料理が彩《いろど》り美しく詰《つ》められているお弁当は、時代や社会の変化に対応しながら、新たな魅力《みりょく》を生み出してきました。

日本におけるお弁当の起源《きげん》は、おにぎりや乾燥米《かんそうまい》が携帯《けいたい》されるようになった平安時代とされていますが、発展したのは江戸時代で、一日三食の食習慣《しょくしゅうかん》が定着し、昼食としてのお弁当が広まりました。農業の発展により、庶民《しょみん》も①米や麦を食べられるようになり、炊《た》いたご飯をお弁当として持ち歩くようになりました。時間がたっても中のご飯が傷《いた》まず、冷めてもおいしく食べられるように工夫された弁当箱が「②曲げわっぱ」です。③すぎや④ひのきで作られて通気性に優《すぐ》れ、木肌《きはだ》が余分な水分を吸収し、米粒《こめつぶ》の表面をアミノ酸の膜《まく》で包むのでおいしいのです。

江戸時代の人気娯楽《ごらく》のひとつであった芝居《しばい》は一日かけて演じられ、観客は飲食をしながら楽しみました。幕間《まくあい》に提供されたのが「幕《まく》の内《うち》弁当」です。江戸時代後期に普及《ふきゅう》した⑤しょうゆでつくられた煮物《にもの》の濃い味は、ご飯の味を引き立てました。

明治時代になると、鉄道網《てつどうもう》が発達しました。鉄道の旅は長旅だったため、乗客が移動時に地方の料理を楽しむことができる「⑥駅弁《えきべん》」が売り出されました。

昭和のはじめに考案された「松花堂《しょうかどう》弁当」は、日常の携行食《けいこうしょく》であったお弁当を、品格《ひんかく》あるもてなし料理へと変えました。蓋《ふた》つきで⑦漆塗《うるしぬり》の四角い弁当箱は、その中が十字に四つに区切られており、味移《あじうつ》りや色移《いろうつ》りを気にせず異なる料理を盛り合わせることができました。昭和時代には商業化が進み、1976年には「ほっかほっか亭」が創業《そうぎょう》するなど⑧テイクアウト文化が加速し、持ち帰り弁当が広まりました。

世界にも、それぞれの風土《ふうど》や暮らしならではのお弁当文化があります。中でも⑨インドは、各家庭でつくられたお弁当を回収し、それぞれの職場に届ける配送業が成立するほど、職場へのお弁当の持参《じさん》が浸透《しんとう》しています。

問１　下線部①に関して、以下の問いに答えなさい。

（１）　米の生産地と、その生産地がある都道府県の組み合わせとして、まちがっているものを、次の中から１つ選び、記号で答えなさい。

ア．庄内《しょうない》平野 ― 山形県　　　イ．上川《かみかわ》盆地 ― 宮城県
ウ．越後《えちご》平野 ― 新潟県　　　エ．石狩《いしかり》平野 ― 北海道

（２）　より多くの米を生産するために、山の斜面《しゃめん》に階段のようにつくられた水田を何といいますか。答えなさい。

問２　下線部②に関して、大館《おおだて》曲げわっぱの生産地である都道府県に関することがらとして、正しいものを、次の中から１つ選び、記号で答えなさい。

ア．日本初の地熱《ちねつ》発電所　　　イ．カルスト地形の秋吉台《あきよしだい》
ウ．八郎潟《はちろうがた》の干拓《かんたく》　　　エ．濃尾《のうび》平野と輪中《わじゅう》

問３　下線部③に関して、天竜《てんりゅう》すぎの主要産地である都道府県を、本文中の図Ⅰ～Ⅴの中から１つ選び、記号で答えなさい。

問４　下線部④に関して、尾鷲《おわせ》ひのきの生産で知られる尾鷲の雨温図として、正しいものを、次の中から１つ選び、記号で答えなさい。

ア．
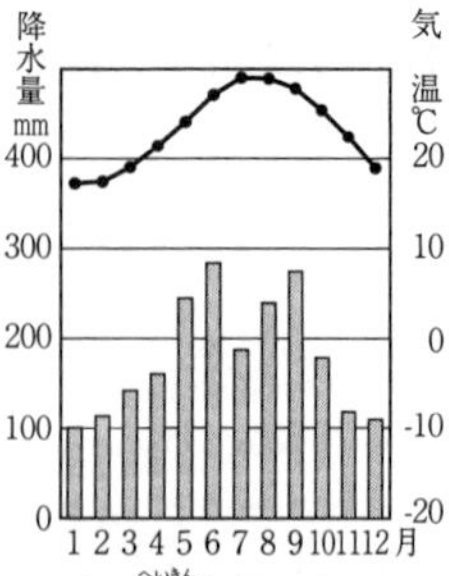

1年の平均《へいきん》気温23.3℃
1年の降水量《こうすいりょう》2161.0mm

イ．
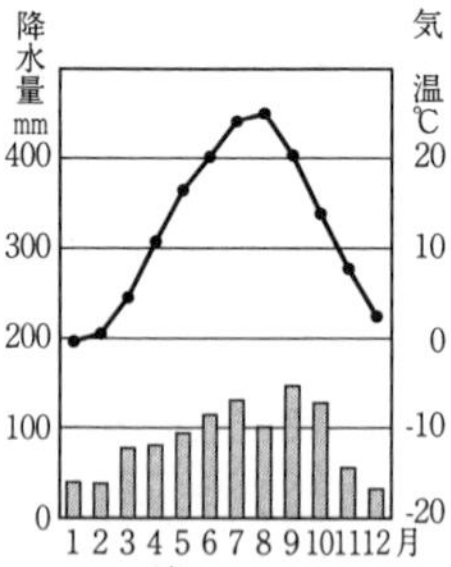

1年の平均《へいきん》気温12.2℃
1年の降水量《こうすいりょう》1045.1mm

ウ．
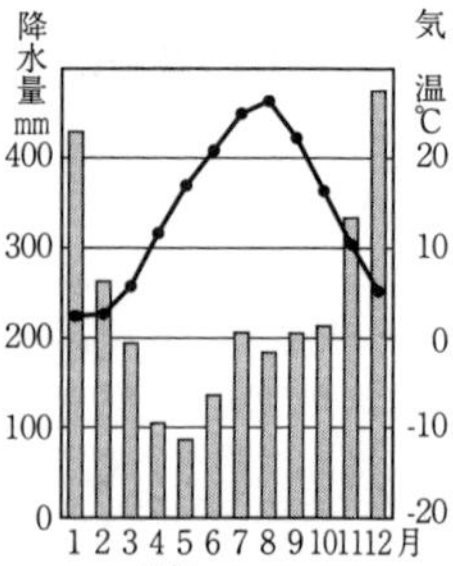

1年の平均《へいきん》気温13.9℃
1年の降水量《こうすいりょう》2837.1mm

エ．
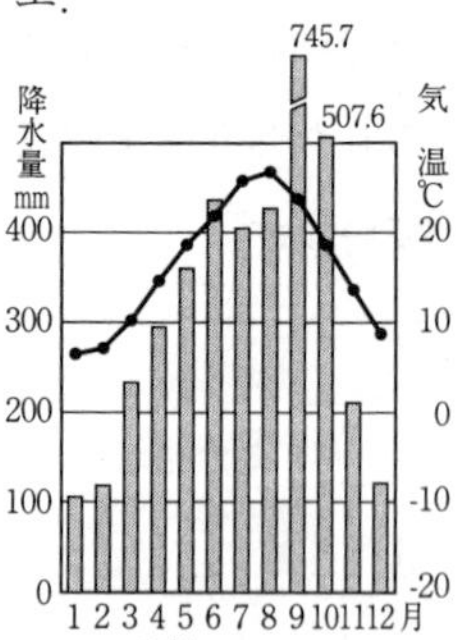

1年の平均《へいきん》気温16.4℃
1年の降水量《こうすいりょう》3969.6mm

（出典『日本国勢図会2021／22』）

問５　下線部⑤に関して、以下の問いに答えなさい。

（１）　しょうゆの生産とオリーブの栽培で知られ、瀬戸《せと》内海《ないかい》で２番目に面積が大きな島を何といいますか。答えなさい。

（２）（１）の島がある都道府県を、本文中の図Ⅰ～Ⅴの中から１つ選び、記号で答えなさい。

問６　下線部⑥に関して、以下の問いに答えなさい。

（１）　以下の写真は新幹線の停車駅《ていしゃえき》で購入《こうにゅう》できる駅弁です。東海道《とうかいどう》・山陽《さんよう》新幹線が通る都道府県のお弁当ではないものを、次の中から１つ選び、記号で答えなさい。

ア．浜松《はままつ》三ヶ日《みっかび》牛《ぎゅう》弁当

イ．天草大王《あまくさだいおう》地鶏《じどり》めし

ウ．琵琶湖《びわこ》の氷魚《ひうお》ごはんと一夜干《いちやほ》し

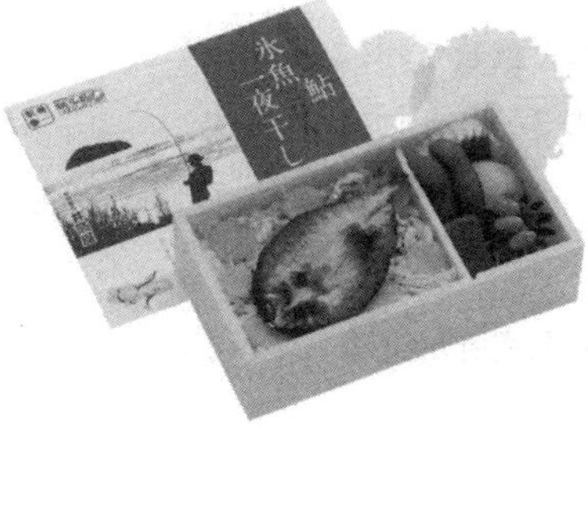

エ．瀬戸《せと》のかきめし

（２） 右の写真は、小淵沢《こぶちざわ》駅で販売されている「高原《こうげん》野菜とカツの弁当」で、レタス・きゅうりなどのみずみずしい野菜がふんだんに使われているのが特徴です。下のグラフは様々な農作物の生産量の割合《わりあい》をあらわしています。レタスときゅうりの生産量のグラフの組み合わせとして、正しいものを、次のア～オの中から１つ選び、記号で答えなさい。

A

山梨	長野	山形	岡山	北海道	その他
21%	20	9	9	4	37

B

山梨	福島	長野	山形	和歌山	その他
31%	23	10	9	7	20

C

長野	茨城	群馬	長崎	兵庫	その他
32%	16	10	6	5	31

D

宮崎	群馬	埼玉	福島	千葉	その他
11%	10	9	7	5	58

E

群馬	愛知	千葉	茨城	鹿児島	その他
18%	18	8	7	5	44

F

茨城	宮崎	高知	鹿児島	岩手	その他
23%	19	9	8	6	35

（出典　農林水産省「令和元年・２年度　作物統計」）

ア．レタス＝A　きゅうり＝C　　イ．レタス＝E　きゅうり＝B

ウ．レタス＝D　きゅうり＝F　　エ．レタス＝C　きゅうり＝D

オ．レタス＝F　きゅうり＝E

問７　下線部⑦に関して、漆器《しっき》の生産が盛《さか》んな輪島《わじま》市に関する記述として、まちがっているものを、次の中から１つ選び、記号で答えなさい。

ア．輪島市は、日本海に突き出た能登《のと》半島の海沿《うみぞ》いに位置している。

イ．一年を通して湿度の高い気候が、漆《うるし》をゆっくり乾《かわ》かす工程に適している。

ウ．輪島市内でとれる地《じ》の粉《こ》と呼ばれるガラス質の粉《こな》を使うと、丈夫《じょうぶ》な漆器をつくることができる。

エ．輪島市がある県の若狭《わかさ》湾沿岸には、多くの原子力発電所が操業《そうぎょう》している。

問８　下線部⑧に関して、太郎さんはテイクアウト用のお弁当を配達する仕事をしています。太郎さんは、次のページの地図の★の場所から🅂の家を目指しました。次のページの地図や、太郎さんがたどった道のりに関する説明として、正しいものを、次の中から１つ選び、記号で答えなさい。

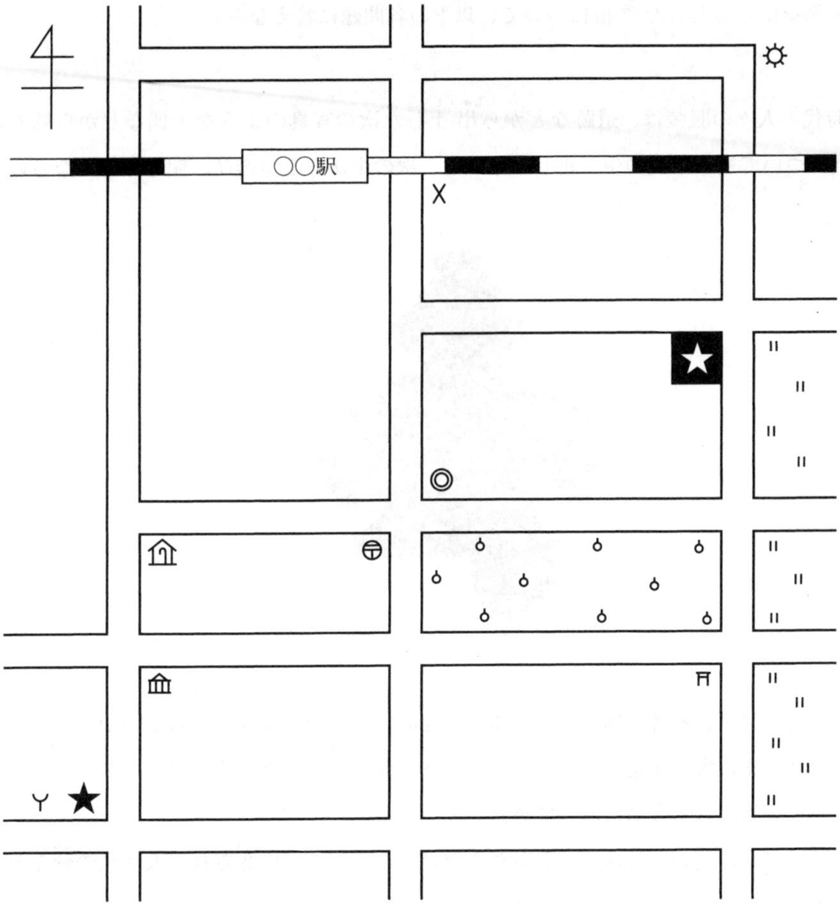

ア．配達先の区《く》画《かく》は、道を挟《はさ》んで東に果樹園がある。また同じ区画に村役場がある。

イ．この地図が５万分の１の地形図のきまりにしたがって描《か》かれているとすると、出発点から配達先までの道のりが５cm の場合、実際の距離《きょり》は2.5 km である。

ウ．出発点より北進し、博物館の角《かど》を右折《うせつ》し、最初の交差点に郵便局がある。そこを左折したところに配達先がある。

エ．太郎さんは途《と》中《ちゅう》で道をまちがえ、交番の前にいる。そこから配達先は北東の方向にある。

問９　下線部⑨に関して、料理研究家の花子さんはお弁当文化の発達したインドを目指しました。まず日本の成田空港を９月１日の午前９時に出発し、タイには現地時間の９月１日午後２時に到着しました。乗り継《つ》ぎまで８時間あったので、バンコクの街へ出て屋台《やたい》のお弁当を購入しました。その後、インドのデリーへ向けて、タイの現地時間の９月１日午後10時の飛行機で飛び立ち、インドの現地時間の９月２日０時に到着しました。標準時子午線を、タイは東経105度、インドは東経75度と仮定します。総飛行時間を計算し、解答用紙の形式に合わせて答えなさい。

2 日本の服飾《ふくしょく》をはじめとした習俗《しゅうぞく》について、以下の各問題に答えなさい。

問１ 縄文《じょうもん》時代の人々の服装《ふくそう》は、遺跡などから出土《しゅつど》した次の写真のような土偶《どぐう》などから見てとれます。縄文時代について述べた文の中で正しいものを、次の中から１つ選び、記号で答えなさい。

ア．縄文時代には、死者《ししゃ》の埋葬《まいそう》方法に差《さ》が出始《ではじ》め、貧富《ひんぷ》の差や身分のちがいが発生していた。

イ．日本海《にほんかい》はまだ大きな湖《みずうみ》で、ユーラシア大陸《たいりく》と陸続《りくつづ》きだったため、マンモスやナウマンゾウなどの大型《おおがた》の動物が日本列島に渡《わた》って来た。

ウ．貝塚《かいづか》は縄文時代のゴミ捨《す》て場とされただけでなく、丁寧《ていねい》に葬《ほうむ》られた人や犬の骨《ほね》などが見つかることもあった。

エ．縄文時代は自給自足《じきゅうじそく》の生活を行い、物々交換《ぶつぶつこうかん》による地域間《ちいきかん》の交易《こうえき》が行われていたが、海を越《こ》えての交易は行われなかった。

問２ 邪馬台国《やまたいこく》の様子《ようす》や当時の人々の服装《ふくそう》や習俗について記された中国の古い歴史書は何ですか。もっとも適切なものを、次の中から１つ選び、記号で答えなさい。

ア．『漢書《かんじょ》』地理志《ちりし》　　イ．『魏志《ぎし》』倭人伝《わじんでん》

ウ．『隋書《ずいしょ》』倭国伝《わこくでん》　　エ．『後漢書《ごかんじょ》』東夷伝《とういでん》

問3　古墳《こふん》時代になると乗馬《じょうば》の風習《ふうしゅう》なども大陸《たいりく》から伝わり、服装に変化が出たことが右の写真のような武人《ぶじん》の埴輪《はにわ》からもわかります。この時代の古墳である江田船山《えたふなやま》古墳と稲荷山《いなりやま》古墳から、それぞれ「ワカタケル大王《おおきみ》」の名が刻《きざ》まれた鉄刀《てっとう》や鉄剣《てっけん》が出土しました。当時のヤマト政権の支配の範囲《はんい》について、どのようなことがわかりますか。解答欄《らん》に合うように説明しなさい。

問4　次の写真は、7世紀末～8世紀につくられた奈良《なら》県高松塚《たかまつづか》古墳の壁画《へきが》の一部です。このころの政治・外交について述べた文の中で、天智天皇《てんじてんのう》（中大兄皇子《なかのおおえのおうじ》）が関わった事柄として、正しいものを、次の中から1つ選び、記号で答えなさい。

ア．滅亡《めつぼう》した百済《くだら》から助けを求められた朝廷《ちょうてい》は、兵を朝鮮《ちょうせん》半島におくり、唐《とう》と新羅《しらぎ》の連合軍と戦い、敗《やぶ》れた。

イ．国司《こくし》に地方行政《ぎょうせい》を任せきりにしたため、地方の政治がさらに乱《みだ》れてしまった。

ウ．刑罰《けいばつ》についての決まりを定めた「律《りつ》」や政治の仕組《しく》みやきまりなどを定めた「令《りょう》」で構成《こうせい》される大宝《たいほう》律令を定めた。

エ．武蔵《むさし》国の秩父《ちちぶ》で、銅《どう》が発見されたので、和同開珎《わどうかいちん》を作らせて、都周辺で流通《りゅうつう》させた。

問5　遣唐使《けんとうし》が廃止《はいし》された後に国風《こくふう》文化が誕生《たんじょう》しました。この時期の貴族《きぞく》の女性たちは、次の絵巻の一部に描《えが》かれた女房装束《にょうぼうしょうぞく》（十二単《じゅうにひとえ》）を着《き》ていました。この国風文化について述べた文の中で、まちがっているものを、次の中から１つ選び、記号で答えなさい。

ア．漢字《かんじ》をくずして「かな文字」が作り出され、かな文字で書かれた最初の日記が紀貫之《きのつらゆき》の『土佐《とさ》日記《にっき》』であった。

イ．極楽浄土《ごくらくじょうど》への往生《おうじょう》を願う浄土教《じょうどきょう》が流行《りゅうこう》し、藤原頼通《ふじわらのよりみち》の平等院鳳凰堂《びょうどういんほうおうどう》のような阿弥陀堂《あみだどう》の建立《こんりゅう》がさかんになった。

ウ．貴族たちの住まいのつくりは、寝殿造《しんでんづくり》と呼ばれる日本風のものとなった。

エ．中国から伝えられた建築様式《けんちくようしき》で、東大寺南大門《とうだいじなんだいもん》・円覚寺舎利殿《えんがくじしゃりでん》などが建てられた。

問6　次の絵は『蒙古襲来絵詞《もうこしゅうらいえことば》（絵巻）』の一部分です。蒙古軍と日本の武士の服装のちがいや戦い方のちがいもわかります。この蒙古襲来に対処《たいしょ》した鎌倉幕府《かまくらばくふ》の執権《しっけん》は誰《だれ》ですか。漢字で答えなさい。

問７　次の絵は、室町時代のある戦乱《せんらん》の最中に京都市中で活動した「足軽《あしがる》」を描いています。兜《かぶと》をつけず、鎧《よろい》は上半身のみで、下半身はふんどし一枚の姿です。1467年に始まるこの戦乱の名称を答えなさい。

問８　次の絵やその絵に描かれた時代の説明として正しいものを、次の中から１つ選び、記号で答えなさい。

ア．江戸時代末に日本に来航《らいこう》したイギリス人の姿を描いたもので、15代将軍の徳川慶喜《とくがわよしのぶ》は、イギリスから軍事援助《ぐんじえんじょ》を受けて薩摩《さつま》藩や長州《ちょうしゅう》藩に対抗《たいこう》しようとした。

イ．江戸幕府の鎖国《さこく》政策が行われるようになった後、スペインが幕府に派遣した使節団《しせつだん》の姿を描《えが》いており、ひだ襟《えり》の洋服《ようふく》に特徴《とくちょう》がある。

ウ．足首の細いズボン（カルサン）をはいている南蛮《なんばん》人を描いたもので、彼らとの南蛮貿易で取引された鉄砲《てっぽう》は、戦国《せんごく》時代の戦い方に大きな影響《えいきょう》を与えた。

エ．18世紀中頃、平戸《ひらと》に置かれたポルトガル商館《しょうかん》の商館長《しょうかんちょう》らが、世界情勢《せかいじょうせい》を記した「風説書《ふうせつがき》」を手に、江戸に向かって旅をしている姿を描いたものである。

問９　次の浮世絵《うきよえ》は、江戸時代の越後屋《えちごや》という呉服《ごふく》店の様子を描いたものです。この絵について、星野学園中学校の生徒たちが社会科の課題として提出した下のレポートおよびこの絵を参考にしながら、①～⑤の説明文の中で正しいものの組み合わせを、あとのア～オから１つ選び、記号で答えなさい。

レポート１：当時の呉服店の商売は、現金《げんきん》で支払《しはら》うことは珍《めずら》しく、お盆《ぼん》や年の暮《くれ》など、後で利子《りし》（掛《か》け値《ね》）をつけてまとめて支払うことが一般的だった。これに対して、この店では、店内の柱《はしら》に「現金掛け値なし」と書かれてあるように、掛け値をつけずその場で現金払いによって販売《はんばい》していた。

レポート２：上から「喜八《きはち》」「惣兵衛《そうべえ》」「若三郎《わかさぶろう》」などの名前が書かれた垂《た》れ幕《まく》がぶら下がっている。これは、この店が、商品別に専門知識《せんもんちしき》を持つ販売担当員《たんとういん》を置《お》いていたことを示している。

レポート３：天井《てんじょう》付近から「小判《こばん》六十目《め》〔＝匁《もんめ》〕」、すなわち、この店では小判１両《りょう》を銀60匁〔１匁は約3.75 g〕と交換《こうかん》するという意味の垂れ幕がぶら下がっている。これは、この店が、そのような商売もしていたことを示している。

レポート４：当時、他の呉服店では呉服用の布《ぬの》は１反《たん》（ふつう幅《はば》36 cm、長さ12 m）という単《たん》位《い》でしか売らなかった。ところが、この店は、布を切《き》り売《う》りもしていた。また、絵の中で天井から既製品《きせいひん》（完成した衣服）がぶら下がっているが、この店は既製品を販売したり、専門の職人《しょくにん》を雇《やと》い、その日に仕立《した》てして納品《のうひん》するといったシステムも取り入れていた。

①　この絵は、年末をむかえた越後屋呉服店の様子が描かれており、年末にまとめて支払いにやってきた客で、店内が混雑《こんざつ》していることがわかる。

②　この絵にある呉服店は、他店より価格が安く、専門の販売員をそろえたり、切り売りやその日に仕立てするなど新しい商売の方法で人気を得《え》ていたことが、この絵に描《えが》かれた賑《にぎ》わいからわかる。

③　この絵にある呉服店の客《きゃく》を見ると、町人の男性だけで武士や女性は一人もいない。

④　この絵にある呉服店の価格は他の店より高く、また切り売りするなど、庶民《しょみん》にとって買いづらい商売の方法をとっていたと思われる。

⑤　この絵にある呉服店は、両替商《りょうがえしょう》も営んでいて、この絵に描かれた日には、小判１両が約225ｇの銀と交換されていたことがうかがえる。

ア．①と⑤　　イ．②と⑤　　ウ．③と④　　エ．①と③　　オ．②と④

問10　次の絵は、文明開化《ぶんめいかいか》期の錦絵《にしきえ》（多色刷《たしょくず》りの浮世絵）です。文明開化や明治政府の近代化政策を説明した文の中で正しいものを、次の中から１つ選び、記号で答えなさい。

ア．田中正造《たなかしょうぞう》の努力で、1871年に郵便《ゆうびん》制度が確立した。

イ．1872年に学制《がくせい》を定め、６歳以上の男女に教育を受けさせることにしたが、明治時代の終わり頃になっても、女子の就学率《しゅうがくりつ》は男子のおよそ半分であった。

ウ．この錦絵にあるように、文明開化期には、人々の服装も完全に洋風化された。

エ．殖産興業《しょくさんこうぎょう》政策の一環《いっかん》として、栃木《とちぎ》県に富岡製糸場《とみおかせいしじょう》が設立《せつりつ》された。

オ．国の財政を安定させるために地租改正《ちそかいせい》を行い、土地の所有者から地価《ちか》の３％を現金で納《おさ》めさせた。

問11　次の写真は、条約改正《じょうやくかいせい》等を目的に、1871年から欧米諸国《おうべいしょこく》を訪問《ほうもん》した岩倉《いわくら》使節団一行が、サンフランシスコで撮影《さつえい》したものです。右から洋服を着た大久保利通《おおくぼとしみち》、伊藤博文《いとうひろぶみ》、そして和服《わふく》姿の岩倉具視《いわくらともみ》が写っています。下は、条約改正についての略年表です。年表中の（　1　）～（　2　）にあてはまる語句や人物を答えなさい。

年代	担当者	関連事項・結果
1872	岩倉具視	失敗《しっぱい》
1882～87	井上《いのうえ》　馨《かおる》	東京に（　1　）という西洋風の建物を建設し、外国人を招いて舞踏会《ぶとうかい》を開いたり、外国人裁判官《さいばんかん》を日本の裁判所に採用しようとしたりしたことが国内から反対されて失敗
1888～89	大隈重信《おおくましげのぶ》	外国人裁判官採用問題で失敗
1894	（　2　）	領事裁判《りょうじさいばん》権の撤廃《てっぱい》に成功
1911	小村寿太郎《こむらじゅたろう》	関税自主権の回復《かいふく》に成功

問12　次の写真は、昭和《しょうわ》のはじめ頃、東京の銀座《ぎんざ》通りで撮影《さつえい》されたものです。彼女たちは、それまでの常識《じょうしき》や伝統的な考えにとらわれない服装や髪《かみ》型をしており、当時モガ（モダンガールの略《りゃく》）と呼ばれました。大正《たいしょう》から昭和のはじめ頃にかけて、国民の政治参加や、様々な自由や権利の拡大の動きがすすみました。こうした動きとは性質が異なると思われるものを、次の説明文の中から１つ選び、記号で答えなさい。

ア．タイピストや電話交換手など、仕事をもつ女性もみられるようになり、職業婦人《しょくぎょうふじん》と呼ばれた。

イ．吉野作造《よしのさくぞう》が民本主義《みんぽんしゅぎ》を提唱《ていしょう》した。

ウ．平塚らいてう《ひらつからいちょう》や市川房枝《いちかわふさえ》が、新婦人協会《しんふじんきょうかい》を設立した。

エ．1920年に、第一回のメーデーが東京の上野公園で行われた。

オ．1925年に、治安維持法《ちあんいじほう》が制定された。

問13　次の①～⑥の写真の中で、同じ年の出《で》来《き》事《ごと》を撮影した写真の組み合わせとして正しいものを、あとのア～カから１つ選び、記号で答えなさい。

①

②

③

④

⑤

⑥

ア．①と⑥　　イ．②と④　　ウ．③と⑥
エ．④と⑤　　オ．①と③　　カ．②と⑤

3　以下は、先生と中学生の会話である。以下の問いに答えなさい。

先生　：2021年の出来事で印象に残っていることはあるかな。

中学生：東京オリンピック・①パラリンピックが開催されたことが印象に残っています。

先生　：日本の首都である東京を中心に熱戦が繰り広げられましたね。②税金の運用の仕方も問題になったね。また、日本の③国会《こっかい》を構成する衆議院《しゅうぎいん》の総選挙《そうせんきょ》がありましたね。

中学生：日本国憲法《にほんこくけんぽう》の条文《じょうぶん》を授業で教わったので、興味深かったです。

先生　：よく覚えていたね。総選挙の時に行われる、④司法《しほう》に関わる最高裁判所《さいこうさいばんしょ》の裁判官《さいばんかん》を有権者《ゆうけんしゃ》が審査《しんさ》する制度《せいど》もあったけど覚えているかな。

中学生：国民審査ですね。でも今まで一度も罷免《ひめん》された例はないと教わりました。

先生　：国民がみな政治に関心が持てるためには、⑤住《す》んでいる地域《ちいき》のあり方を考えることも大切だね。

中学生：⑥各都道府県《かくとどうふけん》の良さをいかした取り組みを授業で考えたいな。

問１　下線部①に関して、高齢者《こうれいしゃ》や障《しょう》がい者などが隔離《かくり》されることなく、若い人や障がいをもたない人とともに普通《ふつう》にくらせる社会づくりを目指す考え方を何といいますか。カタカナで答えなさい。

問２　下線部②に関して、日本の税制度《ぜいせいど》について、述べた文の中でまちがっているものを、次の中から１つ選び、記号で答えなさい。

ア．所得《しょとく》税は、個人《こじん》の所得にかけられる国《こく》税である。
イ．法人《ほうじん》税は、企業《きぎょう》の利益《りえき》にかけられる直接《ちょくせつ》税である。
ウ．消費《しょうひ》税は、ものを買うときに支払《しはら》う直接税である。
エ．住民《じゅうみん》税は、個人の所得にかけられる地方税である。

問３　下線部③に関して、国会の運営《うんえい》について述べた文の中でまちがっているものを、次の中から１つ選び、記号で答えなさい。

ア．本会議《ほんかいぎ》は原則として公開され、傍聴《ぼうちょう》することができる。
イ．国会議員はいずれかの常任《じょうにん》委員会に属《ぞく》することになっている。
ウ．衆議院と参議院《さんぎいん》の議決が異なった場合、両院《りょういん》からそれぞれ10名の代表が両院協議会《きょうぎかい》に参加して意見を調整《ちょうせい》する場合がある。
エ．委員会は、利害関係《りがいかんけい》のある人や学者を招《まね》き、意見を聞く場として公聴会《こうちょうかい》をもうける場合がある。
オ．本会議が成り立つために必要な出席数は、総議員の３分の２以上である。

問４　下線部④に関して、日本の司法制度において、保障《ほしょう》されている権利について述べた文の中でまちがっているものを、次の中から１つ選び、記号で答えなさい。

ア．裁判官が発行《はっこう》する令状《れいじょう》なしには、どんな場合にも逮捕《たいほ》できない。
イ．すべての被疑者や被告人には、弁護人《べんごにん》を頼《たの》む権利がある。
ウ．自分に不利益《ふりえき》になる質問《しつもん》には答えなくてもよい。
エ．証拠《しょうこ》が自白《じはく》だけの場合、有罪《ゆうざい》にならない。
オ．刑事《けいじ》裁判で無罪判決《むざいはんけつ》が下《くだ》されたときは、国に補償《ほしょう》をもとめることができる。

問５　下線部⑤に関して、以下は日本国憲法第92条の条文です。空欄（　ア　）に当てはまる言葉を条文通りに答えなさい。

地方公共団体《ちほうこうきょうだんたい》の組織《そしき》及び運営《うんえい》に関する事項《じこう》は、（　ア　）の本旨《ほんし》に基《もとづ》いて、法律《ほうりつ》でこれを定《さだ》める。

問６　下線部⑥に関して、以下の資料は平成10年と平成30年の都道府県別市町村数についてまとめたものです。以下の資料から読み取れることについて正しいものを、次の中から１つ選び、記号で答えなさい。

平成10年10月１日現在

都道府県	市	町	村	計	都道府県	市	町	村	計
北海道	34	154	24	212	滋賀県	7	42	1	50
青森県	8	34	25	67	京都府	12	31	1	44
岩手県	13	30	16	59	大阪府	33	10	1	44
宮城県	10	59	2	71	兵庫県	21	70	0	91
秋田県	9	50	10	69	奈良県	10	20	17	47
山形県	13	27	4	44	和歌山県	7	36	7	50
福島県	10	52	28	90	鳥取県	4	31	4	39
茨城県	20	48	17	85	島根県	8	41	10	59
栃木県	12	35	2	49	岡山県	10	56	12	78
群馬県	11	33	26	70	広島県	13	67	6	86
埼玉県	43	38	11	92	山口県	14	37	5	56
千葉県	31	44	5	80	徳島県	4	38	8	50
東京都	27	5	8	40	香川県	5	38	0	43
神奈川県	19	17	1	37	愛媛県	12	44	14	70
新潟県	20	57	35	112	高知県	9	25	19	53
富山県	9	18	8	35	福岡県	24	65	8	97
石川県	8	27	6	41	佐賀県	7	37	5	49
福井県	7	22	6	35	長崎県	8	70	1	79
山梨県	7	37	20	64	熊本県	11	62	21	94
長野県	17	36	67	120	大分県	11	36	11	58
岐阜県	14	55	30	99	宮崎県	9	28	7	44
静岡県	21	49	4	74	鹿児島県	14	73	9	96
愛知県	31	47	10	88	沖縄県	10	16	27	53
三重県	13	47	9	69	合計	670	1,994	568	3,232

（注）市数は政令指定都市を含み、特別区を含まない。

平成30年10月１日現在

都道府県	市	町	村	計	都道府県	市	町	村	計
北海道	35	129	15	179	滋賀県	13	6	0	19
青森県	10	22	8	40	京都府	15	10	1	26
岩手県	14	15	4	33	大阪府	33	9	1	43
宮城県	14	20	1	35	兵庫県	29	12	0	41
秋田県	13	9	3	25	奈良県	12	15	12	39
山形県	13	19	3	35	和歌山県	9	20	1	30
福島県	13	31	15	59	鳥取県	4	14	1	19
茨城県	32	10	2	44	島根県	8	10	1	19
栃木県	14	11	0	25	岡山県	15	10	2	27
群馬県	12	15	8	35	広島県	14	9	0	23
埼玉県	40	22	1	63	山口県	13	6	0	19
千葉県	37	16	1	54	徳島県	8	15	1	24
東京都	26	5	8	39	香川県	8	9	0	17
神奈川県	19	13	1	33	愛媛県	11	9	0	20
新潟県	20	6	4	30	高知県	11	17	6	34
富山県	10	4	1	15	福岡県	29	29	2	60
石川県	11	8	0	19	佐賀県	10	10	0	20
福井県	9	8	0	17	長崎県	13	8	0	21
山梨県	13	8	6	27	熊本県	14	23	8	45
長野県	19	23	35	77	大分県	14	3	1	18
岐阜県	21	19	2	42	宮崎県	9	14	3	26
静岡県	23	12	0	35	鹿児島県	19	20	4	43
愛知県	38	14	2	54	沖縄県	11	11	19	41
三重県	14	15	0	29	合計	792	743	183	1,718

(注) 市数は政令指定都市を含み、特別区を含まない。

(出典　総務省ホームページ)

ア．平成10年に比べて平成30年では全国の市の数は、約半分になっている。

イ．関東地方の各都道府県の市の数は、平成10年に比べて平成30年では全て減少している。

ウ．市の数、町の数、村の数の全国合計数は、平成10年に比べて平成30年では全て減少している。

エ．埼玉県は、平成10年も平成30年もどちらも市の数が全国で１番である。

オ．村の数が全くない地方公共団体が、平成10年に比べて平成30年では減少している。

【理　科】〈理数選抜第２回試験〉（社会と合わせて60分）〈満点：50点〉

1　ものの溶(と)け方について次の問いに答えなさい。ただし、漢字で書けるものは漢字で答えなさい。

一定の温度で、決まった量の水に溶かすことのできるものの量には、限度があります。表１はさまざまな温度で 100［ｇ］の水に溶かすことができるものの重さの限度［ｇ］を表したものです。

表１

水の温度［℃］	20	40	60	80
食塩［ｇ］	35.8	36.3	37.1	38
ホウ酸［ｇ］	（A）	8.9	14.9	23.5
ミョウバン［ｇ］	5.8	11.7	24.8	71

問１　一定の温度で、決まった量の水にものを溶かしたときに、ものがそれ以上溶けることのできなくなった水溶液を何といいますか。

問２　次のア～ウのうち正しくないものを１つ選び、記号で答えなさい。

ア．食塩、ホウ酸、ミョウバンのうち、水の温度が 40［℃］から 80［℃］に変化するとき、水に溶ける重さの変化がもっとも大きいのはミョウバンである。
イ．同じ重さの食塩、ホウ酸、ミョウバンにそれぞれ 40［℃］の水を少しずつ入れて溶かした。すべて溶けるまでに加える水の量がもっとも少ないのはホウ酸である。
ウ．40［ｇ］の食塩、ホウ酸、ミョウバンをそれぞれ 60［℃］の水 100［ｇ］に入れて溶かせるだけ溶かした。溶け残りがもっとも多いのはホウ酸である。

問３　60［℃］の水 100［ｇ］に食塩を少しずつ加えたとき、加えた食塩の重さ［ｇ］とその食塩水の濃(こ)さ［%］の関係を表すグラフを、図１のア～オから１つ選び、記号で答えなさい。

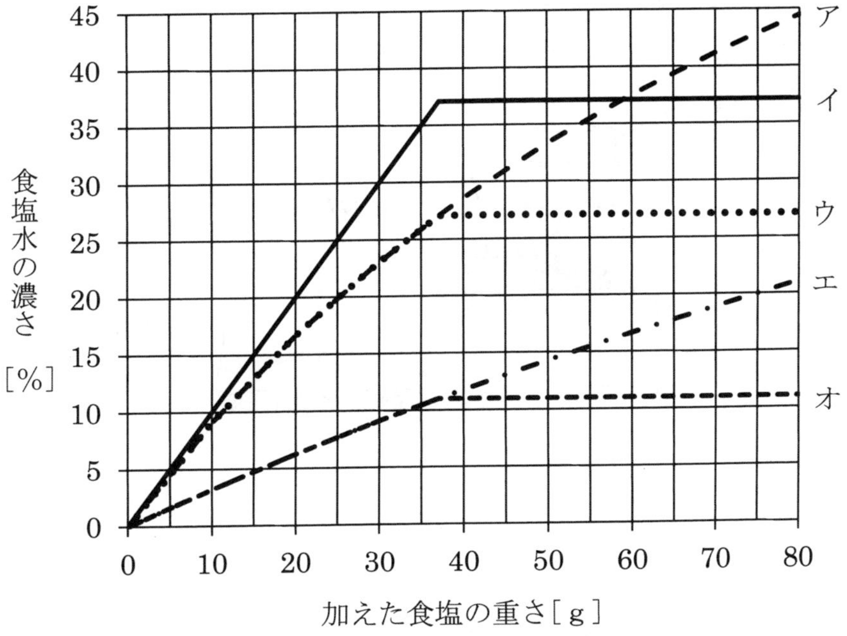

図１

問４　80［℃］の水 100［ｇ］に食塩を 20［ｇ］とミョウバンを８［ｇ］溶かしました。ある実験を行ったところ、この水溶液からミョウバンの固体だけを取り出すことができました。ミョウバンの固体だけを取り出せるものを次のア～カからすべて選び、記号で答えなさい。ただし、食塩とミョウバンを一緒(いっしょ)に水に溶かしてもそれぞれの溶け方は変化しないものとします。

ア．水を蒸発させずに、水溶液を 20［℃］にする。
イ．水を蒸発させずに、水溶液を 40［℃］にする。
ウ．水を 25［ｇ］蒸発させて、水溶液を 20［℃］にする。
エ．水を 25［ｇ］蒸発させて、水溶液を 40［℃］にする。
オ．水を 50［ｇ］蒸発させて、水溶液を 20［℃］にする。
カ．水を 50［ｇ］蒸発させて、水溶液を 40［℃］にする。

表１の空らん(Ａ)の値を調べるために、次の実験１～３をしました。

〈実験１〉ふたができるビンを用意してその中に20[℃]の水100[ｇ]を入れました。さらに、ホウ酸３[ｇ]を用意して、図２のように電子てんびんで重さを測定したところ154.2[ｇ]となりました。

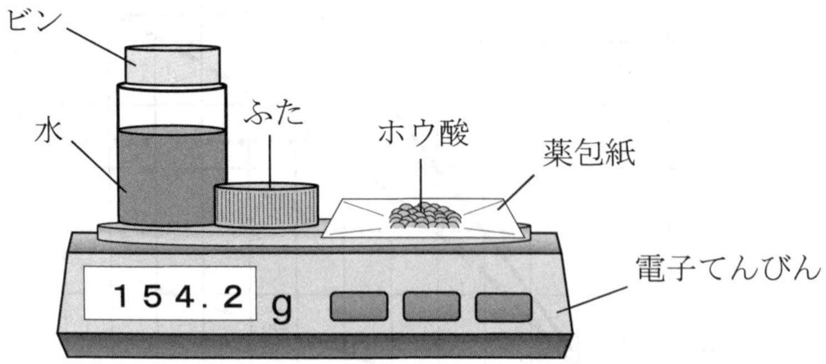

図２

〈実験２〉ホウ酸をすべて水の中に入れて完全に溶かし、ホウ酸水溶液にしました。その後、ビンの中の水のみを50[ｇ]蒸発させました。再び水の温度を20[℃]にすると、ビンの中にホウ酸の固体が出てきました。図３のように電子てんびんで重さを測定したところ(Ｘ)[ｇ]となりました。

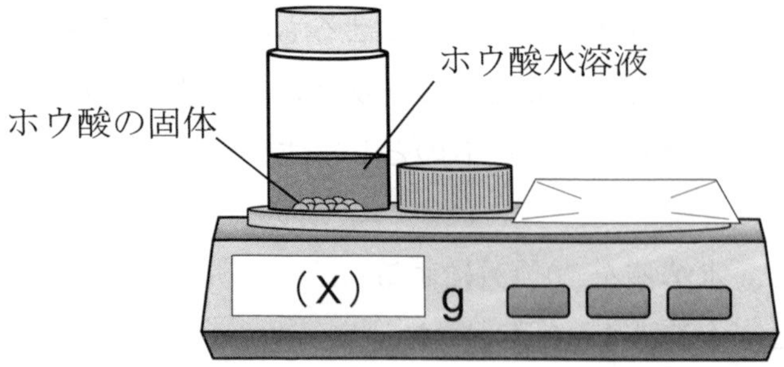

図３

〈実験３〉 実験２で出てきたホウ酸の固体をすべて取り出しました。その後、この固体をよく乾燥(かんそう)させてから、図４のように電子てんびんで重さを測定したところ0.8[ｇ]となりました。

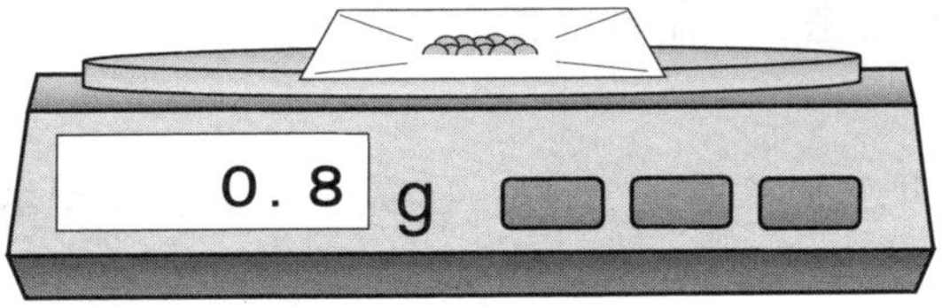

図４

今回の実験１～３で電子てんびんで重さを測定する前には、ものを何ものせていない状態で電子てんびんの表示が「０」になっていることを確かめてから実験をしました。表２は今回の実験１～３で使用した器具の重さを示しています。

表２

ビ　ン：49[ｇ]
ふ　た：２[ｇ]
薬包紙：0.2[ｇ]

問５　実験２の文中の(X)に当てはまる値はいくつですか。小数第二位を四捨五入して小数第一位まで答えなさい。

問６　表１の空らん(A)に当てはまる値はいくつですか。小数第二位を四捨五入して小数第一位まで答えなさい。

2　植物のつくりとはたらきについて、次の問いに答えなさい。ただし、漢字で書けるものは漢字で答えなさい。

問１　八百屋で買ってきた、次のア～オの新鮮な野菜や果物をそのまま土の中にうめてみると、すべて芽が出てきました。種子から芽が出てきたものはどれですか。次のア～オからすべて選び、記号で答えなさい。

ア．カキ　　イ．サツマイモ　　ウ．ビワ　　エ．タマネギ　　オ．ニンジン

問２　植物の中で、ヒトが種子の内部を食べているものはどれですか。次のア～エからすべて選び、記号で答えなさい。

ア．ジャガイモ　　イ．クリ　　ウ．ホウレンソウ　　エ．イネ

問３　図１のように大きな葉が８枚ついているホウセンカの葉を、根に近い順に①～⑧のシールをはって真上から観察しました(図２)。すると、ホウセンカの８枚の葉のつき方には、一定の規則があることがわかりました。⑤のシールがついていると考えられる葉はどれですか。図２のア～エから１つ選び、記号で答えなさい。

図１

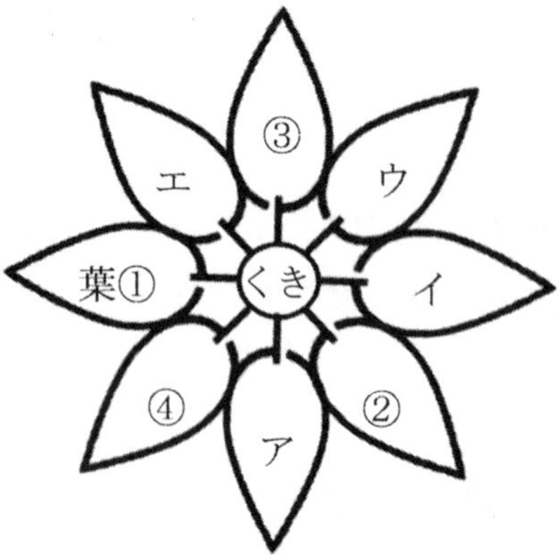

図２

同じ太さで同じ長さのくきに、同じ大きさで同じ数の葉がついたホウセンカが５本あります。５本のホウセンカの枝をメスシリンダー内の水にさし、水面に少量の油をたらして、表１のようにホウセンカＡ～Ｅを用意しました。そして、４時間後にメスシリンダー内の水量がどのように減少するのかを調べる実験を行い、その結果を表２にまとめました。

表１

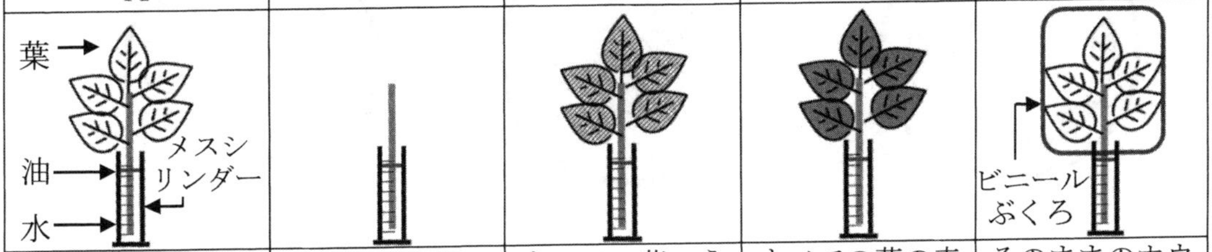

A	B	C	D	E
そのままのホウセンカ。	葉をすべて切り取り、葉のついていた部分にワセリンをぬる。	すべての葉のうら側に、ワセリンをぬる。	すべての葉の表側に、ワセリンをぬる。	そのままのホウセンカにビニールぶくろをかぶせる。

表２

ホウセンカ	A	B	C	D
水の減少量[mL]	X	2	7	13

問４　文中の下線部について、少量の油をたらす操作を行う理由を答えなさい。

問５　表２のＢの結果から、Ｂのホウセンカが２[mL]の水を吸うことがわかりました。これは、くきから２[mL]の水が大気中に出ていくためだと考えられます。次の(１)(２)はそれぞれ何[mL]になると考えられますか。表２から求めなさい。

(１)　葉のうら側から失われた水の量

(２)　表２の水の減少量Ｘ

問６　ホウセンカＡをさしたメスシリンダー内の水を赤く染めた後、30 分間置いておきました。そのホウセンカのくきをカッターで切断したとき、どのような切り口になっているでしょうか。もっともふさわしいものを次のア～ウから１つ選び、記号で答えなさい。ただし、ア～ウのぬりつぶしてある部分は赤くなっている部分を示しています。

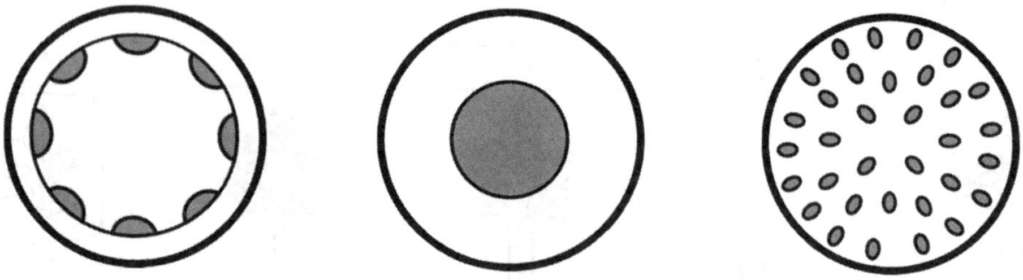

ア　　イ　　ウ

問７　図３はＡとＥのホウセンカをさしたメスシリンダー内の水の減少量と時間の関係を表したグラフです。ホウセンカＥを用いたときのグラフが図３のＥのようになる理由を 50 文字以内で説明しなさい。

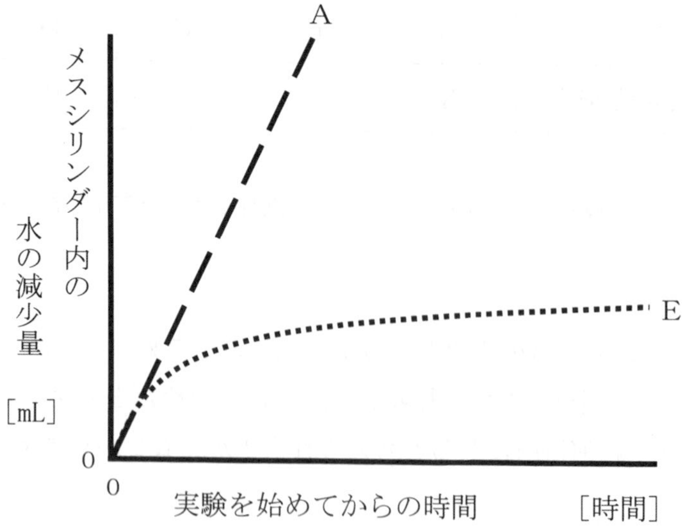

図３

3　次の会話文を読み、問いに答えなさい。ただし、漢字で書けるものは漢字で答えなさい。

2021年4月に、かいせいさんと、ごうさんと、りょうこさんは、2021年5月26日に皆既(かいき)月食が日本で観測されるということを聞いて、月に関わる話をしていました。

かいせい：今度、①皆既月食が見られるんだってさ。
ごう　　：聞いた聞いた。だけど月が欠けて見えるだけなんだよね。
りょうこ：ちがうよ。これは、②月の満ち欠けとはちがう現象だよ。
ごう　　：どこがちがうのかな。
かいせい：ニュースで見た皆既月食は、月がちょっと赤く見えたよね。
ごう　　：なんでだろうね、月は色も変わるけど、③大きさや見える位置や高さも変わるよね。
りょうこ：そうだね。他の天体も見え方が変わることってあるのかな。
かいせい：月が欠ける現象もあるけど、④太陽が欠ける現象もあるよね。

問1　会話文の下線部①の皆既月食とは、何の影(かげ)が月に映(うつ)る現象か答えなさい。

問２　会話文の下線部②の月の満ち欠けについて、次の（1）～（3）に答えなさい。

（1）図１のA～Hは、北極星側から見た地球を中心とした月のさまざまな位置を表した模式図です。太陽の光の当たっていない部分がぬりつぶされています。ただし、地球や月の大きさは実際のものとはちがいます。太陽はどちらの方向にあると考えられますか、図１のア～エから１つ選び、記号で答えなさい。

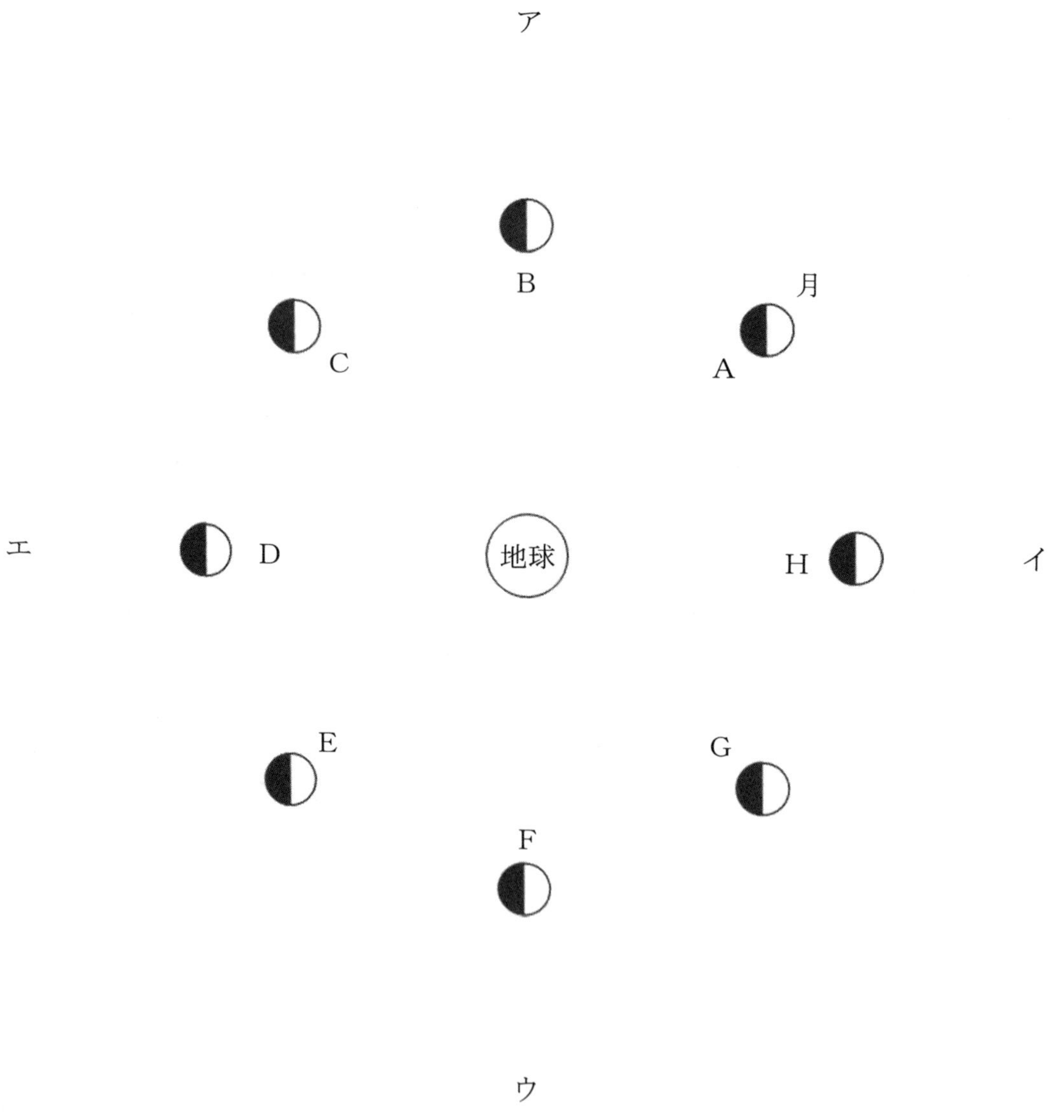

図１

（2）月の位置が図１のA→B→C→D→Eの順に移動したときに、日本で夜の同じ時刻に月を観測しました。月の見え方はどのように変化していきますか。正しい順番になるように、次の図２のア～クの中から必要な図を選んで並べかえなさい。ただし、図のぬりつぶされている部分は太陽の光が当たっていない部分です。

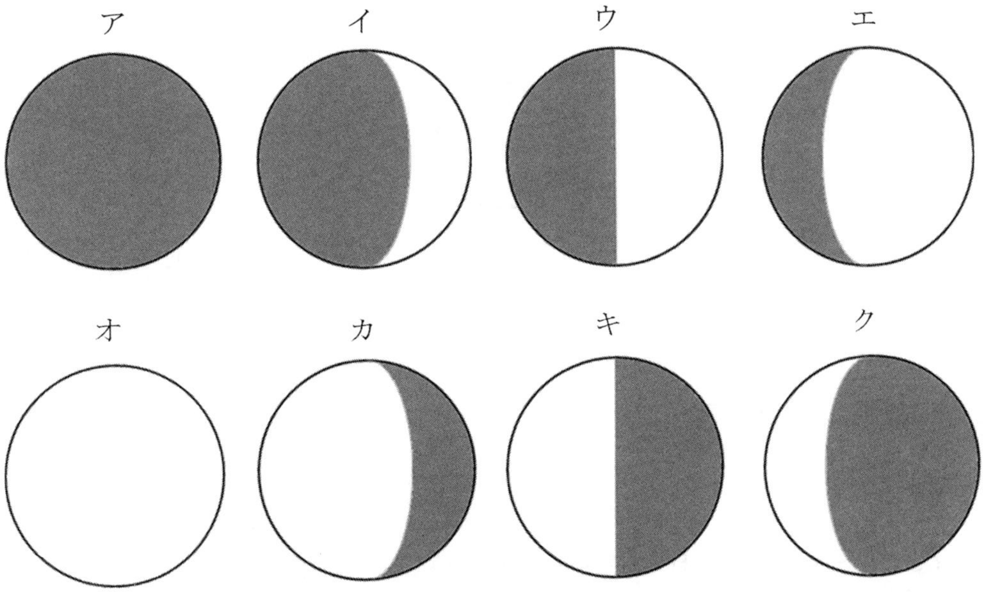

図２

（3）図１のFの位置の月の名前を、次のア～オから１つ選び、記号で答えなさい。

ア．満月　　イ．新月　　ウ．三日月　　エ．上げんの月　　オ．下げんの月

問３　会話文の下線部③の月の見え方が変わることを確認するためには、月が地球の周りを回る月の公転軌道(きどう)を考える必要があります。次の（１)、(２）の問いに答えなさい。

（１）図３はある時期の地球と月の位置を表した模式図です。ただし、地球や月の大きさは実際のものとはちがいます。太陽がＹ側にあった場合の日本の季節を次のア～エから１つ選び、記号で答えなさい。

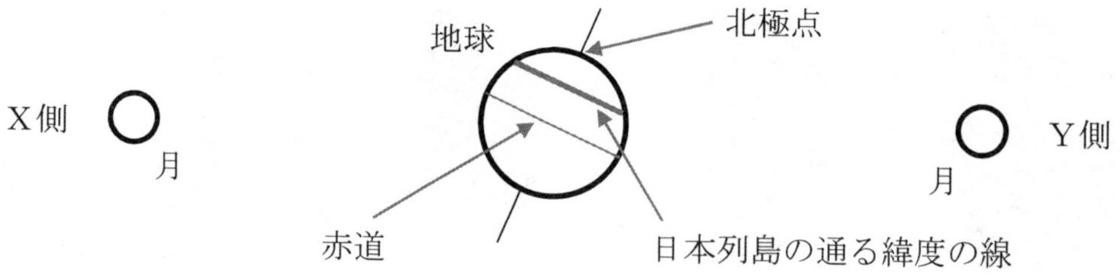

図３

ア．春　　イ．夏　　ウ．秋　　エ．冬

（２）次のア～エのうち、日本から見て月の南中高度がもっとも高くなるものを１つ選び、記号で答えなさい。

ア．春分の満月　　イ．夏至の満月　　ウ．秋分の満月　　エ．冬至の満月

問４　会話文の下線部④の日食を説明した次の文の（　ア　）～（　ウ　）に入る語句を、次のＡ～Ｃからそれぞれ１つずつ選び、記号で答えなさい。

Ａ　地球　　Ｂ　月　　Ｃ　太陽

日食は、地球から見て月が（　ア　）の方向にあり、（　イ　）が（　ア　）の光をさえぎってしまうために、（　ウ　）から見た（　ア　）の一部や全部がかくされる現象です。

4　花子さんは、次の実験器具を使って、〈実験１〉～〈実験４〉を行いました。次の問いに答えなさい。ただし、漢字で書けるものは漢字で答えなさい。

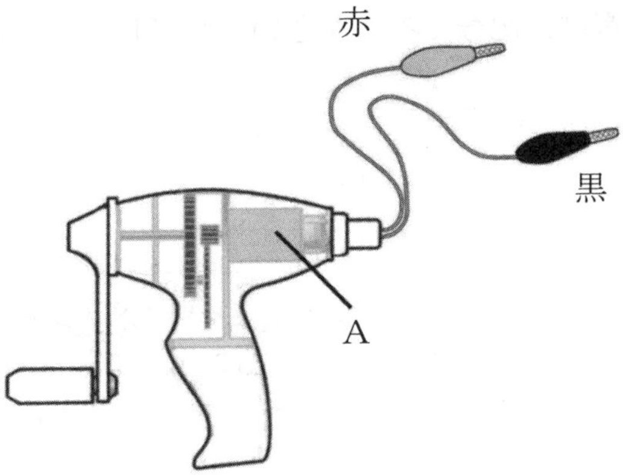

図１　手回し発電機

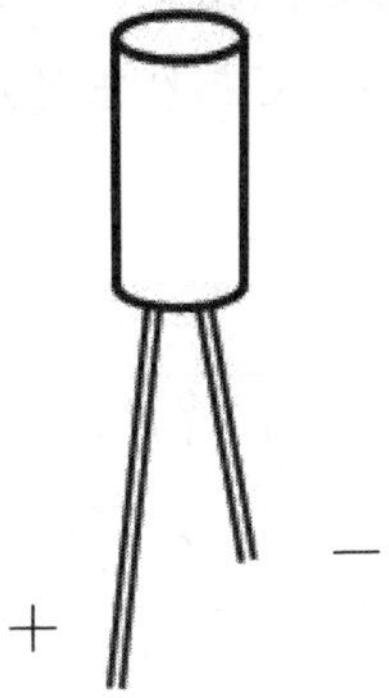

図２　コンデンサー

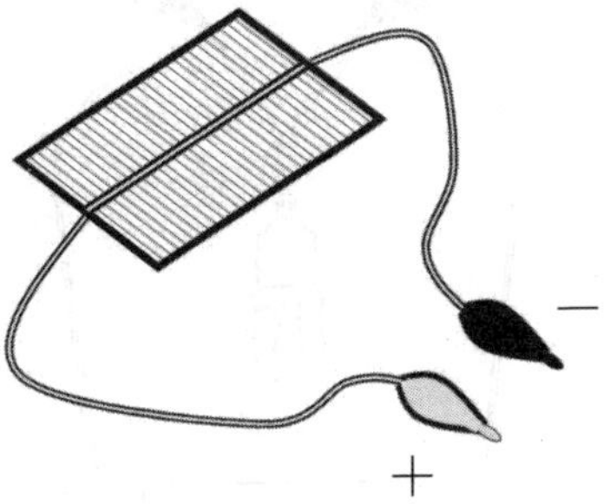

図３　光電池

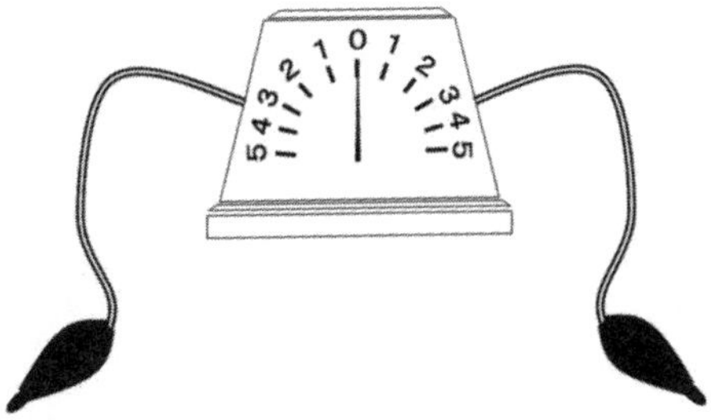

図４　検流計

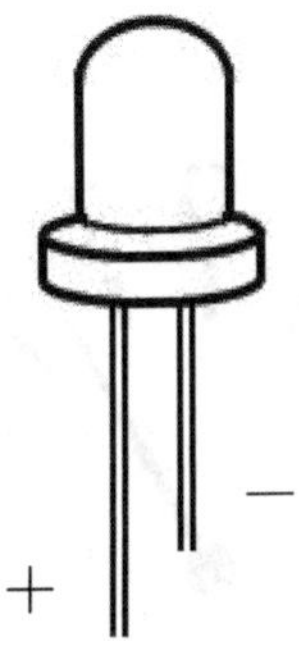

図５　発光ダイオード

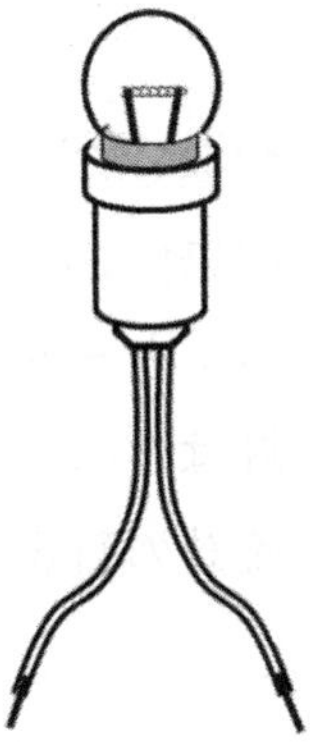

図６　豆電球

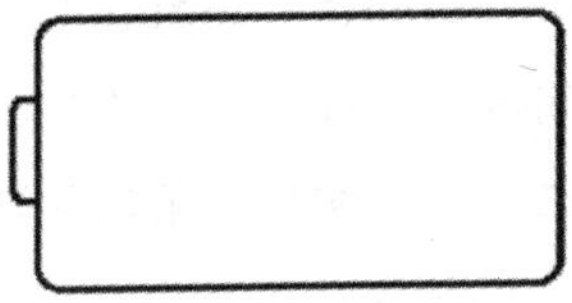

図７　乾(かん)電池

問１　図５の発光ダイオードをアルファベット３文字で何と言いますか。

〈実験１〉乾電池、豆電球、検流計をつないで回路を作りました。

問２　正しい回路を次のア、イから１つ選び、記号で答えなさい。ただし、検流計の針はかいてありません。

ア．

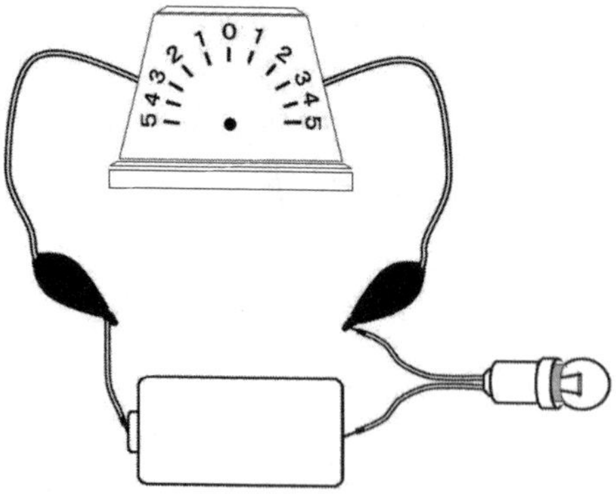

イ．

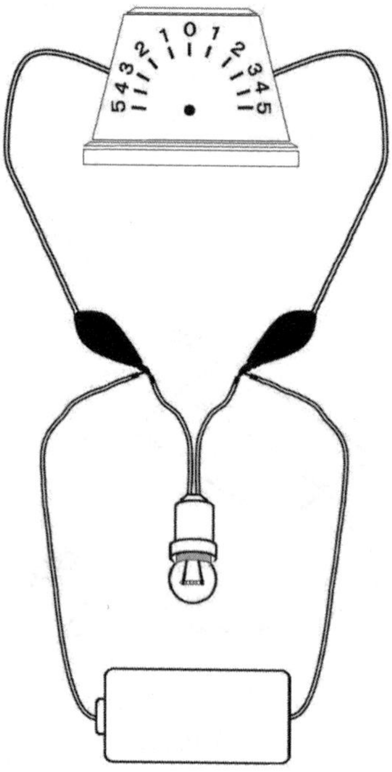

問３　乾電池と豆電球と検流計を正しくつないだところ、検流計の針が図８のように中央にある０から右向きにふれました。乾電池の＋と－を逆向きにつないだときに、検流計の針はどのようにふれますか。解答用紙の図に検流計の針を記入しなさい。

図８

〈実験２〉手回し発電機と発光ダイオードをつなぎ、手回し発電機を右回りに回したところ発光ダイオードが明るく光りました。

〈実験３〉手回し発電機と豆電球をつなぎ、手回し発電機を右回りに回したところ豆電球が明るく光りました。

問４　〈実験２〉、〈実験３〉と同じつなぎ方で手回し発電機を左回りに回しました。そのときの結果はどのようになりますか。次のア～エから１つ選び、記号で答えなさい。

ア．発光ダイオードは光るが、豆電球は光らない。
イ．豆電球は光るが、発光ダイオードは光らない。
ウ．発光ダイオードも豆電球も光る。
エ．発光ダイオードも豆電球も光らない。

問５　図１の手回し発電機の中のＡの名前を答えなさい。

問６　コンデンサーに電気をためることができる器具はどれですか。次のア～オから２つ選び、記号で答えなさい。

ア．光電池　　イ．検流計　　ウ．発光ダイオード
エ．豆電球　　オ．乾電池

〈実験４〉手回し発電機を使い、同じ回数・同じ速さで回して電気をためたコンデンサーを２つ用意しました。１つには発光ダイオード、もう１つには豆電球をつなぎ、それぞれが光り続けている時間の長さを測りました。

問７　発光ダイオードと豆電球が光り続けている時間の長さについて、正しいものを次のア～エから１つ選び、記号で答えなさい。

ア．発光ダイオードも豆電球も光り続けている時間の長さは同じである。
イ．発光ダイオードと比べて、豆電球が光り続けている時間の長さは短い。
ウ．発光ダイオードと比べて、豆電球が光り続けている時間の長さは長い。
エ．これだけでは、どちらが光り続けているか答えることはできない。

5　集合場所で**テンコ**をとる。

四　次の1～5の――線のカタカナを漢字で書きなさい。ただし、送り仮名はひらがなで書きなさい。

1　セーターが**チヂム**。
2　客の要望に**ソウ**。
3　勇気を**フルウ**。
4　鏡に姿を**ウツス**。
5　会期が**ノビル**。

五　次の1～5の二つの【　】には同じ漢字が入ります。【　】に入る語を漢字一字で書きなさい。

(例)【　】人【　】色　　答え…十

1　【　】立【　】歩
2　【　】進【　】退
3　【　】信【　】疑
4　【　】由【　】在
5　【　】存【　】栄

六　次の1～5の【　】に漢字一字を入れて、ことわざを完成させなさい。

1　言わぬが【　】
2　雀《すずめ》【　】まで踊《おど》り忘れず
3　【　】を仇《あだ》で返す
4　弘法《こうぼう》【　】を選ばず
5　門前の小僧《こぞう》習わぬ【　】を読む

たことの重大さを感じ、これからのことが怖《こわ》くなった。

エ　信夫をつき落してしまったことは悪いと思っていたが、落ちたのが幸い布団の上で大事には至らなかったのに、父親に殴られて悲しかった。

問五　——線③「信夫の言葉に六さんの顔がくしゃくしゃにくずれた」とありますが、それはなぜですか。その理由として最もよいものを次から選び、記号で答えなさい。

ア　信夫が素直に事実を言わないのは自分との間に信頼関係がないからだと、悲しくなったから。

イ　口では何といっても、やはりどこか痛いのではないかと信夫のことが心配になったから。

ウ　いつもはおだやかな信夫が、いざというときには堂々とした態度を取れることに敬服したから。

エ　信夫が虎雄のことを必死でかばっているのだと思い、その姿を立派に感じたから。

問六　——線④「信夫がじれた」とありますが、それはどのような様子ですか。その説明として最もよいものを次から選び、記号で答えなさい。

ア　何度も違《ちが》うと言っているのに、六さんが自分の言っていることを受け入れてくれず、いらいらした気持ちを隠《かく》せないでいる。

イ　六さんが言っている通りであると認めることは今さらできるはずもないのに、大人でありながらそんな簡単なことも分からない六さんにあきれている。

ウ　虎雄は年少者であり、まして町人の子であるから、信夫自身がうかつにも転落してしまったという失態の責任を押し付けるわけにはいかないと必死になっている。

エ　祖母であるトセはすぐに信夫の真意に気づいてくれたのに、父である貞行にはそれを期待することはできないので、自分の主張を無理にでもおし通そうとしている。

問七　——線⑤「信夫の言葉に貞行の顔色がさっと変わった」とありますが、それはなぜですか。その理由として最もよいものを次から選び、記号で答えなさい。

ア　信夫が虎雄をかばっていたのは、年長者が年少者をかばっているからだと思っていたのに、周囲の大人をだますためだったと分かったから。

イ　いつの間にか信夫のものの考え方が、自分が教えてきたものとはちがって、自分以外の他人を見下す危険なものになってしまっていたことが分かったから。

ウ　信夫が虎雄をかばっていたのは虎雄のためではなく、自分の方が身分的に優《すぐ》れているという体面を守るためであったことが分かったから。

エ　家の中で士族は町人よりもえらいと教えてきたが、それを人前で言ってはいけないということも教えるべきだったと分かったから。

問八　——線⑥「福沢諭吉」が書いた作品を次から一つ選び、記号で答えなさい。

ア　風の又《また》三郎　　イ　坊《ぼ》っちゃん

ウ　学問のすすめ　　エ　トロッコ

三　次の1～5の——線のカタカナを漢字で書きなさい。

1　手厚い**カンゴ**を受ける。

2　教会の**レイハイ**に参加する。

3　**センレン**されたデザイン。

4　雑草を**ジョキョ**する。

B厳然として貞行が命じた。

「ぼく……」

信夫はまだ謝罪するほどの気持ちにはなれなかった。

「信夫あやまることができないのか。自分のいった言葉がどれほど悪いことかお前にはわからないのか！」

そういうや［Ⅳ］、貞行はピタリと両手をついて、おろおろしている六さんと虎雄にむかって深く頭《こうべ》を垂れた。そして、そのまま顔を上げることもしなかった。その父の姿は信夫の胸に深くきざまれて、一生忘れることができなかった。

（三浦綾子《みうらあやこ》『塩狩峠《しおかりとうげ》』）

※語注

六さん…虎雄の父親。

ねめつけた（ねめつける）…にらみつけること。

ごいんきょさま…「隠居《いんきょ》（表舞台《ぶたい》から退いた人のこと）」に敬意をこめた表現。ここでは、トセのこと。

凜とした…ひきしまったさま。

きかん気…負けまいとする性質。

士族…明治時代にもと武士階級に属した者に与えられた身分上の名称《めいしょう》。平民の上に置かれた。

問一 ——線A「度量」、B「厳然と」の文中での意味として最もよいものをそれぞれ後から選び、記号で答えなさい。

A 度量

ア 言い表せないほどの善良な性質

イ 長く変わらないその人の性質

ウ 大きくかたよっている性質

エ 他の人の言動を受け入れようとする性質

B 厳然と

ア いかめしく、おごそかなさま

イ きびしく、つめたいさま

ウ こわくて、人をよせつけないさま

エ おこっていて、あつくなっているさま

問二 ［Ⅰ］～［Ⅳ］にあてはまる語の組み合わせとして最もよいものを次から選び、記号で答えなさい。

ア Ⅰ おりしも　Ⅱ それでも
　Ⅲ やはり　Ⅳ やさきに

イ Ⅰ ずっと　Ⅱ むしろ
　Ⅲ きっと　Ⅳ すかさず

ウ Ⅰ いつも　Ⅱ やはり
　Ⅲ むしろ　Ⅳ いなや

エ Ⅰ しょっちゅう　Ⅱ ますます
　Ⅲ それでも　Ⅳ すぐに

問三 ——線①「お前がおれをつき落としたなんて、だれにもいうな！」とありますが、「信夫」がこのように言った理由をわかりやすく表している部分を本文中から**二十五字以内**で抜き出し、最初の**四字**を書きなさい。

問四 ——線②「虎雄はいくじなく泣き声をあげた」とありますが、その時の気持ちの説明として最もよいものを次から選び、記号で答えなさい。

ア 一時の感情に任せて信夫をつき落としてしまったことへの罪悪感に加えて、いつもは温厚な父親に殴られたので我慢《がまん》できなくなった。

イ 信夫から一連の出来事について口止めをされたうえに、父親から殴られてどうすればよいのかわからなくなった。

ウ 父親があわてふためいているさまを見て、自分がしてしまっ

「信夫をつき落としたというのだね」
「はあ」
六さんは鼻に汗《あせ》をうかべている。
「ちがう。ぼくがひとりで落ちたんだ」
信夫がいらいらと叫《さけ》んだ。貞行は微笑《びしょう》して、二、三度うなずいた。信夫に年下の友だちをかばうA度量のあることが嬉《うれ》しかった。
「そうか。お前がひとりで落ちたのか」
「そうです。ぼく町人の子なんかに屋根から落とされたりするものですか」
⑤信夫の言葉に貞行の顔色がさっと変わった。六さんはうろうろとして貞行をみた。
「信夫っ！　もう一度今の言葉を言ってみなさい」
※凛《りん》とした貞行の声に信夫は一瞬《いっしゅん》ためらったが、そのきりりと※きかん気に結ばれた唇《くちびる》がはっきりと開いた。
「ぼく、町人の子なんかに……」
みなまで言わせずに貞行の手が、信夫のほおを力いっぱいに打った。信夫には何で父の怒《いか》りを買ったのかわからない。
「永野《ながの》家は※士族ですよ。町人の子とはちがいます」
祖母のトセは　Ⅰ　信夫に言っていた。だから、町人の子に屋根からつき落とされたなんて、口が裂《さ》けても言えなかったのだ。信夫は父をにらんだ。
（ほめてくれてもいいのに！）
「虎雄くん。君の手を見せてほしい」
貞行は虎雄に微笑をみせた。虎雄はおどおどと汚《よご》れた小さな手を出した。
「信夫！　虎雄君の指は何本ある？」
「五本です」
殴られたほおがまだひりひりと痛んだ。
「では、信夫の指は何本か？　六本あるとでもいうのか」
信夫はむすっと唇をかんだ。
「信夫。士族の子と町人の子とどこがちがうというのだ？　言ってみなさい」
（ほんとうだ。どこがちがうのだろう？）
言われてみると、どこがちがうのか信夫にはわからない。しかし祖母はちがうと言うのだ。
「どこかがちがいます」
信夫は　Ⅱ　そう思わずにはいられない。
「どこもちがってはいない。目も二つ、耳も二つだ。いいか信夫。⑥福沢諭吉《ふくざわゆきち》先生は天は人の上に人を造らず、人の下に人を造らず、とおっしゃった。わかるか、信夫」
「…………」
信夫も福沢諭吉の名前だけはよくきいていた。
「いいか。人間はみんな同じなのだ。町人が士族よりいやしいわけではない。いや、　Ⅲ　、どんな理由があろうと人を殺したりした士族の方が恥《は》ずかしい人間なのかも知れぬ」
きびしい語調だった。父がこんなきびしい人だとは、信夫はそれまで知らなかった。しかしそれよりも、
「士族の方が恥ずかしい人間かも知れぬ」
と言った言葉が胸をついた。士族はえらいと当然のように思ってきた信夫である。それは雪は白い、火は熱いということと同じように、信夫には当然のことであった。
（ほんとうに人間はみんな同じなのだろうか）
信夫は唇をきりりとかみしめて枕《まくら》に顔をふせていた。
「信夫。虎雄くんたちにあやまりなさい」

【　①　】ことを理由にかわいらしいと思って、優しく扱うのではなく、【　②　】ということ。

二　次の文章を読んで、後の問いに答えなさい。

《あらすじ》

小学校三年生の信夫《のぶお》と一年生の虎雄《とらお》は、物置の屋根で遊んでいたが、ふとしたことから言い争いになってしまった。感情が高ぶった虎雄がつい信夫の胸をつき、信夫は下に落ちてしまうが、幸い地面には布団《ふとん》が干《ほ》してあり、その上に落ちた。

「信ちゃん、ごめんよ」

虎雄が泣きだしそうな顔をして屋根から降りてきた。

「おれはお前に落とされたんじゃないぞ！　いいか！」

信夫は眉《まゆ》をしかめて足首をさすりながらいった。

「えっ！　なんだって！」

虎雄は信夫の言葉がわからなかった。

「①お前がおれをつき落としたなんて、だれにもいうな！」

信夫は命令するように、口早にいった。虎雄はポカンとして信夫をみた。

悲鳴をきいてまずかけつけたのは※六さんであった。

「坊《ぼっ》ちゃま、どうなさった」

六さんは青い顔をして立っている虎雄を※ねめつけた。

「なんでもないよ。遊んでいて屋根から落ちたんだ」

「屋根から！」

六さんは叫《さけ》んだ。そしていきなり虎雄のほおをいやというほど殴《なぐ》りつけた。

「虎！　お前だな」

②虎雄はいくじなく泣き声をあげた。

「どうしたというのです？」

祖母のトセだった。

「どうも、※ごいんきょさま、すみません。虎の奴《やつ》が……」

言いかけた六さんの言葉を信夫が鋭《するど》くさえぎった。

「ちがう！　ぼくがひとりで落ちたんだ！」

③信夫の言葉に六さんの顔がくしゃくしゃにくずれた。

「坊ちゃま！」

「そんなことより怪我《けが》はありませんか」

トセは取り乱してはいなかった。

「大したことはないようですが、お医者さまにつれて行って下さい」

祖母は信夫の顔色をみて六さんにいった。あわてて六さんが信夫をおぶって近所の医者につれていった。足首の捻挫《ねんざ》だけで骨折はなかった。それでも医者から帰って、一応布団の上にねかされると、信夫は大分つかれていた。

「大したことがなくて結構でした」

貞行《さだゆき》が部屋にはいってくると、トセはそういって、入れ代わりに台所に立って行った。

貞行をみると、六さんがあわててたたみに額をこすりつけた。

「どうも、虎雄がとんだことを致《いた》しまして……」

虎雄もしょんぼりとうつむいていた。

「虎雄ちゃんじゃないったら！」

④信夫がじれた。

「いったい、どうしたというのだね」

貞行はきちんと正座したままで、おだやかに言った。

「実はこのガキが、物置の屋根から……」

エ　神社をハイカンする。

問二　――線①「外聞が悪い」の意味として最もよいものを次から選び、記号で答えなさい。

ア　世間に知られたらみっともない
イ　世間からの評判が気になる
ウ　世間のことを何も知らない
エ　世間から知られていない

問三　Ⅰ～Ⅲにあてはまる語として最もよいものをそれぞれ下から選び、記号で答えなさい。

Ⅰ　ア　有用　イ　可能　ウ　安全
Ⅱ　ア　表面　イ　画一　ウ　合理
Ⅲ　ア　魅力《みりょく》　イ　普遍《ふへん》　ウ　積極

問四　――線②「なかなかのものです」とありますが、そのように言えるのはなぜですか。その理由として最もよいものを次から選び、記号で答えなさい。

ア　見た目を気にするのはよくないと考えて、美しさをひきたてる装飾《そうしょく》などは何も身に着けず、虫の採集に集中したから。
イ　生物に対する研究などがまだない時代なのに、虫の分類や命名をするなど、理論的な方法にもとづいて知識を得ていたから。
ウ　自分の個性をみがくことに一生懸命《けんめい》で、普通の姫君であればおこなうはずの風習に一切興味を示さなかったから。
エ　他の子どもに虫を採ってもらうだけでは満足せず、採った虫にはそれぞれ面白い名前をつけて大切に扱《あつか》ったから。

問五　――線③「本当にびっくりしました」とありますが、それはなぜですか。その理由として最もよいものを次から選び、記号で答えなさい。

ア　「虫愛づる姫君」は変わり者として描かれているが、その行動や性格は、現代では逆に一般的《いっぱんてき》な人物に当てはまるものだから。
イ　「虫愛づる姫君」には、平安時代から現在に至るまで、人間が変わらず持ち続けている小さなものへの思いやりが描かれているから。
ウ　「虫愛づる姫君」の虫たちを観察する場面には、現代のどの作品よりも、生命の真理を解き明かすヒントが多く書かれているから。
エ　「虫愛づる姫君」は、平安時代の作品であるのにもかかわらず、生命の本質を見ようとする態度が描かれており、それは現代の生命の研究にも共通するから。

問六　本文の内容に合うものを次から一つ選び、記号で答えなさい。

ア　「虫愛づる姫君」の話は、虫が好きな変な女の子がいたという物語であり、姫が常識でははかれない大胆《だいたん》な行動をとるところに最大の魅力がある。
イ　「虫愛づる姫君」の話は、「童」や「若い公達」などが登場し、そのやり取りから、姫君がどのくらい虫を好んでいるか分析できるように書かれている。
ウ　「虫愛づる姫君」の話は、ただ面白いというだけではなく、主人公の少女のものの見方や考え方について、現代に生きる人間から見ても興味深い点が多い物語である。
エ　「虫愛づる姫君」の話は、まったくの作り話であり、当時生きていた人々の中にも、姫君のような人物は存在しなかった。

問七　本文中の「愛づる」という言葉について、筆者はそれをどのようなことだと考えていますか。次の【①】【②】にふさわしい表現を入れて、説明を完成させなさい。ただし、①は**十字以内**、②は**二十五字以内**で書くこと。

とも「うるさし、きたなし」と言って行いません。虫を見るときは髪《かみ》の毛が邪魔《じゃま》なので耳はさみ（耳の後に髪をかける）します。自然志向で［Ⅱ］的、ますます現代生物学者そのものです。童に採ってもらっただけでは飽《あ》き足らず、採集も［Ⅲ］的。名前を調べて、新しいものには自分で名前をつけるのです。「この虫どもを取らせ、名を問ひ聞き、いま新しきには、名をつけて興じたまふ」とあります。この種の学問などないときに、②なかなかのものです。

物語りとしては若い※公達《きんだち》も現れ、その間のやりとりからもちょっとこのお姫様変わり者ですよということが強調されます。もちろん人間の男性に対する態度にもお姫様の特性が見られ、物語りの分析としてはそれも重要ですが、ここでは虫との関わりの部分に絞《しぼ》ります。

丁寧《ていねい》に読んでみて、③本当にびっくりしました。今私が※生命誌として生きものに向き合う気持ちと、ぴったり重なり合うのですから。十一世紀といえば平安時代。私たちは『源氏物語』の世界を思い描《えが》きます。もっとも、『源氏物語』にも小雀《すずめ》を捕《つか》まえようとする※若紫《わかむらさき》が可愛く描いてあり、当時から身近な生きものへの関心はそれなりにあったのだろうとは思うのですが、こんなに見事に、二十一世紀に現れても通用するようなお姫様がいたとは……。もちろんこれは物語りですが、このようなお話が書かれたということは、当時の社会にこのような例があった、またはあり得たということではないでしょうか。

（中村桂子《なかむらけいこ》『ゲノムが語る生命』）

※語注

大納言…平安時代の役職のひとつ。

童…子どものこと。

はかなくあやしけれ…「つまらなくおかしなことだ」という意味。

よろづのことどもを尋ねて末を見ればこそ、ことは、ゆゑあれ。…「すべてのことを追究して、行く末を見るからこそ、物事には趣《おもむ》きがある」という意味。

烏毛虫…毛虫のこと。

DNA…遺伝子の情報のこと。

バイオテクノロジスト…生物学と科学技術を合わせて研究する人。

お歯黒…歯を黒く染める化粧《けしょう》のこと。

公達…皇族や貴族の子弟《してい》のこと。

生命誌…科学によって得られる知識を大切にしながら、生き物すべての歴史と関係を知り、生命の歴史物語を読み取る作業のこと。筆者は生命誌の研究者である。

若紫…『源氏物語』の登場人物。

問一 ――線A～Cのカタカナと同じ漢字が使われているものを後からそれぞれ一つずつ選び、記号で答えなさい。

A タンペン

ア 幼虫が成虫にヘンタイする。
イ ある国のはずれのヘンキョウの町です。
ウ 動画のヘンシュウをしています。
エ 手紙のヘンジを書く。

B サイブ

ア 資産をサイブン化する。
イ サイフにお金を入れる。
ウ 小説をサイゴまで読んだ。
エ サイゲンなく話が続いた。

C カンサツ

ア アッカンの活躍《かつやく》だった。
イ カンパで気温が下がった。
ウ 勉強の大切さをジッカンする。

二〇二二年度 星野学園中学校

【国　語】〈理数選抜第二回試験〉（五〇分）〈満点：一〇〇点〉

注意　一、字数制限のある問題では「、」や「。」や記号等も一字に数えます。
　　　二、問題作成のため、一部本文を改めたところがあります。

一　次の文章を読んで、後の問いに答えなさい。

十一世紀に書かれたタンAペン集『堤中納言物語《つつみちゅうなごんものがたり》』の中の一つが「虫愛《め》づる姫君《ひめぎみ》」です。

蝶《ちょう》が大好きなお姫様のお隣《となり》に、こちらは毛虫が好きな女の子が住んでいます。女の子といっても※大納言《だいなごん》の姫君、おつきの人もたくさんいます。でも毛虫が好きなんて……周囲の人は恐《こわ》がって逃げてしまいます。そこで、男の※童《わらわ》に虫たちを集めてもらい、箱や籠《かご》の中に入れ、名前をつけて遊ぶのです。

このようにあらすじを書いていくだけでは、虫が大好きな変てこな女の子がいたで終わってしまいます。私も以前はそうとしか思っていませんでした。ところが、Bサイブを読むと面白《おもしろ》い。とにかく姫君の言葉を聞いてください。

「人びとの、花、蝶やと愛づるこそ、※はかなくあやしけれ。人は、まことあり。本地尋《ほんぢたず》ねたるこそ、心ばへをかしけれ」と言って、「よろづの虫のおそろしげなるを取り集めて、『これが、成らむさまを見む』とて、さまざまなる籠箱《こばこ》どもに入れさせたまふ」のです。人びとは、花や蝶は美しいと言って褒《ほ》めたたえるけれど、実は、蝶になるもとは毛虫。ここにこそすべての基本があるわけではありませんか、というのが姫君の言い分です。そして毛虫が蝶に変わっていく様子をCカンサツしようと、箱に入れさせるのです。「※よろづのことどもを尋ねて末を見ればこそ、ことは、ゆゑ《え》あれ。いとをさなきことなり。※烏毛虫《かはむし》の、蝶とはなるなり。」

これが「愛づる」です。見たところがとても美しいから可愛《かわい》がるというのではなく、対象をよく見つめていると、その本質が見えてきて、愛らしくなると言っているのです。ここには、「本地尋ねたる」とあり、この「本地」は仏教の言葉でしょう。

物語の中で本地という言葉が登場するのは、これが初めてだと教えていただき、とても興味深く思いました。

本質を見る。今私たちが生きものの研究をするにあたって常に考えていることは、本質を見るにはどうしたらよいだろうということです。平安時代のお姫様ですから、顕微鏡《けんびきょう》があるわけでも、ましてや※DNAを分析《ぶんせき》できるわけでもありません。けれども、毛虫が変化していくのをじっと見つめていることで、本質が見えるという自信をもっている。道具の問題ではありません。心がけとして、対象がときを刻んでいく様子を見ると、生きることの本質が見えてくるということがわかっているのです。

両親はこの風変わりなお姫様を困ったものとは思っていますが、もちろん、愛しています。「①外聞が悪《い》い」と言う両親に「きぬとて人の着るも、蚕《かひこ》のまだ羽つかぬにし出だし、蝶になりぬれば、いと喪袖《もそで》にて、あだになりぬるをや」、つまり、「絹糸を吐《は》くのは蚕で蝶（蛾《が》）になってしまったら、もう役には立ちません」と理屈《りくつ》で対応し、 I 性まで語るとは、現代の※バイオテクノロジストも顔負けです。

このお姫様には、もう一つ興味深いところがあります。「人は、すべて、つくろふ所あるはわろし」と言って、当時は十二、三歳《さい》になると行う風習であった眉《まゆ》を抜《ぬ》くことも、※お歯黒をつけるこ

2022年度

星野学園中学校　▶解説と解答

算　数　＜理数選抜第２回試験＞（50分）＜満点：100点＞

解　答

1 (1)　2　(2)　1　(3)　$1\frac{1}{20}$　(4)　$3\frac{2}{7}$　(5)　4 km　(6)　18日目から　(7)　10通り　(8)　３月25日　(9)　80人　(10)　15度　(11)　108cm^3　**2** (1)　5 cm　(2)　100枚　(3)　243枚　**3** (1)　５回　(2)　時速36km　(3)　５分50秒　**4** (1)　9.99秒　(2)　**A**…４位，**B**…１位，**C**…２位，**D**…６位，**E**…５位，**F**…３位，**1位の記録**…9.80秒

解　説

1　四則計算，逆算，速さ，つるかめ算，仕事算，場合の数，推理，消去算，角度，展開図，体積

(1)　$1\frac{3}{7}\div 3\times 4.2=\frac{10}{7}\times\frac{1}{3}\times\frac{42}{10}=2$

(2)　$3\times 3-\{2\times 2\div 3\times(3+24)-(11-4)\times 4\}=9-\left(4\times\frac{1}{3}\times 27-7\times 4\right)=9-(36-28)$
$=9-8=1$

(3)　$2\div 6\div\frac{4}{15}-1.8\times\left\{\frac{4}{9}+0.25\times\left(\frac{2}{3}-0.4\right)\right\}\div 4.6=2\times\frac{1}{6}\times\frac{15}{4}-\frac{18}{10}\times\left\{\frac{4}{9}+\frac{1}{4}\times\left(\frac{2}{3}-\frac{2}{5}\right)\right\}\div\frac{46}{10}$
$=\frac{5}{4}-\frac{9}{5}\times\left\{\frac{4}{9}+\frac{1}{4}\times\left(\frac{10}{15}-\frac{6}{15}\right)\right\}\times\frac{10}{46}=\frac{5}{4}-\frac{9}{5}\times\left(\frac{4}{9}+\frac{1}{4}\times\frac{4}{15}\right)\times\frac{5}{23}=\frac{5}{4}-\frac{9}{5}\times\left(\frac{4}{9}+\frac{1}{15}\right)\times\frac{5}{23}=$
$\frac{5}{4}-\frac{9}{5}\times\frac{5}{23}\times\left(\frac{20}{45}+\frac{3}{45}\right)=\frac{5}{4}-\frac{9}{23}\times\frac{23}{45}=\frac{5}{4}-\frac{1}{5}=\frac{25}{20}-\frac{4}{20}=\frac{21}{20}=1\frac{1}{20}$

(4)　$\frac{5}{6}\times 1\frac{1}{3}-\frac{5}{3}\div\left(\square-1\frac{1}{7}\right)=\frac{1}{3}$より，$\frac{5}{3}\div\left(\square-1\frac{1}{7}\right)=\frac{5}{6}\times 1\frac{1}{3}-\frac{1}{3}=\frac{5}{6}\times\frac{4}{3}-\frac{1}{3}=\frac{10}{9}-\frac{3}{9}$
$=\frac{7}{9}$，$\square-1\frac{1}{7}=\frac{5}{3}\div\frac{7}{9}=\frac{5}{3}\times\frac{9}{7}=\frac{15}{7}=2\frac{1}{7}$　よって，$\square=2\frac{1}{7}+1\frac{1}{7}=3\frac{2}{7}$

(5)　時速３kmで50分間，つまり，$50\div 60=\frac{5}{6}$(時間)歩くと，進んだ道のりは，$3\times\frac{5}{6}=\frac{5}{2}$(km)となり，実際の道のりより，$5-\frac{5}{2}=\frac{5}{2}$(km)短くなる。そこで，時速３kmで歩く時間を減らして，かわりに時速８kmで走る時間をふやすと，進む道のりが１時間につき，$8-3=5$(km)長くなる。よって，時速８kmで走った時間は，$\frac{5}{2}\div 5=\frac{1}{2}$(時間)とわかるから，時速８kmで走った道のりは，$8\times\frac{1}{2}=4$(km)と求められる。

(6)　工場Ａで１日に作る製品の個数は，4200÷21＝200(個)，工場Ｂで１日に作る製品の個数は，4200÷28＝150(個)なので，工場Ａと工場Ｂで同時に作ると，１日に作る製品の個数は，200＋150＝350(個)となる。よって，6000÷350＝17あまり50より，製品の合計が6000個以上になるのは，17＋１＝18(日目)からとわかる。

(7)　５種類のアイスクリームから３種類を選ぶときの選び方は，$\frac{5\times 4\times 3}{3\times 2\times 1}=10$(通り)ある。

(8)　Ｃさんが日曜日は空いていないという条件を除いて考えると，３人とも予定が空いているのは，３月25日から28日までとなる。また，２月５日は土曜日で，３月５日は２月５日の28日後だから，

28÷７＝４より，３月５日も土曜日になる。すると，３月の，５＋７＋７＋７＝26(日)も土曜日だから，３月27日は日曜日となる。よって，３月25日から28日のうち，27日はＣさんが空いていないので，３人が１泊２日の旅行に出発できる日は３月25日とわかる。

(9)　昨年の男子と女子の生徒数の合計は155人で，昨年の男子の４％と昨年の女子の５％の合計が７人だから，昨年の男子の生徒数を[男]，女子の生徒数を[女]として式に表すと，右の図のア，イのようになる。イの式を25倍すると，ウのようになり，アとウの式の差を考えると，[女]×1.25－[女]×１＝[女]×(1.25－１)＝[女]×0.25が，175－155＝20(人)にあたる。よって，昨年の女子の生徒数は，20÷0.25＝80(人)と求められる。

[男]×１＋[女]×１＝155(人)…ア
[男]×0.04＋[女]×0.05＝７(人)…イ
[男]×１＋[女]×1.25＝175(人)…ウ

(10)　問題文中の図で，BC＝AC＝DC だから，三角形CBD は二等辺三角形とわかる。また，角BCD の大きさは，60＋90＝150(度)なので，㋐の角の大きさは，(180－150)÷２＝15(度)となる。

(11)　この展開図を組み立ててできる立体は，上底が３cm，下底が６cmで，高さが４cmの台形を底面とする，高さが６cmの四角柱になる。よって，立体の体積は，(３＋６)×４÷２×６＝18×６＝108(cm^3)である。

2　図形と規則

(1)　使う色紙の枚数は，大きな正三角形の１辺が１cmのとき１枚，１辺が２cmのとき，１＋３＝２×２＝４(枚)，１辺が３cmのとき，１＋３＋５＝３×３＝９(枚)，…となるので，１辺が□cmのときに使う色紙の枚数は，(□×□)枚と求められる。よって，色紙が25枚のとき，５×５＝25より，大きな正三角形の１辺の長さは５cmとなる。

(2)　(1)より，10×10＝100(枚)の色紙を使ったとわかる。

(3)　用意した色紙で一番大きな正三角形を作り，さらに，１辺の長さがもう１cm大きな正三角形を作るとき，必要な色紙の枚数は，13＋18＝31(枚)になる。すると，15×15＝225(枚)，16×16＝256(枚)より，256－225＝31(枚)となり，用意した色紙で作った一番大きな正三角形の１辺の長さは15cmとわかるので，用意した色紙の枚数は，225＋18＝243(枚)と求められる。

3　旅人算，速さと比

(1)　Ａさんは７分ごとに下りの電車に追いこされるので，歩きはじめてから35分間で，１分後，１＋７＝８(分後)，８＋７＝15(分後)，15＋７＝22(分後)，22＋７＝29(分後)の５回追いこされる。

(2)　電車と電車の間の距離《きょり》を１とすると，電車は７分間にＡさんよりも１だけ多く進むので，(電車の速さ)－(Ａさんの速さ)＝$\frac{1}{7}$と表せ，電車とＡさんは５分間に合わせて１だけ進むから，(電車の速さ)＋(Ａさんの速さ)＝$\frac{1}{5}$と表せる。この式より，電車の速さは，$\left(\frac{1}{7}+\frac{1}{5}\right)\div 2=\frac{6}{35}$，Ａさんの速さは，$\left(\frac{1}{5}-\frac{1}{7}\right)\div 2=\frac{1}{35}$となるので，電車の速さとＡさんの速さの比は，$\frac{6}{35}:\frac{1}{35}=6:1$とわかる。よって，電車の速さは時速，$6\times\frac{6}{1}=36$(km)と求められる。

(3)　電車と電車の間の距離は，$(36+6)\times\frac{5}{60}=\frac{7}{2}$(km)だから，求める時間は，$\frac{7}{2}\div 36=\frac{7}{72}$(時間)，$60\times\frac{7}{72}=5\frac{5}{6}$(分)，$60\times\frac{5}{6}=50$(秒)より，５分50秒である。

4　条件の整理

(1)　Ａ選手は秒速0.9mの追い風があったので，記録は0.09秒速くなったと考えられる。よって，Ａ

選手の無風での記録は，実際の記録よりも0.09秒遅《おそ》くなるので，9.90＋0.09＝9.99(秒)とわかる。

(2) (1)と同じように，各選手について予選の無風での記録を求めると，下の表１のようになるので，追い風0.1mのときは，記録が0.01秒はやくなるので，記録は下の表２のように考えられる。また，各選手のスタート反応時間から，決勝では予選よりどれだけ速くなるか，遅くなるかは下の表３のように考えられるので，各選手の決勝の記録は下の表４のようになる。よって，各選手の決勝の順序は，Ａは４位，Ｂは１位，Ｃは２位，Ｄは６位，Ｅは５位，Ｆは３位となり，１位になると考えられる記録はＢの9.80秒とわかる。

表１

選手	A	B	C	D	E	F
無風での記録(秒)	9.99	9.93	9.95	9.92	9.92	9.97

表２

選手	A	B	C	D	E	F
追い風0.1mでの記録(秒)	9.98	9.92	9.94	9.91	9.91	9.96

表３

選手	A	B	C	D	E	F
差(秒)	0.05速い	0.12速い	0.1速い	0.07遅い	0.04遅い	0.09速い

表４

選手	A	B	C	D	E	F
決勝の記録(秒)	9.93	9.80	9.84	9.98	9.95	9.87

社　会　＜理数選抜第２回試験＞（理科と合わせて60分）＜満点：50点＞

解　答

[1] 問１ (1) イ　(2) 棚田　問２ ウ　問３ Ⅰ　問４ エ　問５ (1) 小豆島 (2) Ⅲ　問６ (1) イ　(2) エ　問７ エ　問８ イ　問９ 11(時間)　[2] 問１ ウ　問２ イ　問３ (例) (ヤマト政権の支配範囲は,)稲荷山古墳が埼玉県にあることから関東地方周辺から，江田船山古墳が熊本県にあることから九州地方の中部あたり(までの範囲であったと考えることができる)　問４ ア　問５ エ　問６ 北条時宗　問７ 応仁の乱　問８ ウ　問９ イ　問10 オ　問11 (1) 鹿鳴館　(2) 陸奥宗光　問12 オ　問13 カ　[3] 問１ ノーマライゼーション　問２ ウ　問３ オ　問４ ア　問５ 地方自治　問６ エ

解　説

[1] ５つの都道府県についての問題

問１ (1) 上川盆地は，北海道の中央部に位置し，寒さに強い稲をつくる品種改良などが行われたことにより，石狩平野と並ぶ北海道の米どころとなった。　(2) 棚田は，山の斜面《しゃめん》や傾斜地に階段状につくられた田である。一枚一枚の面積が小さく大型の機械を使用するには不便で，日当たりが悪いため平地の水田よりも生育条件は悪いが，平野の少ない日本でより多くの米を生産するためにつくられた。

問２ 大館曲げわっぱは，秋田県大館市でつくられる伝統的工芸品で，江戸時代に大館城主が領内の豊富な秋田すぎに注目し，武士の副業として奨励《しょうれい》したことで発展した。八郎潟は，男鹿半島の付け根に位置した日本で２番目に大きい湖であったが，大規模な干拓が行われた。なお，ア(松川地熱発電所)は岩手県，イは山口県，エは岐阜県に関することがら。

問３ 天竜すぎは，静岡県(Ⅰ)の天竜川流域に生育するすぎのことで，尾鷲《おわせ》ひのき(三重県)，吉野

すぎ(奈良県)とともに，「人工の三大美林」に数えられている。明治時代，治水のために植えられたことをきっかけに，その後は建築材料にするために多くのすぎが植えられた。

問４　尾鷲(三重県)は，熊野灘《なだ》をわたってくる湿った暖かい風が紀伊山地にぶつかって雨を降らせるため，日本の最多雨地帯となっており，年間の降水量は約4000mm，９月の降水量は約750mmである。なお，アは那覇(沖縄県)，イは松本(長野県)，ウは高田(新潟県)の雨温図。

問５　⑴，⑵　小豆島は，香川県(Ⅲ)の北東に位置する島で，瀬戸内海に浮かぶ島々の中では淡路島(兵庫県)についで面積が大きい。年間を通して雨が少なく温暖な気候であるため，ヨーロッパの地中海沿岸から伝わったオリーブの栽培がさかんで，しょうゆやそうめんも特産品となっている。

問６　⑴　東海道・山陽新幹線は，東京駅から博多駅までを結び，東京都・神奈川県・静岡県・愛知県・岐阜県・滋賀県・京都府・大阪府・兵庫県・岡山県・広島県・山口県・福岡県を通るので，九州新幹線が通る熊本県の地名「天草」が入っているお弁当であるイは購入《こうにゅう》できない。なお，アは静岡県，ウは滋賀県，エは広島県のお弁当。　⑵　Ａはぶどう，Ｂはもも，Ｃはレタス，Ｄはきゅうり，Ｅはキャベツ，Ｆはピーマンの生産量のグラフである。

問７　輪島市は石川県北部の都市で，能登半島の海沿いに位置している。若狭湾沿岸で，大飯・高浜・美浜など多くの原子力発電所が建ち並ぶのは，福井県である。

問８　５万分の１の縮尺の地形図上で５cmの実際の距離は，５(cm)×50000＝250000(cm)より，2500(m)＝2.5(km)となる。なお，アについて，道を挟《はさ》んで東(右)にあるのは水田(||)，同じ区画にあるのは市役所(◎)である。果樹園の地図記号は(ό)，村役場の地図記号は(○)。ウについて，最初の交差点に郵便局(〶)はなく，左折したところに配達先はない。エについて，交番(X)から見て配達先は南東(右斜め下)の方向にある。

問９　地球は１日に１回転するので，360度÷24時間＝15度より，経度が15度違うと１時間の時差が生じる。目的地である東経75度のインドと東経135度の日本との経度の差は60度であるので，60度÷15度＝４時間より，時差は４時間である。成田空港を出発した時間をインド時間になおすと，９月１日午前９時－４時間＝９月１日午前５時となる。インドに到着したのは現地時間の９月２日０時であるので，その間は19時間，途中のタイで乗り継ぎまでに８時間あったので，その時間を差し引き，総飛行時間は11時間と求められる。

2　日本の服飾をはじめとした習俗の歴史についての問題

問１　縄文時代の人々が食べて捨てたものなどが積み重なってできた遺跡を貝塚といい，貝塚から当時の人々の食べ物や使用していた道具などを知ることができる。また，丁寧に葬《ほうむ》られた人や動物の骨が見つかることもある。

問２　『魏志』倭人伝は，３世紀に書かれた三国時代(中国が魏・呉・蜀に分かれていた時代)の歴史書である。これによると，30あまりの小国を従えていた邪馬台国《やまたいこく》の女王卑弥呼《ひみこ》は，王の地位を認めてもらうために239年に中国に使いを送り，中国の皇帝から「親魏倭王」の称号や金印，銅鏡などを授けられた。

問３　埼玉県の稲荷山古墳から出土した鉄剣と，熊本県の江田船山古墳から出土した鉄刀には，５世紀後半に存在した雄略天皇と同一人物であるとされているワカタケル(倭王武)の名をふくむ文字が刻まれていた。このことから当時のヤマト政権の支配範囲《はんい》は，関東地方周辺から九州地方の中部あたりにまでおよんでいたと考えられる。

問4　日本と友好関係を築いていた朝鮮半島にある百済《くだら》が唐(中国)と結んだ新羅《しらぎ》に滅ぼされ，日本に助けを求めると，663年に中大兄《なかのおおえの》皇子(のちの天智天皇)は援軍を送り，唐と新羅の連合軍と戦ったが，敗れた(白村江《はくすきのえ》の戦い)。

問5　平安時代初期に菅原道真の進言によって遣唐使が廃止されると，それまでの唐の文化を土台に，日本の風土や生活にあった国風文化が誕生した。宋(中国)から伝えられた大仏様という建築様式で東大寺南大門，禅宗様(唐様)とよばれる建築様式で円覚寺舎利殿が建てられたのは，鎌倉時代である。

問6　フビライ＝ハン率いる蒙古軍が，1274年と1281年の二度にわたって北九州に襲来したときの鎌倉幕府の執権《しっけん》は，第８代執権の北条時宗である。蒙古軍は，「てつはう」という火薬を爆発させる武器を用い，集団で戦っていることに特徴があった。

問7　足軽とよばれる兵士が活躍《かつやく》した応仁の乱は，室町幕府の第８代将軍足利義政のあとつぎをめぐる争いに，細川勝元と山名持豊の勢力争いや，管領の畠山家内部・斯波家内部の相続争いが結びついて起こった戦乱で，1467年から1477年まで続いた。

問8　1543年にポルトガル人を乗せた中国船が種子島(鹿児島県)に漂着して鉄砲を伝えると，南蛮《なんばん》人とよばれるポルトガル人やスペイン人との貿易が行われるようになった。彼らは山高帽子，長いマント，足首の細いズボン(カルサン)を身につけており，奇抜な服装が目を引いた。なお，アについて，江戸幕府はフランスから援助を受けた。イとエについて，鎖国政策後も日本と交流していたヨーロッパの国はオランダのみであった。

問9　レポート１より，越後屋では年末にまとめて支払わず，その場で現金払いをしていたので，①は誤り。レポート２より専門の販売員をそろえていたこと，レポート４より切り売りしていたことがわかるので，②は正しい。この絵には武士や女性も描かれているので，③は誤り。レポート４より他店が布は１反という単位でしか売らない中，越後屋の切り売りという販売方法は庶民《しょみん》にとって買いやすかったと思われるので，④は誤り。レポート３より，小判１両を銀60匁《もんめ》と交換していたことがわかり，小判１両は3.75(g)×60＝225(g)の銀と交換されていたので，⑤は正しい。

問10　明治政府は国の財政を安定させるため，1873年に全国の土地を調査して土地の価格である地価を決定し，地租改正を実施した。これにより，豊作・不作にかかわらず，土地の所有者が地価の３％を地租として，現金で納めることになった。したがって，オが正しい。

問11　(1)　鹿鳴館は，外務大臣(最初は外務卿《きょう》)の井上馨《かおる》が東京都日比谷に建てた洋館である。江戸幕府が幕末に結んだ不平等条約を改正するために，明治政府は外国人を招いて音楽会や舞踏《ぶとう》会を開催し，日本が近代国家になったことを欧米諸国に示した。　(2)　1858年に結ばれた日米修好通商条約で，領事裁判権を認めたことにより，外国人が日本で罪を犯したときは，外国の領事が裁くことになった。1894年，外務大臣の陸奥宗光がイギリスと交渉《こうしょう》し，領事裁判権の撤廃に成功した。

問12　治安維持法は，普通選挙法を公布することで社会運動がはげしくなることをおそれた内閣が，天皇主権の国家体制や私有財産制度を否認する社会主義思想を取りしまるために定めた法律なので，自由や権利の拡大の動きに反している。

問13　①は1951年のサンフランシスコ平和条約の調印，②は1964年の東京オリンピック，③は1945年に行われた女性の竹やり訓練，④は1970年の大阪万博，⑤は1964年の東海道新幹線開通，⑥

は1946年の日本国憲法公布のようすである。

3 日本の政治についての問題

問1 ノーマライゼーションは，社会で暮らす一人の人間として，すべての人が年齢や障がいの有無などにかかわらず，区別されることなく，社会の中で普通の生活を送ることができる社会の実現を目指す考え方である。

問2 消費税は，ものを買ったりサービスを受けたりするときに，一定の割合でかかる税である。国に納める国税(地方消費税は地方税)で，納める人と支払う人が異なる間接税であり，2019年10月より一部のものを除いて税率は10%となった。

問3 本会議は，衆議院と参議院のすべての議員で構成される会議で，総議員の3分の1以上の出席で成立する。法律案などの議案は，各種の委員会で審議されたのち，本会議にまわされて話し合いが行われ，出席議員の過半数で議決される。

問4 日本国憲法第33条では，「何人も，現行犯として逮捕《たいほ》される場合を除いては，権限を有する司法官憲が発し，且《か》つ理由となっている犯罪を明示する令状によらなければ，逮捕されない」と定められているので，現行犯の場合は令状なしでも逮捕できる。

問5 都道府県や市(区)町村などの地方公共団体が地域の住民のために行う政治を地方自治という。日本国憲法第92条では，本来の物事のねらいや目的という意味である「本旨」ということばを用いて，地方公共団体に関する事項は，地方自治の本旨にもとづいて法律で定めると明記している。

問6 平成10年の埼玉県の市の数は43，平成30年の埼玉県の市の数は40で，どちらも全国で最も多い。なお，アとウについて，市の数は増加している。イについて，減少しているのは埼玉県と東京都のみである。オについて，村の数が全くない地方公共団体は2から13に増加している。

理 科 ＜理数選抜第2回試験＞(社会と合わせて60分)＜満点：50点＞

解 答

1 **問1** ほう和水溶液 **問2** イ **問3** ウ **問4** ア，ウ **問5** 104.2 **問6** 4.8 **2** **問1** ア，ウ **問2** イ，エ **問3** イ **問4** (例) 水が蒸発しないようにするため。 **問5** (1) 11mL (2) 18mL **問6** ア **問7** (例) 蒸散により，ビニールぶくろ内の水蒸気が増えると，蒸散量が減り，水の減少量も少なくなっていくから。

3 **問1** 地球 **問2** (1) イ (2) イ→ウ→エ→オ→カ (3) オ **問3** (1) イ (2) エ **問4** **ア** C **イ** B **ウ** A **4** **問1** LED **問2** ア **問3** 右の図 **問4** イ **問5** モーター **問6** ア，オ **問7** イ

解 説

1 ものの溶《と》け方についての問題

問1 水にものを溶かすとき，ものが水にそれ以上溶けることができない(限度まで溶けている)状態をほう和といい，この状態の水溶液《すいようえき》をほう和水溶液という。

問2 40℃の水100gに溶かすことのできるものの量は，ホウ酸がもっとも少なく，食塩がもっと

も多い。よって，溶かすものの重さが同じとき，40℃の水にすべて溶かすのに必要な水の量は，ホウ酸がもっとも多くなり，食塩がもっとも少なくなる。したがって，イが正しくない。

問３　60℃の水100gに溶ける食塩の最大量は37.1gで，このときの食塩水の濃《こ》さは，37.1÷(37.1＋100)×100＝27.0…より，約27％である。これ以上食塩を加えても食塩は溶け残り，食塩水の濃さは変わらない。よって，ウのグラフが適切である。

問４　ア　20℃の水100gに溶ける最大量は，食塩が35.8g，ミョウバンが5.8gなので，ミョウバンだけが取り出せる。　イ　40℃の水100gに溶ける最大量は，食塩が36.3g，ミョウバンが11.7gである。よって，どちらも取り出せない。　ウ　20℃の水，100－25＝75(g)に溶ける最大量は，食塩が，$35.8\times\frac{75}{100}=26.85$(g)，ミョウバンが，$5.8\times\frac{75}{100}=4.35$(g)だから，ミョウバンだけが取り出せる。　エ　40℃の水75gに溶ける最大量は，食塩が，$36.3\times\frac{75}{100}=27.225$(g)，ミョウバンが，$11.7\times\frac{75}{100}=8.775$(g)である。したがって，どちらも取り出せない。　オ　20℃の水，100－50＝50(g)に溶ける最大量は，食塩が，$35.8\times\frac{50}{100}=17.9$(g)，ミョウバンが，$5.8\times\frac{50}{100}=2.9$(g)なので，両方の固体が現れ，ミョウバンだけを取り出すことができない。　カ　40℃の水50gに溶ける最大量は，食塩が，$36.3\times\frac{50}{100}=18.15$(g)，ミョウバンが，$11.7\times\frac{50}{100}=5.85$(g)だから，両方の固体が現れ，ミョウバンだけを取り出すことができない。

問５　図２の状態から水を50g蒸発させているので，図３で電子てんびんは，154.2－50＝104.2(g)を示す。

問６　図４では薬包紙にのせて測定しているので，取り出したホウ酸の固体の重さは，0.8－0.2＝0.6(g)である。よって，図３のビンの中のホウ酸水溶液は，100－50＝50(g)の水にホウ酸が，3－0.6＝2.4(g)溶けたものなので，20℃の水100gに溶けるホウ酸の最大量は，$2.4\times\frac{100}{50}=4.8$(g)と求められる。

２ 植物のつくりとはたらきについての問題

問１　カキとビワはともに実(果実)なので，その中に入っている種子から芽が出てくる。しかし，サツマイモ，タマネギ，ニンジンは実ではなく，その中に種子は入っていない。

問２　ジャガイモの場合は地下のくきがふくらんでできたイモ，クリの場合は種子の内部(子葉など)，ホウレンソウの場合は葉，イネの場合は種子の内部(はい乳)が食べる部分となっている。

問３　図２で，葉と葉の間は，360÷８＝45(度)はなれていて，①から左(反時計)回りに，45×３＝135(度)回ったところに②があり，②から左回りに135度回ったところに③があり，③から左回りに135度回ったところに④がある。この規則にしたがうと，⑤は④から左回りに135度回ったイである。

問４　ここでは植物の蒸散のはたらきについて調べている。メスシリンダー内の水に油をたらすのは，メスシリンダー内の水が水面から蒸発しないようにして，測定した水の減少量がホウセンカのからだから蒸散した水の量と一致《いっち》させるためである。

問５　(1)　Ｂではくきだけから蒸散し，Ｄでは葉のうら側とくきから蒸散するので，葉のうら側から失われた水の量(蒸散量)は，ＢとＤの水の減少量の差で求められ，13－2＝11(mL)となる。

(2)　Ｃでは葉の表側とくきから蒸散し，その蒸散量は合計で７mLだから，Ａの水の減少量(葉の表側とうら側とくきからの蒸散量の合計)は，11＋７＝18(mL)である。

問６　ホウセンカは双《そう》子葉類で，くきの切り口を見ると，維管束《いかんそく》(道管と師管の集まり)が形成層をはさんで輪状に並んでいる。ここでは，ホウセンカが吸い上げた赤色の水によって，維管束の形成層より内側にある道管の集まった部分が赤色に染《そ》まるから，アのようになる。

問７　図３を見ると，Ｅでは実験開始後まもなくして水の減少量の増え方が小さくなっている。つまり，蒸散のはたらきが弱くなっている。これは，ホウセンカにビニールぶくろをかぶせているため，蒸散によりビニールぶくろ内の空気の湿度《しつど》が高くなり，蒸散しにくくなるからである。

３　月の見え方，日食と月食についての問題

問１　月食は，地球の影《かげ》の中に月が入りこみ，月の光っている部分が欠けて見える現象である。これは地球の影が月に映る現象ともいえる。

問２　(1)　図１のどの月も右側半分に太陽の光が当たっているので，太陽はイの方向にあると考えられる。　(2)　Ａではイの三日月，Ｂではウの上げんの月，Ｃではエの形の月，Ｄではオの満月，Ｅではカの形の月となる。なお，Ｆではキの下げんの月，Ｇではクの形，Ｈではアの新月となる。　(3)　Ｆではキのように南中したときに東(左)側半分が光って見え，これを下げんの月という。

問３　(1)　北極点が太陽のあるＹ側にかたむいていることから，北半球では太陽の南中高度が高くなる。したがって，日本の季節は夏である。　(2)　図３で，太陽がＸ側にあると，太陽と反対のＹ側にある月が満月となり，このとき日本(北半球)では満月の南中高度が１年でもっとも高くなる。北極点が太陽と反対のＹ側にかたむいていることから，日本の季節は冬である。

問４　地球から見て月が太陽と同じ方向にあり，太陽と地球の間に月が入りこむと，月によって太陽がかくされ，太陽の一部，あるいは全部が欠けて見える。この現象を日食といい，新月のときに見られることがある。

４　電気の利用についての問題

問１　発光ダイオードはLEDと表され，決まった方向に電流を流したときにだけ光る。

問２　検流計は流れている電流の向きや大きさを調べる器具で，回路に対して直列につなぐ。

問３　乾《かん》電池の＋と－を逆向きにつないでも，回路には同じ大きさの電流が流れるが，回路を流れる電流の向きは逆になる。したがって，検流計の針は左に，図８と同じ大きさ(1.5めもり)だけふれる。

問４　豆電球は電流の向きに関係なく光るのに対し，発光ダイオードは決まった方向に電流を流したときにだけ光る。手回し発電機を左回りに回すと，回路に流れる電流の向きが逆になるため，豆電球は光るが，発光ダイオードは光らない。

問５　手回し発電機は，ハンドルを回して中のモーターを回転させることで発電する器具である。

問６　コンデンサーに電気をためることができる器具は，電気をつくり出すことができるもので，ここでは光電池と乾電池が当てはまる。

問７　発光ダイオードは豆電球に比べ，一定時間の電気の消費量が少ない。したがって，同じ量の電気をためたコンデンサーにつなぐと，光り続けている時間の長さは，発光ダイオードの方が豆電球より長くなる(豆電球の方が短くなる)。

国語 ＜理数選抜第２回試験＞（50分）＜満点：100点＞

解答

一 問１ Ａ ウ Ｂ ア Ｃ エ 問２ ア 問３ Ⅰ ア Ⅱ ウ Ⅲ ウ 問４ イ 問５ エ 問６ ウ 問７ ①（例）見た目がとても美しい ②（例）対象をよく見ると，その本質に気づき，愛らしくなる 二 問１ Ａ エ Ｂ ア 問２ ウ 問３ 町人の子 問４ イ 問５ エ 問６ ア 問７ ウ 問８ ウ 三 下記を参照のこと。 四 下記を参照のこと。 五 １ 独 ２ 一 ３ 半 ４ 自 ５ 共 六 １ 花 ２ 百 ３ 恩 ４ 筆 ５ 経

●漢字の書き取り

三 １ 看護 ２ 礼拝 ３ 洗練 ４ 除去 ５ 点呼 四 １ 縮む ２ 沿う ３ 奮う ４ 映す ５ 延びる

解説

一 **出典は中村桂子《なかむらけいこ》の『ゲノムが語る生命―新しい知の創出』による。**『堤中納言《つつみちゅうなごん》物語』の中の「虫愛《め》づる姫君《ひめぎみ》」に書かれた「お姫様」の，生きものに向き合う姿勢を，現代に通じるものであると紹介《しょうかい》している。

問１ Ａ 「短編」は，詩や小説，映画などで長さが短い作品。アは「変態」，イは「辺境」，ウは「編集」，エは「返事」となり，同じ漢字を用いる熟語はウである。 Ｂ 「細部」は，細かい部分。アは「細分」，イは「財布」，ウは「最後」，エは「際限」となり，アが選べる。 Ｃ 「観察」は，物事の状態や変化を注意深く見ること。アは「圧巻」，イは「寒波」，ウは「実感」，エは「拝観」となり，エが同じ漢字である。

問２ 「外聞」は，世間の評判のこと。

問３ Ⅰ 直前にあるようにお姫様は，「絹糸を吐《は》くのは蚕で蝶《ちょう》（蛾《が》）になってしまったら，もう役には立ちません」と蚕の「有用性」を語っている。 Ⅱ 直前に述べられた「虫を見るときは髪《かみ》の毛が邪魔《じゃま》なので耳はさみ」するというお姫様の行動は，目的に合っていてむだのない「合理的」なものといえる。 Ⅲ お姫様は，虫を「童《わらわ》に採ってもらっただけでは飽《あ》き足らず」，自ら「名前を調べて，新しいものには自分で名前をつける」のだから，自ら進んでものごとを行う「積極的」な人物である。

問４ 直前に「この種の学問などないときに」とある。生物に対する研究などがない時代に，自ら進んで生物を採集し，「名前を調べて，新しいものには自分で名前をつける」ことをしていたお姫様に感心しているのである。

問５ ぼう線③に続いて，「今私が生命誌として生きものに向き合う気持ちと，ぴったり重なり合うのですから」と「びっくり」した理由が述べられている。第７段落には「今私たちが生きものの研究をするにあたって常に考えていることは，本質を見るにはどうしたらよいだろうということです」とあり，そういった筆者の生きものに向き合う姿勢が，平安時代のこのお姫様と共通していたので「びっくり」したのである。

問６ 筆者が「虫愛づる姫君」を「面白《おもしろ》い」と感じているのは，平安時代のお姫様が「本質を見

る」ということをわかっていたり，「現代生物学者そのもの」の姿勢で生きものに向き合っていたりすることである。よって，ウがふさわしい。

問７　第５段落でお姫様の「愛づる」という態度について述べられている。「見たところがとても美しいから可愛《かわい》がるというのではなく，対象をよく見つめていると，その本質が見えてきて，愛らしくなる」とあるので，これをまとめる。

二　出典は三浦綾子《みうらあやこ》の『塩狩峠《しおかりとうげ》』による。信夫《のぶお》は虎雄《とらお》と遊んでいるときに言い争いになり，胸をつかれて下に落ちてしまった。信夫が自分で落ちたのだと言い張るので，大人たちは年下の虎雄をかばっていると思ったが，信夫の本心はちがっていた。

問１　**A**「度量」は，他人の言行を受け入れる，広くおおらかな心のこと。ここでは，信夫が「年下の友だちをかばう」ことをさしている。　**B**「士族の子と町人の子」は「どこもちがってはいない」ということを信夫に話して聞かせ，「虎雄くんたちにあやまりなさい」とおごそかに「命じた」貞行《さだゆき》のようすを表している。

問２　Ⅰ　信夫は祖母から常々「町人の子とはちがいます」と言われていたことがわかる。「いつも」あるいは「しょっちゅう」が合う。　Ⅱ　士族の子と町人の子と「どこがちがうのか信夫にはわからない」が，それでも「どこかがちが」うと「思わずにはいられない」ので，前と同じようにという意味の「やはり」が合う。　Ⅲ「町人が士族よりいやしいわけではない」と言った後で，「どんな理由があろうと人を殺したりした士族の方が恥《は》ずかしい人間なのかも知れぬ」と言っているので，二つのことを並べて，前のことがらより後のことがらを選ぶ気持ちを表す「むしろ」が合う。　Ⅳ「そういうやいなや」で“そういうとすぐに”という意味になる。したがって，ウが選べる。

問３　信夫がぼう線①のように言った本当の理由は，貞行と話をしているときの「町人の子なんかに屋根から落とされたりするものですか」という信夫の言葉に表れている。

問４　信夫から「お前がおれをつき落としたなんて，だれにもいうな！」と強く口止めされ，虎雄が「ポカンとして」いることから，なぜ口止めされたのかわけがわからないようすが読み取れる。しかも，かけつけた父親からは「虎！　お前だな」と殴《なぐ》られ，どうすればよいのかわからず，泣いたのである。したがって，イがふさわしい。

問５　信夫は「ぼくがひとりで落ちた」と言っているが，六《ろく》さんは，後でまた「虎雄がとんだことを致《いた》しまして」と言っているように，信夫の言葉を信じておらず，信夫が虎雄をかばってくれているものだと思っている。よって，エが合う。

問６　信夫が「ぼくがひとりで落ちたんだ」と言っているのに六さんは信じてくれず，貞行に「あわててたたみに額をこすりつけ」謝ったため，信夫はいらだっているのである。なお，信夫が「ひとりで落ちた」と言っているのは，町人の子に落とされたというと士族として恥ずかしいという思いからなので，ウは誤りである。

問７　ぼう線⑤の少し前で，「ぼくがひとりで落ちたんだ」と言い張る信夫を見て，貞行は「信夫に年下の友だちをかばう度量のあることが嬉《うれ》しかった」のだが，「町人の子なんかに屋根から落とされたりするものですか」という言葉を聞いて信夫の本心を知り，貞行の顔色が変わったのである。よって，ウが選べる。

問８　『風の又三郎《またさぶろう》』は宮沢賢治《みやざわけんじ》の童話。『坊っちゃん』は夏目漱石《なつめそうせき》の小説。『トロッコ』は芥川《あくたがわ》龍之介《りゅうのすけ》の小説である。

三 漢字の書き取り

1　病人やけが人の手当や世話をすること。　**2**　神や仏を敬って拝むこと。　**3**　上品でみがかれた，よりよいものにすること。　**4**　じゃまなものを取り除くこと。　**5**　一人一人名前を呼んで全員いるか確認すること。

四 漢字の書き取り

1　音読みは「シュク」で，「短縮」などの熟語がある。　**2**　音読みは「エン」で，「沿岸」などの熟語がある。　**3**　音読みは「フン」で，「興奮」などの熟語がある。　**4**　音読みは「エイ」で，「映像」などの熟語がある。　**5**　音読みは「エン」で，「延長」などの熟語がある。

五 四字熟語の完成

1　「独立独歩」は，他人にたよらず，自分の力で信じる通りに実行すること。　**2**　「一進一退」は，進んだり後ろにもどったりすること。事態がよくなったり悪くなったりすること。　**3**　「半信半疑」は，うそか本当か判断がつかず，半分信じて半分疑っている状態。　**4**　「自由自在」は自分の思いのままにできるようす。　**5**　「共存共栄」は，たがいに助け合いながら，ともに生存し繁栄《はんえい》すること。

六 ことわざの完成

1　口に出して言わないほうが，おくゆかしくて，さしさわりもなくてよいこと。　**2**　幼いときに身につけた習性は年をとっても変わらないこと。　**3**　恩を受けた人に恩返しをしないで，かえって害を与えること。　**4**　達人や名人はどんな道具でも使いこなすこと。　**5**　くり返し見聞きできる環境《かんきょう》にいれば，覚えようとしなくても自然に身につくこと。

Memo

Memo

出題ベスト10シリーズ

①国語読解ベスト10

②漢字合格の2790題

③計算合格の820題

④図形問題ベスト10

■過去の入試問題から出題例の多い問題を選んで編集・構成。受験関係者の間でも好評です！

有名中学入試問題集

●男子校編

●女子校編

■中学入試の全容をさぐる!!
■首都圏の中学を中心に、全国有名中学の最新入試問題を収録!!

※表紙は昨年度のものです。

算数の過去問25年分

■筑波大学附属駒場
■麻布
■開成

○名門３校に絶対合格したいという気持ちに応えるため過去問実績No.1の声の教育社が出した答えです。

都立中高一貫校 適性検査問題集

■都立一貫校と同じ検査形式で学べる！

●自己採点のしにくい作文には「採点ガイド」を掲載。
●保護者向けのページも充実。
●私立中学の適性検査型・思考力試験対策にもおすすめ！

当社発行物の無断使用は固くお断りいたします。御使用の前はまずご相談ください。

当社発行物には500点余の首都圏中・高過去問をはじめ、６点の学校案内、そのほかいくつかの情報誌などがございます。その多くが年度版で、限られたスタッフが来るべき受験シーズン前に余裕を持って受験生へ届けられるよう、日夜作業にあたり出版を重ねております。

その中で、最近、多くの印刷物やネット上において当社発行物からの無断使用が見受けられ、一部で係争化しているところもございます。事例といたしましては、当社の新刊発行を待ち、それを流用して毎年ネット上に新改訂として掲載していたＡ社、当社過去問から三百箇所をはぎ合わせ「自社制作につき無断転載禁止」とし、集客材としてホームページに掲載していたＢ社、当社版誌面を無断スキャンし、記述式解答は一部殆ど丸取りして動画を制作していた家庭教師グループＣ社、当社発行物の表紙を差し替え、内容を複製し配布していた塾のＤ社などほか数社がございます。

当社発行物の全部もしくは一部を無断使用することは固くお断りいたします。

当社コンテンツの中にはリーズナブルな設定でご提供している事例もたくさんございますので、ご利用されたい方はまずは、お気軽にご相談くださいますようお願いします。同時に、当社発行物を無断で使用している媒体などにつきましての情報もお寄せいただければ幸いです（呈薄謝）。

株式会社 声の教育社

スーパー過去問の **解説執筆・解答作成スタッフ（在宅）募集！**

※募集要項の詳細は、10月に弊社ホームページ上に掲載します。

2025年度用
中学スーパー過去問

■編集人　声の教育社・編集部
■発行所　株式会社　声の教育社
〒162-0814　東京都新宿区新小川町8-15
☎03-5261-5061(代)　FAX03-5261-5062
https://www.koenokyoikusha.co.jp

※本書の内容についての一切の責任は当社にあります。内容・解説・解答・その他は当社ホームページよりお問い合わせ下さい。

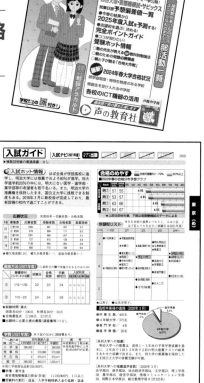

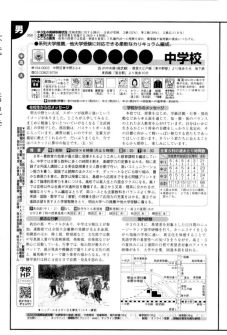

カコを追いかけ
ミライをつかめ
「今の説明、もう一回」を何度でも
web過去問
ストリーミング配信による入試問題の解説動画
もっと古いカコモンないの？
カコ過去問
「さらにカコの」過去問をHPに掲載（DL）
声の教育社
詳しくはこちらから

よくある解答用紙のご質問

01

実物のサイズにできない

拡大率にしたがってコピーすると，「解答欄」が実物大になります。配点などを含むため，用紙は実物よりも大きくなることがあります。

02

A3用紙に収まらない

拡大率164％以上の解答用紙は実物のサイズ（「出題傾向＆対策」をご覧ください）が大きいために，Ａ３に収まらない場合があります。

03

拡大率が書かれていない

複数ページにわたる解答用紙は，いずれかのページに拡大率を記載しています。どこにも表記がない場合は，正確な拡大率が不明です。

04

１ページに２つある

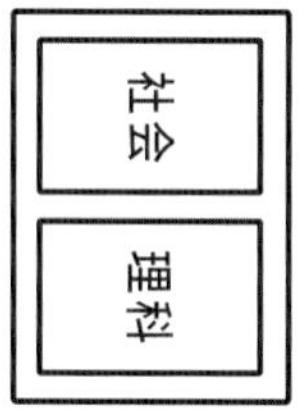

１ページに２つ解答用紙が掲載されている場合は，正確な拡大率が不明です。ほかの試験回の同じ教科をご参考になさってください。

星野学園中学校

【別冊】入試問題解答用紙編

解答用紙は本体からていねいに抜きとり、別冊としてご使用ください。

※　実際の解答欄の大きさで練習するには、指定の倍率で拡大コピーしてください。なお、ページの上下に小社作成の見出しや配点を記載しているため、コピー後の用紙サイズが実物の解答用紙と異なる場合があります。

●入試結果表

— は非公表

年度	回	項目	国語	算数	社会	理科	2科合計	4科合計	2科合格	4科合格
2024	進学第1回	配点(満点)	100	100			200		最高点	
		合格者平均点	—	—			—		—	
		受験者平均点	66	67			133		最低点	
		キミの得点							122	
	総合選抜	配点(満点)	100	100	50	50	200	300	最高点	最高点
		合格者平均点	—	—	—	—	—	—	—	—
		受験者平均点	61	48	33	29	109	171	最低点	最低点
		キミの得点							111	164
2023	進学第1回	配点(満点)	100	100			200		最高点	
		合格者平均点	—	—			—		—	
		受験者平均点	70.4	64.0			134.4		最低点	
		キミの得点							121	
	理数選抜第2回	配点(満点)	100	100	50	50		300		最高点
		合格者平均点	—	—	—	—		—		—
		受験者平均点	65.6	52.1	29.0	28.7		175.4		最低点
		キミの得点								193
2022	進学第1回	配点(満点)	100	100			200		最高点	
		合格者平均点	—	—			—		—	
		受験者平均点	74.6	59.8			134.4		最低点	
		キミの得点							123	
	理数選抜第2回	配点(満点)	100	100	50	50		300		最高点
		合格者平均点	—	—	—	—		—		—
		受験者平均点	68.8	60.7	27.4	29.2		186.1		最低点
		キミの得点								201

※　表中のデータは学校公表のものです。ただし、2科合計・4科合計は各教科の平均点を合計したものなので、目安としてご覧ください。

声の教育社

２０２４年度　星野学園中学校

算数解答用紙　進学第１回

番号		氏名		評点	／100

1

（1）		（2）	
（3）		（4）	
（5）		（6）	

2

（1）		（2）	時速　km
（3）	本	（4）	%
（5）	円	（6）	人
（7）	時間　分	（8）	cm^2
（9）	度	（10）	cm^3

3

（1）	時間　分	（2）	時速　km

4

（1）	cm	（2）	cm

5

（1）	回	（2）	回

（注）この解答用紙は実物を縮小してあります。Ｂ５→Ｂ４（141%）に拡大コピーすると、ほぼ実物大の解答欄になります。

〔算　数〕100点(推定配点)

1　各５点×６　2　各４点×10　3～5　各５点×６

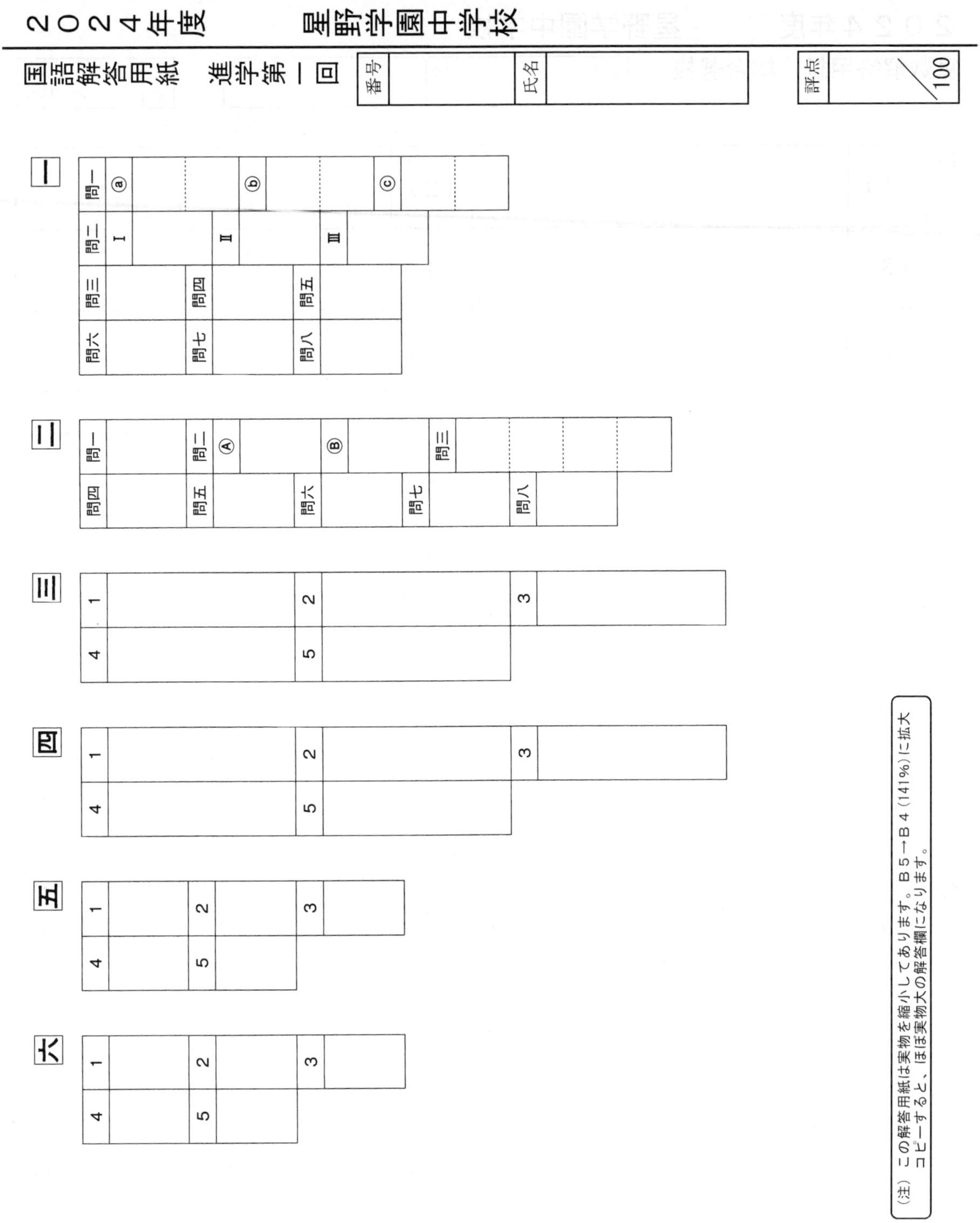

2024年度
星野学園中学校
国語解答用紙　進学第一回
番号
氏名
評点
/100
一
問一 ⓐ ⓑ ⓒ
問二 Ⅰ Ⅱ Ⅲ
問三 問四 問五
問六 問七 問八
二
問一 問二 Ⓐ Ⓑ 問三
問四 問五 問六 問七 問八
三
1 2 3
4 5
四
1 2 3
4 5
五
1 2 3
4 5
六
1 2 3
4 5
（注）この解答用紙は実物を縮小してあります。B5→B4（141%）に拡大コピーすると、ほぼ実物大の解答欄になります。

〔国　語〕100点(推定配点)

一　問1，問2　各2点×6　問3〜問8　各3点×6　二　問1〜問5　各3点×6　問6〜問8　各4点×3　三〜六　各2点×20

２０２４年度　　星野学園中学校

算数解答用紙　総合選抜

番号		氏名		評点	／100

1

(1)		(2)	
(3)		(4)	
(5)		(6)	

2

(1)	通り	(2)	人
(3)	点	(4)	個
(5)	時速　　km	(6)	人
(7)	分　　秒後	(8)	台
(9)	度	(10)	cm^3

3

(1)	cm^3	(2)	cm^2

4

(1)	%	(2)	：　　：

5

(1)	cm	(2)	cm^2

（注）この解答用紙は実物を縮小してあります。Ｂ５→Ｂ４（141%）に拡大コピーすると、ほぼ実物大の解答欄になります。

〔算　数〕100点（推定配点）

1　各５点×６　2　各４点×10　3～5　各５点×６

２０２４年度　星野学園中学校

社会解答用紙　総合選抜

番号		氏名	

評点	／50

1

問1		問2		問3		問4	
問5		問6					
問7	県　市	問8	祭り				
問9	平野	問10					
問11		問12		問13			

2

問1	遺跡	問2		問3			
問4		問5		問6			
問7		問8		問9		問10	
問11	運動	問12					

3

問1		問2		問3		問4		問5	
問6		問7		問8					

（注）この解答用紙は実物を縮小してあります。Ｂ５→Ｂ４（141％）に拡大コピーすると、ほぼ実物大の解答欄になります。

〔社　会〕50点（推定配点）

1　問１～問９　各１点×９　問10～問12　各２点×３　問13　１点　2　問１～問５　各１点×５　問６～問12　各２点×７　3　問１～問４　各２点×４　問５，問６　各１点×３　問７，問８　各２点×２

２０２４年度　星野学園中学校

理科解答用紙　総合選抜

番号		氏名		評点	／50

1

問1		問2		問3	［g］	問4	
問5		問6	X	Y			

2

問1	A	B	問2	
問3		問4		

問5															

問6		問7	

3

問1		問2		問3		問4	
問5	［g］	問6	［%］	問7			

4

問1		問2		問3		問4	
問5		問6					

（注）この解答用紙は実物を縮小してあります。Ｂ５→Ｂ４（141%）に拡大コピーすると、ほぼ実物大の解答欄になります。

〔理　科〕50点（推定配点）

1　問１，問２　各１点×２　問３～問６　各２点×５　2　各２点×８　3　問１　１点　問２～問７　各２点×６<問２は完答>　4　問１～問３　各１点×３　問４～問６　各２点×３

２０２４年度　星野学園中学校

国語解答用紙　総合選抜

番号		氏名		評点	／100

一

問一	A		B		C		問二		問三	
問四		問五		問六			問七			

二

問一	a		b		問二	A		B		C	
問三		問四		問五		問六		問七		問八	
問九							問十				

三

1		2	
3		4	
5		6	

四

1		2	
3		4	

五

1		心		心	2	絶		絶	
3	自		自		4		即		離
5		全		欠					

六

1		報	2		虫	3		数
4		断	5		雑			

（注）この解答用紙は実物を縮小してあります。Ｂ５→Ｂ４（141％）に拡大コピーすると、ほぼ実物大の解答欄になります。

〔国　語〕100点(推定配点)

一　問１　各２点×３　問２～問６　各３点×５　問７　４点　二　問１，問２　各２点×５　問３～問９　各３点×７　問10　４点　三～六　各２点×20＜四は各々完答＞

２０２３年度　　星野学園中学校

算数解答用紙　進学第１回

番号		氏名		評点	／100

1

(1)		(2)	
(3)		(4)	
(5)		(6)	

2

(1)	人	(2)	g
(3)	人	(4)	個
(5)	円	(6)	m
(7)	ページ	(8)	m
(9)	度	(10)	cm^2

3

(1)	:	(2)	cm

4

(1)	通り	(2)	分

5

(1)	cm^2	(2)	%

（注）この解答用紙は実物を縮小してあります。Ｂ５→Ｂ４（141%）に拡大コピーすると、ほぼ実物大の解答欄になります。

〔算　数〕100点（推定配点）

1 各５点×６　2 各４点×10　3～5 各５点×６

二〇二三年度　星野学園中学校

国語解答用紙　進学第一回

番号		氏名		評点	/100

一

問一	ⓐ　めば	ⓑ		ⓒ	
問二	Ⅰ	Ⅱ		Ⅲ	
問三		問四		問五	
問六		問七		問八	

二

問一		問二	Ⓐ	Ⓑ		問三	問四
問五		問六		問七		問八	

三

1	2	3
4	5	

四

1	2	3
4	5	

五

1	2	3
4	5	

六

1	2	3
4	5	

（注）この解答用紙は実物を縮小してあります。Ｂ５→Ｂ４（141％）に拡大コピーすると、ほぼ実物大の解答欄になります。

〔国　語〕100点(推定配点)

一　問1，問2　各2点×6　問3～問8　各3点×6　二　問1～問5　各3点×6＜問5は完答＞　問6～問8　各4点×3　三～六　各2点×20

２０２３年度　星野学園中学校　理数選抜第２回

算数解答用紙

番号		氏名		評点	／100

1

(1)	(2)	(3)
(4)	(5)	(6) 通り
(7) ページ	(8) 番目	(9) ｋｍ
(10) ｃm^2	(11) ｃm^2	

2

(1) 才	(2) 才	(3) 年後

3

(1) 倍	(2) ｃm^2	(3) ｃm^2

4

(1) 歩
(2) （答え）　m

（注）この解答用紙は実物を縮小してあります。Ｂ５→Ａ３（163％）に拡大コピーすると、ほぼ実物大の解答欄になります。

〔算　数〕100点（推定配点）

1～3　各５点×17　4　(1)　５点　(2)　求め方や途中計算…５点，答え…５点

2023年度　星野学園中学校　理数選抜第2回

社会解答用紙

番号		氏名		評点	／50

1

問1		問2	月　日　午前・午後　時				
問3		問4		問5		問6	
問7		問8		問9	(1)		(2)

問9 (3) 20～24歳の人口が多いのは　　　　である。

その理由の1つとして

2

問1	Ⅰ		Ⅱ								
	Ⅲ										
問2		問3		問4		問5		問6		問7	
問8		問9		問10		問11					

3

問1	1		2		問2		
問3		問4		問5		問6	

（注）この解答用紙は実物を縮小してあります。B５→B４(141%)に拡大コピーすると，ほぼ実物大の解答欄になります。

〔社　会〕50点(推定配点)

1　問１～問８　各２点×８　問９　(1)，(2)　各１点×２　(3)　２点＜完答＞　2　問１　各２点×３　問２～問11　各１点×10　3　各２点×７

２０２３年度　星野学園中学校　理数選抜第２回

理科解答用紙

番号		氏名		評点	／50

1

問1		問2	①	②	③	問3	
問4	[g]	問5	[g]	問6	[g]		
問7	水素　：　炭素	問8	[g]				

2

問1		問2	・	問3		問4	
問5	（15マス：10、15）						
問6		問7	と				

3

問1		問2		問3		問4	
問5	・	問6	①	②	③		
問7	①	②	③	問8	④	⑤	⑥
問9	（50マス：10、20、30、40、50）						

4

問1		問2		問3		問4	
問5		問6		問7		問8	

（注）この解答用紙は実物を縮小してあります。172％拡大コピーをすると、ほぼ実物大の解答欄になります。

〔理　科〕50点（推定配点）

1　問1～問4　各1点×6　問5～問8　各2点×4　2　問1，問2　各1点×2＜問2は完答＞　問3～問7　各2点×5　3　問1，問2　各1点×2　問3，問4　各2点×2　問5～問8　各1点×4＜各々完答＞　問9　2点　4　問1～問4　各1点×4＜問3，問4は完答＞　問5～問8　各2点×4＜問7は完答＞

二〇二三年度　星野学園中学校　理数選抜第二回

国語解答用紙

番号　　氏名　　評点 /100

一

問一	a		b		問二		問三	

問四

問五		問六		問七		問八	

二

問一		問二		問三		問四	
問五		問六		問七		問八	

三

1		2			
3		4		5	

四

1		2		3		4		5	

五

1		2		3		4		5	

六

1		2		3		4		5	

（注）この解答用紙は実物を縮小してあります。B５→A３(163%)に拡大コピーすると、ほぼ実物大の解答欄になります。

〔国　語〕100点(推定配点)

一　問１〜問３　各３点×４　問４　６点　問５〜問８　各３点×４　二　問１，問２　各３点×２　問３〜問８　各４点×６　三〜六　各２点×20

２０２２年度　星野学園中学校

算数解答用紙　進学第１回

番号		氏名		評点	／100

1

（1）		（2）	
（3）		（4）	
（5）		（6）	

2

（1）	冊	（2）	秒速　m
（3）	%	（4）	点
（5）	度	（6）	
（7）	cm^2	（8）	
（9）	本	（10）	通り

3

（1）	円	（2）	%

4

（1）	通り	（2）	通り

5

（1）	cm	（2）	:

（注）この解答用紙は実物を縮小してあります。Ｂ５→Ｂ４（141%）に拡大コピーすると、ほぼ実物大の解答欄になります。

〔算　数〕100点（推定配点）

1　各５点×６　2　各４点×10　3～5　各５点×６

二〇二二年度　星野学園中学校

国語解答用紙　進学第一回

番号　　氏名　　評点 /100

一
問一 Ⅰ Ⅱ Ⅲ
問二 問三 問四
問五 ① ②
問六 最初 最後
問七 問八

二
問一 問二 問三 問四
問五 問六 問七

三
1 2 3
4 5

四
1 2 3
4 5

五
1 2 3
4 5

六
1 2 3
4 5

(注) この解答用紙は実物を縮小してあります。B5→B4(141%)に拡大コピーすると、ほぼ実物大の解答欄になります。

〔国　語〕100点(推定配点)

一 問1～問4　各3点×6　問5　各2点×2　問6　4点　問7，問8　各3点×2　二　各4点×7<問4は完答>　三～六　各2点×20

2022年度　　星野学園中学校　理数選抜第2回

算数解答用紙

番号		氏名		評点	／100

1

(1)	(2)	(3)
(4)	(5)　　km	(6)　　日目から
(7)　　通り	(8)　3月　　日	(9)　　人
(10)　　度	(11)　　cm^3	

2

(1)　　cm	(2)　　枚	(3)　　枚

3

(1)　　回	(2)　時速　　km	(3)　　分　　秒

4

(1)　　秒

(2)

答え	A	位	B	位	C	位	D	位	E	位	F	位	1位の記録　　秒

（注）この解答用紙は実物を縮小してあります。Ｂ５→Ａ３(163%)に拡大コピーすると、ほぼ実物大の解答欄になります。

〔算　数〕100点(推定配点)

1～3　各５点×17　4　(1)　５点　(2)　求め方や途中計算…５点，答え…５点<完答>

２０２２年度　星野学園中学校　理数選抜第２回

社会解答用紙

番号		氏名	

評点	／50

1

問1　(1)　　(2)　　問2　　問3

問4　　問5　(1)　　(2)

問6　(1)　　(2)　　問7

問8　　問9　　時間

2

問1　　問2

問3　ヤマト政権の支配範囲は、

までの範囲であったと考えることができる

問4　　問5　　問6

問7　　問8　　問9　　問10

問11　(1)　　(2)

問12　　問13

3

問1　　問2　　問3

問4　　問5　　問6

（注）この解答用紙は実物を縮小してあります。Ｂ５→Ｂ４（141％）に拡大コピーすると、ほぼ実物大の解答欄になります。

〔社　会〕50点（推定配点）

1　問１～問４　各１点×５　問５～問９　各２点×７　2　問１～問５　各２点×５　問６～問13　各１点×９　3　各２点×６

２０２２年度　　星野学園中学校　理数選抜第２回

理科解答用紙

番号		氏名		評点	／50

1

問1		問2		問3	
問4		問5		問6	

2

問1		問2		問3	
問4					
問5	(1)　　[mL]	(2)　　[mL]		問6	

問7 (50-square grid; markers 10, 20, 30, 40, 50)

3

問1		問2	(1)
問2	(2)　　→　　→　　→　　→	(3)	
問3	(1)	(2)	
問4	ア	イ	ウ

4

問1		問2	

問3

問4		問5	
問6		問7	

（注）この解答用紙は実物を縮小してあります。Ｂ５→Ａ３（163%）に拡大コピーすると、ほぼ実物大の解答欄になります。

〔理　科〕50点（推定配点）

1，2　各２点×14＜1の問４，2の問１，問２は完答＞　3　問１　１点　問２　各２点×３＜(2)は完答＞　問３　各１点×２　問４　２点＜完答＞　4　問１～問３　各１点×３　問４～問７　各２点×４＜問６は完答＞

二〇二二年度　星野学園中学校　理数選抜第二回

国語解答用紙

番号		氏名		評点	/100

一

問一	A		B		C		問二	

問三	Ⅰ		Ⅱ		Ⅲ		問四		問五		問六	

問七	①	10
	②	25

二

問一	A		B		問二		問三	

問四		問五		問六		問七		問八	

三

1		2	

3		4		5	

四

1		2	

3		4		5	

五

1		2		3		4		5	

六

1		2		3		4		5	

（注）この解答用紙は実物を縮小してあります。B５→B４（141％）に拡大コピーすると、ほぼ実物大の解答欄になります。

〔国　語〕100点(推定配点)

一　各３点×11<問７は完答>　二　各３点×９　三～六　各２点×20

Memo